案例一本通

你不可不知的
家事纠纷解决法与理

蓝 冰 著

中国政法大学出版社

2025·北京

图书在版编目（CIP）数据

你不可不知的家事纠纷解决法与理 / 蓝冰著. -- 北京 ：中国政法
大学出版社，2025. 1. -- ISBN 978-7-5764-1879-8

Ⅰ. D923.9

中国国家版本馆 CIP 数据核字第 2024V312T4 号

书　名	你不可不知的家事纠纷解决法与理 NI BUKEBUZHI DE JIASHI JIUFEN JIEJUE FA YU LI
出版者	中国政法大学出版社
地　址	北京市海淀区西土城路 25 号
邮　箱	bianjishi07public@163.com
网　址	http://www.cuplpress.com (网络实名：中国政法大学出版社)
电　话	010-58908466(第七编辑部) 010-58908334(邮购部)
承　印	固安华明印业有限公司
开　本	720mm×960mm　1/16
印　张	19
字　数	300 千字
版　次	2025 年 1 月第 1 版
印　次	2025 年 1 月第 1 次印刷
定　价	68.00 元

作者简介

蓝冰 四川省社会科学院《当代社会科学（英文）》常务副主编，法学研究所原副所长，副研究员，硕士生导师，法学博士。毕业于四川外语学院德语语言文学专业和西南政法大学诉讼法学专业，获德语语言文学学士、法学硕士、法学博士学位。德国法兰克福大学交流博士生，北京大学访学者。主要研究领域为程序法、比较法、经济法治，主要研究方向为诉讼法、商事法与金融司法制度。兼任中国商业法研究会常务理事，中国法学会证券法学研究会理事，中国法学会民事诉讼法学研究会理事，四川省法学会法治文化研究会常务副会长，四川省法学会法学教育研究会副会长，四川省法学会商法学研究会常务理事，四川省法学会诉讼法学研究会常务理事，四川省法学会经济法与国际经济法学研究会常务理事，四川省司法行政戒毒协会理事，成都市双流区人民法院青年法官院外导师，四川天府新区成都片区人民检察院、四川自由贸易试验区人民检察院自贸专家咨询委员会委员。出版专著《德国民事诉讼法研究》《德国民事法定听审请求权研究》，主持、主研中国法学会、司法部、省规划等省部级课题 8 项，其他各类课题 27 项，在 CSSCI 来源期刊、核心期刊、重要报刊等发表论文 40 余篇，被省委书记、省委常委和副省长采纳的对策建议 5 篇，德国民事诉讼法学研究论文、译文 45 余万字。多项科研成果获中国法学会部级法学研究重大课题优秀奖、全国和省级法学研究会优秀成果奖，以及四川省第二十次社会科学优秀成果三等奖、四川省第十八次社会科学优秀成果三等奖、四川省第十六次社会科学优秀成果三等奖。

序　言

　　家事纠纷是主要发生在家庭内部成员之间的婚姻家庭纠纷和继承纠纷。近年来，我国家事纠纷呈现整体性上升趋势，其中离婚纠纷、抚养纠纷和同居关系析产纠纷最多，判决和调解成为家事纠纷解决的主要方式。据国家统计局数据显示，2022 年，我国法院家事纠纷一审结案数约为 182 万（1 816 025 件），而 2023 年，结案数已经突破 210 万（2 170 042 件），比 2014 年（1 618 904 件）增加约 55 万件，增幅达 34%。其中，继承纠纷约占 6.22%，婚姻家庭纠纷约占 93.68%，而离婚案件占了婚姻家庭纠纷案件的 84.31%。家事纠纷一审判决结案约 72.25 万件，占一审结案数的 33.3%；调解结案约 103 万件，约占 47.6%。家庭是社会的细胞，婚姻家庭关系是社会基础关系，不仅关涉个人幸福、子女成长、老人赡养，更关涉社会和谐稳定。家事纠纷案件的增加给社会稳定和基层社会治理带来了严峻挑战。

　　长期以来，我国解决家事纠纷案件的主要法律依据是 2001 年《婚姻法》和 1985 年《继承法》及相关司法解释。2020 年 5 月 28 日，第十三届全国人民代表大会第三次会议通过的《民法典》已于 2021 年 1 月 1 日起正式施行。它回应新时代中国特色社会主义发展要求，整合、纂修了 2017 年《民法总则》、2007 年《物权法》、1999 年《合同法》、2010 年《侵权责任法》、2001 年《婚姻法》、1985 年《继承法》等多部曾适用的法律及相关司法解释，尤其是把 2001 年《婚姻法》、1985 年《继承法》及相关司法解释分别编入《民法典》婚姻家庭编、继承编及司法解释，并对涉及离婚、继承等家事纠纷解决的法律规定作了较多改动，成为《民法典》的一大亮点。这为本书研究带来了更广阔的理论基础与司法实务探索空间。[1]

---

　　〔1〕　本书所涉及的法律、司法解释若已失效，则将该部法律或司法解释的施行年份注明于其名前。如 1998 年公布、1999 年施行的《中华人民共和国收养法》（1998 修正），在文中统一为"1999 年《收养法》"。

家事纠纷具有身份关系和财产关系交织、矛盾双方对抗性弱于普通纠纷的特点，因而家事纠纷的解决需要柔性化的方式，在诉讼解决的同时，呈现出多元化解决快速发展的样态。为引导普通民众依法预防和妥善解决家庭矛盾纠纷，本书按照现行《民法典》、部分案件发生时的适用法律规定，结合司法实务中常见的、典型的、新型的100件受到广泛关注的家事纠纷，采用个案精讲方法，普及解决家事纠纷的司法程序和实体法规范，宣传最新司法解释和司法制度，注重引导百姓依法理性采用诉讼和诉讼外调解的方式化解家事纠纷，同时作出预防家事纠纷的法律提示，强化诉源治理，从而提升普法实效。

　　本书主要有以下六个突出特点：

　　第一，解读最新法律规定。在《民法典》已施行的背景下，本书以案例精讲的形式阐释法律适用，同时简要分析《民法典》修改之处。例如，《民法典》新增可撤销婚姻情形，同时对婚姻无效情形予以修改，以及新增的离婚冷静期制度、夫妻债务共签共债原则、遗产管理人制度等。

　　第二，注重案例的权威性。权威性案例的选择有助于准确理解和传播现行家事立法和法理。鉴于此，本书研究的案例选择秉持公开性、指导性和典型性的标准，从中国裁判文书网公布案例、最高人民法院指导性案例、省级法院的指导性案例中精选100件案例进行研究，确保研究问题的代表性和广泛性。

　　第三，案例选择体系化。按照婚姻家庭法律关系的产生和消灭的法律程序，以家事纠纷案由为分类标准，并结合当下大众的关注重点和纠纷处理难点，把100件家事纠纷分为四章进行解析。

　　第一章解析婚前纠纷，包括同居纠纷和婚前财产纠纷，涉及男女双方因同居而产生的同居关系解除、财产分割、损害赔偿，以及男女双方因彩礼引发的纠纷。

　　第二章解析离婚纠纷，细分为离婚程序、离婚情形、离婚财产分割、离婚损害赔偿，以及婚姻纠纷中的部分特殊情况。离婚纠纷是常见的家事纠纷，本章案例数量占总体数量三分之一左右，较充分地解析了大众处理离婚纠纷时涉及离婚的有效途径，以及满足了对不动产、股权、人身保险等财产分割、离婚损害赔偿的需求。

　　第三章解析子女抚养、夫妻间扶养以及老人赡养纠纷。夫妻关系、亲子关系是婚姻家庭关系重要组成部分，关涉夫妻关系和谐、家庭关系稳定。尤其是亲子关系中，继父母子女之间、养父母子女之间，发生纠纷时，应当依法妥善处理。这类纠纷较为普遍，案例较多，有必要为普通百姓提供妥善解决方法。

第四章解析继承纠纷，案例数量与第三章基本持平。主要向读者介绍继承纠纷管辖、分配遗产形式，以及遗产范围和分割方法等法律知识。特别强调预防继承纠纷的方法，如办理公证遗嘱、立自书遗嘱等，以及各种遗嘱形式的生效要件。

表1　案例选择及数量

案例选择类型	案例数量（单位：个）
第一章　婚前纠纷	12
第二章　离婚纠纷	35
第三章　抚养、扶养和赡养纠纷	26
第四章　继承纠纷	27

第四，案例分析前沿性。案例分析除关注生活中常见的典型案例、全面普及法律知识外，特别解析了疑难复杂，甚至涉及法律空白、需要前沿理论解析探讨的案件。改革开放带来的家庭财富种类从单一的资金存款向股权、基金、保险等多种形式的转变加大了家庭财产性质识别难度，以及人工辅助生殖等科学技术发展所带来的新型家庭纠纷，都给家事纠纷案件的审判带来了严峻挑战。通过这类案例分析，尤其是涉及新近司法解释修改的案件，有助于大家梳理婚姻家庭与继承、合同、物权等问题相关的诸多法律法规的规定及其相互之间的关系，了解疑难复杂纠纷的处理思路，提升大家识法用法能力。同时，对于引起司法实务界与学术界广泛关注与探讨的具有前沿性的家事纠纷进行解析，也可推动对现行法律规定的反思，力图填补法律空白，促进立法完善。

第五，个案精讲规范化。个案分析应全面恰当，体现分析思路。解决家事纠纷需要厘清法律关系、识别案由、归纳争议焦点、掌握解纷思路。为此，各案例分析包括案情简介、法律适用、法理提示以及法条索引四个部分。案情简介展示案涉基本人物关系与财产关系的矛盾纠纷，法律适用则明确案件涉及的法理，并通过法条解读，展示分析进路，与法条索引相对应。法理提示则重点阐释大家容易误解的法律条款，告知大家正确适用相关条款的注意事项。同时，注重家事纠纷解决"情理法"融合的特点，既引导百姓遵法守法，也强调从情感的角度出发，劝解当事人尽量以和睦友好协商的方式处理家事纠纷，重视婚姻家庭关系修复与稳定。此外，注重明晰分析思路，给出直截了当、清晰的说明，便于普通受众理解和掌握纠纷识别与处理路径。

第六，案例普法通俗化。案例精讲从法律知识薄弱的大众视角出发，遣词造句字斟句酌，力求语言平实、简练，通俗易懂，对于艰涩难懂、新兴的法律术语，通过下定义的方式进一步阐释，从而克服法律条文抽象性所造成的艰涩难懂的弊端，实现法律知识得到最广泛的传播和应用的普法目标。

作为《民法典》出台后以案为例研究家事纠纷解决的书籍，其出版进一步提升了此类研究的学术价值并推进法律实践，扩大《民法典》的社会影响。

第一，研究成果颇具学术价值。一是解析全面，呈现完整的理论知识体系。从法律程序、实体规范和司法裁判三个方面进行梳理和解析，系统性地呈现家事纠纷解决及其法律适用知识，覆盖了婚姻家庭与继承法，以及与解决家事纠纷有关的其他法律规定，有助于构建家事纠纷解决的知识及其应用的宏观理论体系，避免因法律知识盲区导致偏颇。二是精选案例，及时反映家事审判改革新成果。立足于家事审判改革前沿，解读《民法典》、新近出台的司法解释和司法制度，以及改革推行的离婚冷静期、人身安全保护令等家事诉讼制度，传达了最新司法解释的适用方法，引导读者追踪家事审判改革新进展。三是视野前瞻，拓展研究深度与广度。关注人类辅助生殖技术等科技发展带来的立法空白和理论前沿问题，为读者提供纠纷防范与化解的启示，也为司法实务工作者和学术研究者提供研究素材和改革路径，有助于促进立法完善。

第二，有力推动法律实践。首先，助力提高普通大众的家事纠纷防范化解能力。通过案例精讲，引导读者了解和懂得家事法律法规的规定及其运用，从而有效化解家庭纷争。同时，指明容易误解误用的法律条文，提醒读者在实务运用中应注意的相关事项，提高家事纠纷预防能力，实现普法宣传目的。其次，传达普及家事纠纷非讼解决理念制度。传达家事纠纷柔性化、非讼解决理念，普及宣传并引导读者积极适用家事调解制度，促进修复稳定婚姻家庭关系，避免因对抗性诉讼导致家庭矛盾激化，影响家庭关系和谐稳定。最后，宣传《民法典》最新纂修内容。在相关案例中特别指出《民法典》对现行家事法律规范修改之处并进行简要分析，提醒读者注意新制度施行将产生的法律后果，指引读者在《民法典》正式生效施行后正确适用相关条款处理家事纠纷。

第三，对社会产生积极影响。一方面，为普通读者、学术研究人员、普法宣传工作者等关注家事纠纷解决的各类读者提供知识储备和研究参考。结合《民法典》的相关规定、新的司法解释，解答当前民众普遍关注的婚姻家庭法律适用中婚前财产协议、离婚财产分割、夫妻共同债务认定等诸多现实问题，既便于读者在日常生活中"按图索骥"处理家事纠纷，也为学者研究家事纠纷疑难问题提供参考，同时为普法工作和法治宣传提供知识读本。另一方面，为广大普通民众化解家事纠纷提供法律指引。我国公民法律意识在普法宣传工作的推动下不断提高，但婚姻家庭事件的私密性、财产性和人身性的深度融合往往弱化了处置中的专业性与理性，法律知识盲区尤其不容忽视。以公众关注和常见的家事问题为导向，通过案例分析，深入浅出、通俗易懂地释法明理，生动鲜活地引导读者以和为贵，依法预防纠纷，和平解决矛盾，促进家庭和社会稳定，为推进基层社会治理体系建设提供助力。

本书缘起于作者主持的 2019 年四川省社会科学规划项目（普及项目）《以案普法：家事纠纷解决 100 案例精讲》研究（立项编号：SC19KP020）。该研究报告于 2020 年 10 月完成并提交，2021 年获得结项良好证书。它紧密结合《民法典》及其配套司法解释的立法背景与相关规定，从法律适用、法理基础、法条索引各环节，系统性展开家事案例分析，并及时更新充实删改条款和新增制度，阐释家事纠纷解决的一般方法和原理。《民法典》正式施行后，研究报告历经多次反复全面修改补充完善，终于成著面世。恰逢此时，2025 年 1 月 15 日，最高人民法院颁布《关于适用〈中华人民共和国民法典〉婚姻家庭编的解释（二）》，已于 2025 年 2 月 1 日正式施行。它重点解决同居析产、夫妻间赠与的房屋归属与分割、夫妻一方打赏主播巨额财产的认定与后果、抢夺或藏匿未成年子女的救济途径等疑难复杂的家事纠纷。目前，直接适用该司法解释的权威案例尚未形成。为了及时反映最新立法动态和回应读者需求，本书采用先行提示方法，在解析 100 个案例时，对涉及该司法解释的部分条款进行简要介绍和解读，引导读者关注新的法律适用动向。未尽之处留待后续深入研究。

特别感谢课题组主研和统稿人杨萃的辛勤付出，感谢课题组成员罗登亮、唐应欣、廖静怡、张锦、刘露、刘思伽、王一涵、赵心瑜。

此外，对本书中所涉及的法律法规中含"中华人民共和国"字样，为求简洁，故在"案情简介""法律适用""法理提示"部分省略，其他司法解释等简称则依具体情形。

目　录

第三章 抚养、扶养和赡养纠纷

第一章　婚前纠纷

第一部分　同居纠纷

1 同居后一方可以起诉要求解除同居关系吗?

案情简介

　　陈甲与魏乙交往同居多年，后因陈甲工作出现困难，生活不如意，双方的感情也随之出现问题。最终，魏乙主动向陈甲提出分手，双方虽进行了心理咨询来修复感情，但仍然不欢而散。三年后，陈甲向法院提起民事诉讼，请求法院确认双方的同居关系已于三年前解除。法院经审理认为，陈甲与前妻离婚后，与魏乙在交往期间二人均未与他人登记结婚，双方不属于"有配偶者与他人同居"的情形，依照 2001 年《婚姻法》及 2017 年最高人民法院《关于适用〈中华人民共和国婚姻法〉若干问题的解释（二）》（以下简称 2017 年《婚姻法司法解释（二）》）的相关规定，若男女双方均系单身，任何一方主张解除同居关系的，人民法院不予受理。因此，对于陈甲请求解除同居关系的诉讼请求，法院不予受理。

法律适用

　　本案涉及同居关系能否诉请法院解除的法律问题。根据 2017 年《婚姻法司法解释（二）》第 1 条的规定，除非男女一方属于有配偶仍与他人同居的情形，否则，若当事人请求解除同居关系的，法院不应受理。本案中，陈甲与魏乙不属于婚姻法规定的有配偶者与他人同居即非法同居的情形，对于只是正常情况下的单身男女同居，不具备社会危害性，故不存在解除的必要。这种情形下，任何一方以提起诉讼的方式请求法院解除同居关系的，人民法院应当不予受理。

法理提示

随着社会的发展，婚前同居现象在我国已越来越普遍。当前同居关系主要分为两类，一类是指有配偶者与他人同居，另一类是指男女双方均未婚同居。有配偶者与他人同居是指有配偶的人在婚外与其他异性持续、稳定地共同生活，这种同居违反了我国法律关于一夫一妻制的规定，属于违法同居行为，是为法律与道德所禁止的。

值得注意的是，《民法典》仍然未对未婚同居问题作出规定，主要原因在于未婚同居并未得到整个社会的认同，社会生活中的同居情况也较为复杂，涉及的诸多法律问题目前无法达成共识，综合目前整个社会状况来看，在法律中明确规定同居问题的时机尚不成熟，立法也无法对同居问题作出统一规定。鉴于此，最高人民法院《关于适用〈中华人民共和国民法典〉婚姻家庭编的解释（一）》（以下简称《民法典婚姻家庭编司法解释（一）》）第3条亦吸收了2017年《婚姻法司法解释（二）》第1条，并删除了有配偶者与他人同居，法院应予受理并解除同居关系的条款，明确了无论是未婚同居，还是有配偶者与他人同居，当事人起诉要求解除同居关系的，法院一律不予受理。

当然，是否同居属于男女双方意思自治的范畴，因此，在恋爱交往中，无论是解除同居关系，还是进行结婚登记，都应当是男女双方自愿协商进行。建议同居男女理性对待双方之间的恋爱关系，妥善处理好双方之间的财产关系或子女抚养问题，在发生财产损失或者子女抚养纠纷时，应当协商解决，在无法协商的情况下，及时寻求法律救济。

法条索引

1.《中华人民共和国民法典》

第一千零四十二条 禁止包办、买卖婚姻和其他干涉婚姻自由的行为。禁止借婚姻索取财物。

禁止重婚。禁止有配偶者与他人同居。

禁止家庭暴力。禁止家庭成员间的虐待和遗弃。

2. 最高人民法院《关于适用〈中华人民共和国民法典〉婚姻家庭编的解释（一）》

第三条　当事人提起诉讼仅请求解除同居关系的，人民法院不予受理；已经受理的，裁定驳回起诉。

当事人因同居期间财产分割或者子女抚养纠纷提起诉讼的，人民法院应当受理。

3. 2001 年《中华人民共和国婚姻法》

第三条　禁止包办、买卖婚姻和其他干涉婚姻自由的行为。禁止借婚姻索取财物。

禁止重婚。禁止有配偶者与他人同居。禁止家庭暴力。禁止家庭成员间的虐待和遗弃。

2 分手后可以要求另一方给付青春损失费吗?

案情简介

古甲与吴乙曾是恋人关系，后双方因古甲隐瞒已婚事实并责打吴乙导致二人分手。分手数月后，双方先后签订了一份《私人协议书》和《协议书》，其中对双方在同居期间共同购买的房产所有权以及相应款项的支付进行了约定，并约定古甲补偿吴乙青春损失费 294 602 元。后双方未按照协议履行，吴乙向法院提起诉讼。法院认为，吴乙关于青春损失费的主张有违社会公序良俗，如果支持其主张，不利于倡导良好社会价值体系和价值观形成。因此，依照 2009 年修正的《民法通则》第 55 条第 3 项和第 58 条第 1 款第 5 项的规定，不予支持。

法律适用

本案涉及同居双方分手后能否约定青春损失费的问题。我国法律中并没有关于"青春损失费"的明确定义，也没有作出明确规定。虽然青春损失费是对女方在同居期间耗费青春时光的一种弥补，但在一定程度上物化了同居双方的情感，这种弥补方式与社会大众观念不符。当前，司法实务中的多数观点认为，因同居关系而产生的青春损失费，一般不会认定为侵权责任或合同责任乃至不当得利。法院在认定案件事实以及适用法律时，应坚持以事实为依据，以法律为准绳。对于当事人要求支付青春损失费的诉讼请求，往往因没有法律依据而得不到法院的支持。

本案适用的 2009 年《民法通则》第 55 条被《民法典》第 143 条吸收，条文内容无实质性改动。2009 年《民法通则》第 58 条规定的是民事法律行为无效的情形，现已被《民法典》吸收并修改，分别编入《民法典》第 144 条、第 146 条、第 153 条、第 154 条。根据这些规定，无效事由主要包括无民事行为能力人实施的法律行为；以虚假意思表示实施的法律行为；违反法律、行政法规的强制性规定；违背公序良俗以及当事人恶意串通损害他人合法权益的行为。

法理提示

目前，非婚同居现象增多，一方要求对方支付青春损失费的情况也并不少见。主张青春损失费一般有两种情形，一种是当事人在分手后，出于某种原因，向对方主张恋爱期间的青春损失费，另一种则是当事人在分手后，一方自愿给予对方一定费用作为补偿。在实践中，产生争议的往往是第一种情形，即在分手后，一方认为自己在恋爱或同居期间投入了较多的金钱、感情、精力、时间等，因而向对方主张向自己支付一定数额的补偿。然而，对于这类诉求，法院通常是不支持的。这是因为，从恋爱本质来说，恋爱是男女双方的自由选择，恋爱过程中，彼此之间正常范围内的花钱或者花时间都是必要的，也是合乎常理的。支付青春损失费的诉求通常被认为既没有法律上的依据，又不符合社会公序良俗，而且对于社会大众而言，非婚同居仅仅是为一部分人所接受，并没有得到社会的广泛认可。

有观点认为，由于在同居关系中女方怀孕、流产对身体会造成一定的伤害，甚至因此丧失生育能力或死亡，从恋爱期间女方或者弱势一方的角度上考虑，法院应当支持赔偿青春损失费的主张。但是，就法律规定而言，同居期间发生各种行为是男女双方对自身权益的处分，对于同居可能造成的怀孕、流产等后果，是完全民事行为能力人应当预见、可以避免并且有能力进行控制的，并且对这些后果应当自行承担责任。即使一方因同居行为对身心造成了伤残，也可以通过主张侵权责任等方式来获得救济，而不能采用"青春损失费"这样一个非法律概念来主张救济。

还有观点认为，青春损失费是对投入感情或精力较多的一方因分手导致精神上不同程度的创伤的抚慰金。对于当事人之间签订的关于给付"青春损失费""分手费"等的协议，可以分为自愿签订与被胁迫签订两种。当事人之间自愿签订的协议是双方之间自愿协商达成的对过往行为在经济上的合意，并不违反法律的禁止性规定，应当承认其具有法律效力。但是，为了解除恋爱关系而遭受胁迫所签订的"青春损失费"协议，既不符合《民法典》的相关规定，又违背了公序良俗原则，因此，对于此类协议法院不予认可。此外，解除恋爱关系并支付青春损失费不同于一般侵权行为，因而无法适用现行法律予以救济。

司法实践中，"青春损失费"的认定仍存在分歧。应当看到，在同居关系中，男女双方都势必会付出一定的感情、精力、物质，分手是当事人之间建立恋爱关系时无法预料的风险之一，而分手也会带来一定的伤害，由此带来的苦痛是无法逃避的风险。青春流逝是人类无法避免的历程，无论是否经历恋爱或者结婚的状态，都将承受这种结局。但是，青春流逝与侵权行为没有因果关系，换言之，这种自然现象不能称为侵权责任法律范畴上的损害。因此，从金钱上对其进行补偿并不能获得法律支持。鉴于同居关系的不稳定性，以及当前立法上对于同居关系的一系列问题没有明确规定，建议适婚男女在条件成熟时及时办理结婚登记。

法条索引

1.《中华人民共和国民法典》

第一百四十三条　具备下列条件的民事法律行为有效：

（一）行为人具有相应的民事行为能力；

（二）意思表示真实；

（三）不违反法律、行政法规的强制性规定，不违背公序良俗。

第一百四十四条　无民事行为能力人实施的民事法律行为无效。

第一百四十六条　行为人与相对人以虚假的意思表示实施的民事法律行为无效。

以虚假的意思表示隐藏的民事法律行为的效力，依照有关法律规定处理。

第一百五十三条 违反法律、行政法规的强制性规定的民事法律行为无效。但是，该强制性规定不导致该民事法律行为无效的除外。

违背公序良俗的民事法律行为无效。

第一百五十四条 行为人与相对人恶意串通，损害他人合法权益的民事法律行为无效。

第一百五十五条 无效的或者被撤销的民事法律行为自始没有法律约束力。

第四百六十四条 合同是民事主体之间设立、变更、终止民事法律关系的协议。

婚姻、收养、监护等有关身份关系的协议，适用有关该身份关系的法律规定；没有规定的，可以根据其性质参照适用本编规定。

2. 2014 年《深圳市中级人民法院关于审理婚姻家庭纠纷案件的裁判指引》

十六、一方以同居为由请求对方支付"青春损失费"的，人民法院不予支持，但女方在同居期间怀孕需要做中止妊娠手术请求男方分担部分因此产生的医疗费、营养费等合理费用的，人民法院应予支持。

3. 2009 年《中华人民共和国民法通则》

第五十五条 民事法律行为应当具备下列条件：

（一）行为人具有相应的民事行为能力；

（二）意思表示真实；

（三）不违反法律或者社会公共利益。

第五十八条 下列民事行为无效：

（一）无民事行为能力人实施的；

（二）限制民事行为能力人依法不能独立实施的；

（三）一方以欺诈、胁迫的手段或者乘人之危，使对方在违背真实意思的情况下所为的；

（四）恶意串通，损害国家、集体或者第三人利益的；

（五）违反法律或者社会公共利益的；

（六）以合法形式掩盖非法目的的。

无效的民事行为，从行为开始起就没有法律约束力。

3 同居期间，一方死亡，另一方可以继承遗产吗?

案情简介

张甲与王乙是情侣，虽同居生活但没有办理结婚登记手续。同居期间张甲将其名下的房屋予以出卖，所得款项存入其名下的建设银行账户中。数月后张甲因病去世，在其去世后王乙分别从该账户中取款28万元、3万元。为了继承张甲的遗产，张甲的母亲戎丙申请办理公证。公证机关查明，张甲未结过婚，没有子女，张甲的父亲先于张甲死亡。因此，公证机关出具公证书，证明张甲名下的存款应作为遗产由其母亲继承。后戎丙向法院起诉要求被告王乙返还31万元。法院认为，本案中的房款源于张甲出售其同居前个人所有的房屋所得。此外，根据1985年《继承法》第14条规定，王乙并不符合可以适当分得张甲遗产的条件。最终，法院支持了戎丙的诉讼请求。

法律适用

本案涉及同居期间一方死亡时，另一方是否享有继承权的问题，根据2001年最高人民法院《关于适用〈中华人民共和国婚姻法〉若干问题的解释（一）》（以下简称（2001年《婚姻法司法解释（一）》）第5条、第6条的规定。遗产继承问题则依据1989年最高人民法院《关于人民法院审理未办结婚登记而以夫妻名义同居生活案件的若干意见》（以下简称1989年《关于审理同居案件的意见》）第13条的规定，在1994年2月1日后未办理结婚登记而以夫妻名义一起生活的，不属于事实婚姻的，应当按照同居关系处理。本案中，张甲与王乙是在1994年2月1日后才建立的同居关系，且二人未补办结婚登记，因此，双方不属于事实婚姻关系，应当认定为非婚同居关系。

同居期间一方死亡的，另一方是否享有继承权，应适用2001年《婚姻法司法解释（一）》第5条、第6条的规定。根据该司法解释规定，同居双方不符合事实婚姻的要件，也没有办理结婚登记补办手续的，在同居期间一方死亡的，如果没有合法有效的遗赠扶养协议或者遗嘱确定另一方可以获得遗产的，则另一方不能以配偶身份参与继承被继承人的遗产。但是，依据1989年《关于审理同居案件的意见》第13条、1985年《继承法》第14条的规定，如果同居生活期间一方死亡，而另一方对死者扶养较多，或者另一方依靠死者扶养且缺乏劳动能力又没有收入来源，那么，另一方可以分得死者适当遗产。本案中，王乙既不能以配偶身份参与遗产分配，也不符合可以适当分得遗产的条件，因此，王乙无权分得张甲的遗产。

需要注意的是，《民法典》第1131条对1985年《继承法》第14条作出了修改。具体而言，死者的继承人以外的人，依靠死者扶养的则可以请求分得适当遗产，《民法典》删掉了限定请求人为"缺乏劳动能力又没有生活来源"的规定，进一步扩大了遗产分割请求权人的范围。此外，2001年《婚姻法司法解释（一）》第5条、第6条的内容经修改后，编入了《民法典婚姻家庭编司法解释（一）》第7条、第8条。

法理提示

1985年《继承法》第10条规定了法定继承顺序，其中配偶、子女、父母是第一顺位。配偶是指有婚姻关系的丈夫或妻子。男女双方未办理结婚登记而同居生活的，如果构成事实婚姻关系，那么一方死亡，另一方可以以配偶身份继承死者遗产。如果双方没有构成事实婚姻关系，且不符合1985年《继承法》第14条可以适当分得遗产的条件，那么，另一方无权分得对方的遗产。目前，虽然男女非婚同居的情况比较普遍，但现行立法对同居问题进行规范仍然面临着较大困难。鉴于此，男女双方应当谨慎对待、理性处理同居关系，并对自己的财产进行妥善处置。

法条索引

1. 《中华人民共和国民法典》

第一千一百二十七条 遗产按照下列顺序继承：

（一）第一顺序：配偶、子女、父母；

（二）第二顺序：兄弟姐妹、祖父母、外祖父母。

继承开始后，由第一顺序继承人继承，第二顺序继承人不继承；没有第一顺序继承人继承的，由第二顺序继承人继承。

本编所称子女，包括婚生子女、非婚生子女、养子女和有扶养关系的继子女。

本编所称父母，包括生父母、养父母和有扶养关系的继父母。

本编所称兄弟姐妹，包括同父母的兄弟姐妹、同父异母或者同母异父的兄弟姐妹、养兄弟姐妹、有扶养关系的继兄弟姐妹。

第一千一百三十一条　对继承人以外的依靠被继承人扶养的人，或者继承人以外的对被继承人扶养较多的人，可以分给适当的遗产。

2. 最高人民法院《关于适用〈中华人民共和国民法典〉婚姻家庭编的解释（一）》

第七条　未依据民法典第一千零四十九条规定办理结婚登记而以夫妻名义共同生活的男女，提起诉讼要求离婚的，应当区别对待：

（一）1994 年 2 月 1 日民政部《婚姻登记管理条例》公布实施以前，男女双方已经符合结婚实质要件的，按事实婚姻处理。

（二）1994 年 2 月 1 日民政部《婚姻登记管理条例》公布实施以后，男女双方符合结婚实质要件的，人民法院应当告知其补办结婚登记。未补办结婚登记的，依据本解释第三条规定处理。

第八条　未依据民法典第一千零四十九条规定办理结婚登记而以夫妻名义共同生活的男女，一方死亡，另一方以配偶身份主张享有继承权的，依据本解释第七条的原则处理。

3. 2001 年最高人民法院《关于适用〈中华人民共和国婚姻法〉若干问题的解释（一）》

第五条　未按婚姻法第八条规定办理结婚登记而以夫妻名义共同生活的男女，起诉到人民法院要求离婚的，应当区别对待：

（一）1994 年 2 月 1 日民政部《婚姻登记管理条例》公布实施以前，男女双方已经符合结婚实质要件的，按事实婚姻处理。

（二）1994 年 2 月 1 日民政部《婚姻登记管理条例》公布实施以后，男女双方符合结婚实质要件的，人民法院应当告知其在案件受理前补办结婚登记；未补办结婚登记的，按解除同居关系处理。

第六条　未按婚姻法第八条规定办理结婚登记而以夫妻名义共同生活的男女，一方死亡，另一方以配偶身份主张享有继承权的，按照本解释第五条的原则处理。

4. 1985 年《中华人民共和国继承法》

第十条 遗产按照下列顺序继承：

第一顺序：配偶、子女、父母。

第二顺序：兄弟姐妹、祖父母、外祖父母。

继承开始后，由第一顺序继承人继承，第二顺序继承人不继承。没有第一顺序继承人继承的，由第二顺序继承人继承。

第十四条 对继承人以外的依靠被继承人扶养的缺乏劳动能力又没有生活来源的人，或者继承人以外的对被继承人扶养较多的人，可以分配给他们适当的遗产。

5. 1985 年最高人民法院《关于贯彻执行〈中华人民共和国继承法〉若干问题的意见》

31. 依继承法第十四条规定可以分给适当遗产的人，分给他们遗产时，按具体情况可多于或少于继承人。

32. 依继承法第十四条规定可以分给适当遗产的人，在其依法取得被继承人遗产的权利受到侵犯时，本人有权以独立的诉讼主体的资格向人民法院提起诉讼。但在遗产分割时，明知而未提出请求的，一般不予受理；不知而未提出请求，在二年内起诉的，应予受理。

6. 1989 年最高人民法院《关于人民法院审理未办结婚登记而以夫妻名义同居生活案件的若干意见》

13. 同居生活期间一方死亡，另一方要求继承死者遗产，如认定事实婚姻关系的，可以配偶身份按继承法的有关规定处理；如认定非法同居关系，而又符合继承法第十四条规定的，可根据相互扶助的具体情况处理。

4 同居期间，女方多次意外怀孕后流产造成身体损伤，能否向男方主张损害赔偿？

● 案情简介 ●

吴甲与王乙在网聊数月后见面并发展成为男女朋友关系，不久后便开始同居生活。在同居期间，因没有采取避孕措施，王乙曾怀孕三次，吴甲均以经济能力不足为由要求王乙打掉孩子。后双方在性格与经济问题上发生纠纷多次争吵，吴甲在王乙做完人流手术后提出分手，王乙心灰意冷，要求吴甲赔偿自己的损失，但吴甲拒绝。王乙遂向法院提起诉讼要求吴甲支付因流产造成的人身和精神损害赔偿共计10万元。法院经审理认为，原、被告双方均系完全民事行为能力人，同居期间发生性行为均是双方自愿，且女方怀孕属于因同居造成的后果。因此，对于原告要求男方赔偿的请求不予支持，最终判决驳回原告诉讼请求。

法律适用

本案涉及同居期间因女方多次怀孕流产造成身体损害能否要求男方赔偿的问题。本案中，吴甲与王乙虽然没有办理结婚登记，但二人的同居行为并没有违反法律的禁止性规定。并且，双方都是完全民事行为能力人，同居期间发生性行为也是二人自愿。因此，虽然女方多次怀孕并流产，但是男方并没有实施侵权行为，不满足法律规定的侵权责任要件，王乙的诉讼请求并未得到法院的支持。另外，可以参考《人民法庭民事审判实务问答》[1]中关于同居、事实婚姻问题第4条，即女方以同居期间多次怀孕人流等原因影响身体健康为理由，要求男方赔偿的，不予支持。

法理提示

当前社会不同年龄阶层对婚前同居所持态度存在较大差异。同居关系牵

---

〔1〕 李瑞翔：《人民法庭民事审判实务问答》，法律出版社2014年版，第344页。

涉较为亲密的人身关系与财产关系，不同年龄阶段的同居现象所牵涉的利益也有所不同。面对这一复杂的社会现象，对相关法律问题的认识还存在分歧，无法达成共识，因而对于同居问题进行统一立法的时机尚不成熟。但必须重视的是，同居现象在社会生活中，尤其是年轻群体中已经越来越普遍，同居生活中也衍生出了诸多社会问题。这种因同居导致女方怀孕流产甚至导致丧失生育功能的案例不在少数。面对这类案件时，一方面，应当加强对整个社会群体进行科学避孕、优生优育观念的宣传与科普力度，注重从源头防范纠纷的发生；另一方面，法院对未婚同居期间怀孕流产造成身体损害而提出损害赔偿的诉求，一般不予支持。但是，如果原告能够出具相应的伤残报告，法院可以结合损害后果与同居行为之间的因果关系，予以适当考虑。此外，对于因同居期间怀孕进行人流手术产生的相关医疗费用承担问题，不仅 2001 年《婚姻法》等法律未作出明确规定，《民法典》也未作出明确回应。

司法实务中，法院对此问题大致存在三种不同的处理方式：一是根据公平原则，由男方向女方给予适当补偿；二是认为双方发生性行为完全出于自愿，双方各自承担部分责任；三是认为同居问题属于道德层面的问题，不予受理该类案件。从这几类处理方式中可以看出，对于未婚同居怀孕的女方而言，无论采用何种处理方式都是处于相对弱势地位的。因此，男女双方都应当树立正确的性观念，理性对待恋爱和未婚同居关系，保护好自身身体健康，适龄男女在条件成熟时应及时办理婚姻登记。虽然理论界与实务界尚未对此问题的处理达成共识，但在《民法典》实施后，针对同居现象引发的诸多问题，相关部门可能会制定相应的实施意见。

法条索引

1. 《中华人民共和国民法典》

第一千一百八十六条　受害人和行为人对损害的发生都没有过错的，依照法律的规定由双方分担损失。

2. 《人民法庭民事审判实务问答》

二、同居、事实婚姻问题

4、女方以同居期间多次怀孕人流等原因影响身体健康为理由要求男方赔偿，法院应否支持？

　　答：以上情形属于同居造成后果，无合法婚姻为前提，故以上请求无法律依据，人民法院不予支持。

5 同居期间，一方购买的房屋可以认定为共有财产吗？

案情简介

　　王甲与张乙二人于 2002 年开始以夫妻名义同居生活，同居期间二人未生育子女。双方同居一年后，张乙以个人名义花费 3 万元在当地某小区购买了一套住宅。为购买该房屋，王甲与张乙还曾向李丙借款 1.5 万元，并共同清偿了借款。共同生活 5 年后，二人因感情不和结束同居关系。对于同居期间张乙以个人名义购置的房产，王甲要求对其按照共有财产进行分割，遂向法院起诉。张乙则抗辩称，该房屋系以个人名义购买的房产，其中由王甲偿付的向李丙的借款应当作为王甲对自己的借款，不能认定该房屋属于二人的共有财产。法院经审理，对原告与被告在婚前同居期间共同购置的财产宜认定为一般共有财产。因该房产系张乙以个人名义出资购买，房屋登记于其个人名下，最终判决该房屋归张乙所有，张乙应当在判决生效后 15 日内支付王甲所占房屋份额折价款 5 万余元。

法律适用

　　本案涉及解除同居关系时对同居期间一方以个人名义但共同出资购买的财产是否可以作为共有财产进行分割的问题。本案中，处理同居期间一方以个人名义购买的房屋是否属于双方共有财产的问题，需要明确的是同居双方是否具有事实婚姻关系，以及如何对同居期间的财产进行处置。首先，本案中的原、被告是在 2002 年开始建立同居关系，双方不符合事实婚姻的认定条件，因此二人之间不享有夫妻之间的权利义务关系。其次，根据 1989 年《关于审理同居案件的意见》第 10 条的规定，双方在同居期间取得的财产是一般共有财产。另根据 2007 年《物权法》第 103 条和第 104 条规定，在共有人对不动产共有状况未约定或约定不明且二人非属家庭关系时，应视为按份共有。具体的比例按双方各自的出资份额确定，若不能确定的，则视为双方各占有一半份额。本案中，王甲与张乙同居后，不具有婚姻关系，张乙虽以个人名义购买案涉房屋，并将房屋登记在自己名下，但是该房屋的出资款中包含王甲出资且房屋已升值，因此，该房屋应当属于二人的一般共有财产，按照各自的出资额进行处理。根据上述法条的规定和二人的实际出资状况，法院可以判决该房屋归张乙所有，对于双方共同所借的 1.5 万元和对应的房屋增值部分应当认定为一般共有即按份共有财产，张乙应按照等额出资给予王甲相应的折价款。

2007 年《物权法》第 103 条、第 104 条已被《民法典》第 308 条、第 309 条吸收，条文内容没有改动。

法理提示

婚姻家庭法中的"同居"应作广义理解，即未建立合法婚姻关系的男女同居，包括事实婚姻、有配偶者与他人同居以及未婚同居。对于前两种类型中的人身与财产关系有明确规定，而对于未婚同居，法律虽未禁止，但目前尚无相关立法作出系统规定。近年来，随着人们思想观念的改变，未婚同居的现象较为普遍。从相处模式来看，此种同居关系与婚姻关系非常相似，但是，在财产的归属与分割上，二者却存在很大的差异。在婚姻关系存续期间，夫妻双方或一方所取得的财产，除了个人财产，其他都是夫妻共同财产。而在同居关系中，同居双方对于同居期间获得的财产并不当然地属于共同所有，应当以财产的取得方式，即根据出资份额、所作贡献来确定各自享有的财产份额，从而进行公平合理的财产分割。虽然从目前的社会状况和立法准备而言不宜统一立法来规制同居引发的诸多相关问题，但是，应当看到，同居关系已成为整个社会关系中不可忽视的一部分，处理好同居关系纠纷对于社会和谐稳定具有十分重要的意义。鉴于此，为解决同居财产分割问题，最高人民法院《关于适用〈中华人民共和国民法典〉婚姻家庭编的解释（二）》（以下简称《民法典婚姻家庭编司法解释（二）》）第 4 条确立了处理原则，即首先按双方约定处理，如果没有约定且协商未果的，按财产情况分别处理。第一种情况是各自所得财产归各自所有，例如各自获取的工资、奖金、劳务报酬、知识产权收益；各自继承或受赠的财产；单独生产、经营、投资的收益等。第二种是双方共同出资购买房屋、车辆等财产，或共同生产、经营、投资，以及财产无法区分等情况。这类情况下分割财产较复杂，需要以各自出资比例为基础，同时，综合考虑双方共同生活期间长短、是否育有子女、为共同生产经营投入心力的多少等因素予以分割。因此，分割同居期间所得财产时，最好的办法是双方心平气和地协商处理。实在协商不成的，法院将根据前述司法解释等相关规定裁判。

法条索引

1.《中华人民共和国民法典》

第三百零八条　共有人对共有的不动产或者动产没有约定为按份共有或者共同共有，或者约定不明确的，除共有人具有家庭关系等外，视为按份共有。

第三百零九条　按份共有人对共有的不动产或者动产享有的份额，没有约定或者约定不明确的，按照出资额确定；不能确定出资额的，视为等额享有。

2. 最高人民法院《关于适用〈中华人民共和国民法典〉婚姻家庭编的解释（二）》

第四条　双方均无配偶的同居关系析产纠纷案件中，对同居期间所得的财产，有约定的，按照约定处理；没有约定且协商不成的，人民法院按照以下情形分别处理：

（一）各自所得的工资、奖金、劳务报酬、知识产权收益，各自继承或者受赠的财产以及单独生产、经营、投资的收益等，归各自所有；

（二）共同出资购置的财产或者共同生产、经营、投资的收益以及其他无法区分的财产，以各自出资比例为基础，综合考虑共同生活情况、有无共同子女、对财产的贡献大小等因素进行分割。

3. 1989 年最高人民法院《关于人民法院审理未办结婚登记而以夫妻名义同居生活案件的若干意见》

第十条　解除非法同居关系时，同居生活期间双方共同所得的收入和购置的财产，按一般共有财产处理……

4. 2007 年《中华人民共和国物权法》

第一百零三条　共有人对共有的不动产或者动产没有约定为按份共有或者

你不可不知的家事纠纷解决法与理

共同共有，或者约定不明确的，除共有人具有家庭关系等外，视为按份共有。

第一百零四条 按份共有人对共有的不动产或者动产享有的份额，没有约定或者约定不明确的，按照出资额确定；不能确定出资额的，视为等额享有。

5. 2017 年最高人民法院《关于适用〈中华人民共和国婚姻法〉若干问题的解释（二）》

第一条 当事人起诉请求解除同居关系的，人民法院不予受理。但当事人请求解除的同居关系，属于婚姻法第三条、第三十二条、第四十六条规定的"有配偶者与他人同居"的，人民法院应当受理并依法予以解除。

当事人因同居期间财产分割或者子女抚养纠纷提起诉讼的，人民法院应当受理。

6 同居期间，一方送给另一方的汽车等大额财物，分手后可以要求对方返还吗？

案情简介

吴甲与李乙二人在广州做生意期间相识，双方确立恋爱关系，后两人开始同居生活。吴甲对李乙疼爱有加，共赠与李乙现金 50 万元，并将一辆价值 20 万元的汽车赠与李乙，登记在李乙名下。同时，为了尽快与李乙结婚，吴甲还为李乙购买若干名贵家居，共计约五万元。然而，双方在交往中矛盾不断，无法再继续共同生活。吴甲要求李乙返还上述财物被拒绝，遂向法院提起诉讼，要求李乙返还恋爱期间吴甲给付的现金及利息、赠送的汽车等财物。法院最终判决李乙应当返还吴甲 50 万元及利息，以及价值 20 万元的汽车。

法律适用

本案涉及同居期间受赠的大额财物在双方分手后是否返还的问题。恋爱中的男女彼此互赠小礼物、吃饭看电影等行为是正常的，一般在分手后不应主张返还。但对于明显超出正常恋爱消费水平的、数额较大的款物如车辆、数十万现金等，除非受赠方有相反证据证明，否则，可以推定为是付款方附解除条件的赠与行为。所谓附解除条件的赠与行为是指当事人对赠与行为设定一定的解除条件，当解除条件成就时赠与法律行为失效。如果以男女双方将来结婚与否作为所附解除条件，若双方未结婚，则解除条件成就，赠与行为失效。本案中，吴甲秉持着和李乙结婚的观念与李乙交往，对其进行大量的金钱付出也是基于缔结婚姻关系的考量。现双方分手，吴甲赠与行为所附解除条件已经成就。根据1999年《合同法》第45条、第58条的规定，双方之间的赠与行为因所附解除条件成就而失效，所赠与的财产理应恢复至初始状态，李乙对于吴甲向其赠送的大额现金、汽车等财产应当予以返还。

值得注意的是，《民法典》合同编删除了1999年《合同法》第45条关于附条件合同的成就要件规定和第58条关于合同无效或者被撤销的法律后果，相关内容被《民法典》第157条、第158条吸收。

法理提示

当前，婚前同居现象并不少见，同居后男女双方互赠礼物也是一种很普遍的行为，情侣之间发生的经济交流比恋爱初期更深。但是，当前同居关系并未受到法律的规制，同居双方缺乏合法的配偶身份，因而在同居期间更容易引发各类纠纷。一般的情侣之间不以结婚为前提条件互赠小礼物，是一种无条件的赠与，即使事后双方分手了，受赠方也不承担返还义务。但是，如果以结婚为前提，情侣之间赠与对方的房产、车辆、钻戒等明显超出双方日常消费能力的大额财物，一般应视为一种附解除条件的赠与。双方此后未能结婚，则所附解除条件成就，赠与解除，接受赠与一方应当承担返还财物的义务。此外，还应当注意的是，主张返还大额财物的一方应当承担相应的举证责任，证明大额赠与行为是以双方未来缔结婚姻为前提条件。在此，提醒同居双方应当注意以下两个问题：一是在同居期间应当尽量保持财物独立。对于赠送的大额礼物，也要考虑清楚是为了博取对方一时欢心，还是以缔结婚姻的目的。二是实施相关赠与行为时，注意保存证据。

法条索引

1. 《中华人民共和国民法典》

第一百五十七条　民事法律行为无效、被撤销或者确定不发生效力后，行为人因该行为取得的财产，应当予以返还；不能返还或者没有必要返还的，应当折价补偿。有过错的一方应当赔偿对方由此所受到的损失；各方都有过错的，应当各自承担相应的责任。法律另有规定的，依照其规定。

第一百五十八条　民事法律行为可以附条件，但是根据其性质不得附条件的除外。附生效条件的民事法律行为，自条件成就时生效。附解除条件的民事法律行为，自条件成就时失效。

2. 2017年最高人民法院《关于适用〈中华人民共和国婚姻法〉若干问题的解释（二）》的补充规定

第一条　当事人起诉请求解除同居关系的，人民法院不予受理……

当事人因同居期间财产分割或者子女抚养纠纷提起诉讼的，人民法院应当受理。

第十条　当事人请求返还按照习俗给付的彩礼的，如果查明属于以下情形，人民法院应当予以支持：

（1）双方未办理结婚登记手续的；

（2）双方办理结婚登记手续但确未共同生活的；

（3）婚前给付并导致给付人生活困难的。

适用前款第（二）、（三）项的规定，应当以双方离婚为条件。

3. 2011年最高人民法院《关于适用〈中华人民共和国婚姻法〉若干问题的解释（三）》

第六条　婚前或者婚姻关系存续期间，当事人约定将一方所有的房产赠与另一方，赠与方在赠与房产变更登记之前撤销赠与，另一方请求判令继续履行的，人民法院可以按照合同法第一百八十六条的规定处理。

4. 1999年《中华人民共和国合同法》

第四十五条第一款　当事人对合同的效力可以约定附条件。附生效条件的合同，自条件成就时生效。附解除条件的合同，自条件成就时失效。

第五十八条　合同无效或者被撤销后，因该合同取得的财产，应当予以返还；不能返还或者没有必要返还的，应当折价补偿。有过错的一方应当赔偿对方因此所受到的损失，双方都有过错的，应当各自承担相应的责任。

7　同居期间共同购房产权约定与实际出资比例不一致，分手时应如何分割？

▪ 案情简介 ▪

　　吴甲与李乙二人于2008年5月确定恋爱关系，半年后二人开始同居生活。交往一年后，二人出于结婚考虑共同出资购买了一套房屋，首付款的出资比例为吴甲占90%、李乙占10%。在签订购房合同当日，二人签订了《房屋共有协议》，约定该房屋为二人共同共有，各自持有的份额比例为50%。后来，二人使用吴甲的账户偿还剩余贷款。但在后续交往过程中，二人争吵不断，最终分手。分手后，吴甲诉至法院，请求撤销房屋共有协议，并以首付款的出资比例确定份额。法院认为，双方已经在购房当日以书面形式对二人同居期间共同购房的权属状况及各自享有的比例作出了明确约定，不存在无效或可撤销事由，应当认定该协议的效力。对于协议中约定的房屋产权比例与实际出资比例不一致的，应当以协议约定的为准，最终驳回了吴甲的诉讼请求。

法律适用

　　本案涉及情侣在同居期间共同购房，并且明确约定产权的情况下，能否依据实际出资比例确定房屋产权归属的问题。房屋产权的确定首先应当符合2007年《物权法》的相关规定。按照2007年《物权法》第103条、第104条的规定，如果共有人不具有家庭关系，那么，他们共有的不动产或动产视为按份共有。具体的共有比例则看他们之间是否有约定。如果他们已经约定了按份比例，则按照约定处理。如果没有约定，则根据他们购买房屋时的出资比例确定他们分别享有的产权份额。仍然不能确定的，则认定他们各自享有一半产权份额。本案中，双方当事人在同居期间共同出资购房，并且用书面形式对房屋权属以及比例等相关事宜签订了书面协议，该协议也不存在无效或可撤销的法定事由，没有效力瑕疵。因此，应认定该协议有效。即便双方约定的房屋产权比例与实际出资比例不一致，也应当按照约定来确定双方所占产权比例。

2007 年《物权法》第 103 条、第 104 条已被《民法典》吸收，对应条文为《民法典》第 308 条、第 309 条，条文内容没有改动。

法理提示

同居现象越发普遍，情侣在恋爱期间共同购买房屋的现象逐渐增多。恋爱期间双方情感较为浓烈，对于财产的处置不够谨慎，容易冲动行事。特别是对于恋爱期间财产处置，要么没有明确约定，要么约定与实际不符，往往在后续生活中发生纠纷。对于该类案件，多数法院的裁判思路是，双方之间有明确协议的，原则上应当按照协议进行处理，除非该协议违反法律或者公序良俗；对于恋爱期间双方之间没有特殊约定的，归各自所有。除非同居双方在同居期间出现了财产混同时，可以推定双方财产为共同共有来进行分割。这一裁判思路已在《民法典婚姻家庭编司法解释（二）》第 4 条予以明确并细化完善，为妥善处理同居析产矛盾提供了规范指引。条文分析可参考案例 5 "同居期间，一方购买的房屋可以认定为共有财产吗?"。因此，对于同居期间共同购买房屋的，双方应事先以书面形式对房屋的出资、产权归属等信息予以固定，以免在后续发生财产处置上的分歧，影响彼此的感情或者损害各自的权益。

法条索引

1.《中华人民共和国民法典》

第三百零八条 共有人对共有的不动产或者动产没有约定为按份共有或者共同共有，或者约定不明确的，除共有人具有家庭关系等外，视为按份共有。

第三百零九条 按份共有人对共有的不动产或者动产享有的份额，没有约定或者约定不明确的，按照出资额确定；不能确定出资额的，视为等额享有。

2. 最高人民法院《关于适用〈中华人民共和国民法典〉婚姻家庭编的解释（二）》

第四条　双方均无配偶的同居关系析产纠纷案件中，对同居期间所得的财产，有约定的，按照约定处理；没有约定且协商不成的，人民法院按照以下情形分别处理：

（一）各自所得的工资、奖金、劳务报酬、知识产权收益，各自继承或者受赠的财产以及单独生产、经营、投资的收益等，归各自所有；

（二）共同出资购置的财产或者共同生产、经营、投资的收益以及其他无法区分的财产，以各自出资比例为基础，综合考虑共同生活情况、有无共同子女、对财产的贡献大小等因素进行分割。

3. 2007 年《中华人民共和国物权法》

第一百零三条　共有人对共有的不动产或者动产没有约定为按份共有或者共同共有，或者约定不明确的，除共有人具有家庭关系等外，视为按份共有。

第一百零四条　按份共有人对共有的不动产或者动产享有的份额，没有约定或者约定不明确的，按照出资额确定；不能确定出资额的，视为等额享有。

第二部分　婚前财产纠纷

8 婚约期间接受彩礼后反悔，另一方可以要求其返还吗？

◆ 案情简介 ◆

　　张甲与胡乙经人介绍相识，后来，张甲家请媒人到胡乙家说媒，胡乙在同意婚约关系后，要求张甲先给付 12 万元的现金彩礼。张甲通过媒人将 12 万元彩礼交予胡乙。在商量订婚事宜过程中，胡乙购买首饰、衣服、摩托车及手机共花费 45 000 元，在农历五月订婚时，胡乙一方索要 19 000 元。2017 年 10 月，张甲与胡乙按照农村习俗举办婚礼。胡乙在婚礼时索要离娘钱、红包、赎钥匙钱 8000 元。举行仪式后，胡乙以各种理由推脱办理结婚登记，并在张甲家仅居住 1 个月后回娘家，未再返回。

双方就返还彩礼事宜协商未果，于是，张甲向法院起诉，要求胡乙返还借婚约索取的彩礼共计 19.2 万元。法院经审理认为，胡乙借婚约索取彩礼致张甲家庭生活困难，但由于双方已经共同生活一段时间，彩礼应当酌情返还，因而判决胡乙返还彩礼 8.4 万元，衣服手机折价款 22 958 元，以及摩托车、首饰等实物应当返还。

法律适用

本案涉及婚约财产在双方分手时的返还问题。根据 2017 年《婚姻法司法解释（二）》第 10 条的规定，对于一方在结婚登记前给付另一方的彩礼，如果双方在之后并未进行结婚登记，或虽然进行了结婚登记，但并未共同生活或者因婚前给付彩礼导致给付一方生活困难的，法院可以根据双方共同生活的时长、给付彩礼的数额以及当地的风俗习惯等因素确认全部或部分返还。本案中，张甲在与胡乙订立婚约前后，都给胡乙支付大额现金彩礼或者购买了价值较高的物品。虽然双方按照当地习俗举行了婚礼仪式并共同生活了一段时间，但是一直没有办理结婚登记。现张甲由于给付胡乙彩礼而使家庭生活发生严重困难，因此，在胡乙离开后，张甲有权要求胡乙返还一定数额的彩礼。法院认为，彩礼是以缔约婚姻为前提，一方按照当地风俗习惯而赠与另一方一定数额的财物。当缔结婚姻条件不成就时，则赠与行为失效，受赠方应当返还彩礼。因此，彩礼是一种附解除条件的赠与行为。因本案中双方当事人并没有办理结婚登记，所以给付彩礼的条件不存在，即赠与行为失效。但鉴于双方已经共同生活了一段时间，法院结合本案实际情况和当地经济水平，判决接受彩礼一方适当返还。

2017 年《婚姻法司法解释（二）》关于返还彩礼的规定已被编入《民法典婚姻家庭编司法解释（一）》第 5 条，条文内容没有实质性变更。

法理提示

婚约，也就是订婚，不具有与结婚登记同等的法律效力。订婚往往伴随着彩礼的支付问题。彩礼是中国几千年传统文化形成的一种婚嫁风俗。彩礼的数额不是固定的，不同地区不同家庭数额不一致，但一般都在几万元到几十万元不等。借婚姻之名索取财物的行为是我国法律明确禁止的。随着社会变革与时代发展，我国越来越多的地区已不再重视彩礼婚俗，但部分地区仍存在把订婚作为结婚的前置程序并给付彩礼的现象，甚至出现天价彩礼的情形，男方为了娶妻不得不通过大量借贷支付高额的彩礼。这也造成了很多普通家庭债台高筑，给付彩礼后一方反悔的情形也时有发生，司法实践中，彩礼的给付与返还问题引发的纠纷并不少见。

对于彩礼是否应当返还，在最高人民法院负责人就 2017 年《婚姻法司法解释（二）》答记者问时，给出的答复为：在符合 2017 年《婚姻法司法解释（二）》第 10 条规定的情形下，根据中国目前的国情是可以请求返还彩礼的。这是因为，"目前我国很多地方给付彩礼的情况还较为普遍，如果对彩礼问题完全不管，可能会使一些当事人的财产权益受到严重损害"[1]但这样规定并不是鼓励和提倡给付彩礼，而是在出现纠纷时能够及时得到解决。因此，已经支付的彩礼原则上不得请求返还，除非符合法定条件。在物质生活日益完善的时代，过高的彩礼并不见得就是美好爱情的象征。男女双方结婚更应当是建立在爱情的基础上，而不能为了彩礼而结婚，也不倡导为了结婚而大额举债。

法条索引

1.《中华人民共和国民法典》

第一千零四十九条　要求结婚的男女双方应当亲自到婚姻登记机关申请结婚登记。符合本法规定的，予以登记，发给结婚证。完成结婚登记，即确立婚姻关系。未办理结婚登记的，应当补办登记。

2. 最高人民法院《关于适用〈中华人民共和国民法典〉婚姻家庭编的解释（一）》

第五条　当事人请求返还按照习俗给付的彩礼的，如果查明属于以下情形，人民法院应当予以支持：

---

〔1〕 杜万华：《解读最高人民法院司法解释、指导性案例——民事卷（上）》，人民法院出版社 2016 年版，第 166-167 页。

（一）双方未办理结婚登记手续；

（二）双方办理结婚登记手续但确未共同生活；

（三）婚前给付并导致给付人生活困难。

适用前款第二项、第三项的规定，应当以双方离婚为条件。

3. 2017 年最高人民法院《关于适用〈中华人民共和国婚姻法〉若干问题的解释（二）》

第十条　当事人请求返还按照习俗给付的彩礼的，如果查明属于以下情形，人民法院应当予以支持：

（一）双方未办理结婚登记手续的；

（二）双方办理结婚登记手续但确未共同生活的；

（三）婚前给付并导致给付人生活困难的。

适用前款第（二）、（三）项的规定，应当以双方离婚为条件。

9 一方接受彩礼后反悔，可以要求其父母承担共同返还彩礼的责任吗？

■ 案情简介

韩甲与秦甲经人介绍认识恋爱，交往数月后双方考虑谈婚论嫁。双方父母见面，商定 10 个月后举行订婚仪式，并在订婚当日给付彩礼款 48 000 元。订婚当日，秦甲与其父亲共向韩甲及其父母给付彩礼 48 000 元。订婚后，韩甲与秦甲一直未办理结婚登记，因双方就婚礼相关事宜无法达成一致并且存在生活习惯上的诸多矛盾，相处数月反复磨合无果后，二人分手。于是，秦甲与其父亲韩甲协商退还彩礼，但韩甲拒绝退还。秦甲与其父亲向人民法院提起诉讼，诉请法院判决韩甲及其父母返还 48 000 元彩礼。法院经审查认定，双方已共同生活数月，并综合考虑结合双方的情况，判决韩甲及其父母返还 32 000 元。

法律适用

本案涉及婚约纠纷中返还彩礼的被告范围问题。最高人民法院《关于审理彩礼纠纷案件中能否将对方当事人的父母列为共同被告的答复》（以下简称《彩礼纠纷案件答复》）明确提到，"在实际生活中，彩礼的给付人与接受人并非仅限于男女双方，还可能包括男女双方的父母和亲属，这些人均可成为返还彩礼诉讼的当事人"。本案中，韩甲是韩乙、李甲的儿子，韩甲虽已成年，但一直与父母共同生活，并且其收到的彩礼也一并交予父母共同生活。从彩礼的财产归属、用途以及秦甲、秦乙给付彩礼的目的来看，彩礼不光涉及婚约双方的个人利益，还牵涉了双方父母的合法权益。因此，本案中可以将韩甲及其父母列为共同被告。

应当注意的是，2024年1月，最高人民法院《关于审理涉彩礼纠纷案件适用法律若干问题的规定》（以下简称《彩礼纠纷案件规定》）第4条第1款规定："婚约财产纠纷中，婚约一方及其实际给付彩礼的父母可以作为共同原告；婚约另一方及其实际接收彩礼的父母可以作为共同被告。"可见，该规定吸收了《彩礼纠纷案件答复》的主要内容，并没有实质性修改。

法理提示

在中国传统文化中，彩礼是男女双方因结婚而给付的一种聘礼。在具体的婚姻筹备阶段，父母往往参与筹办事宜，并接收彩礼，也把彩礼作为家庭共有财产。双方各自家庭享有彩礼的支配权、处分权，通常情况下由接收彩礼一方及其父母共同支配。当事人应当举证证明相关彩礼究竟是个人财产还是家庭财产。对于彩礼的接收人，法院应进行审查，以便确定一方父母是否参与收取彩礼等事宜。出于最大限度地保护公民财产权利的需要，如果一方父母以自己主体不适格作为抗辩理由的，法院在审查后认为一方父母确实收取彩礼的，一般不予支持抗辩理由。而司法实务中，多数法院在处理此类纠纷时将男女双方及父母作为适格共同原、被告的。

在现实生活中，有人借彩礼名义买卖婚姻、包办婚姻、索取财物。但要提醒百姓注意的是，2001年《婚姻法》第3条已经明确规定，禁止实施包办、买卖婚姻以及借婚姻索取财物的行为。《民法典》第1042条也吸收了该法条，法条内容没有改动。

法条索引

1. 《中华人民共和国民法典》

第一千零四十二条第一款　禁止包办、买卖婚姻和其他干涉婚姻自由的行为。禁止借婚姻索取财物。

2. 最高人民法院《关于适用〈中华人民共和国民法典〉婚姻家庭编的解释（一）》

第五条　当事人请求返还按照习俗给付的彩礼的，如果查明属于以下情形，人民法院应当予以支持：

（一）双方未办理结婚登记手续；

（二）双方办理结婚登记手续但确未共同生活；

（三）婚前给付并导致给付人生活困难。

适用前款第二项、第三项的规定，应当以双方离婚为条件。

3. 最高人民法院《关于审理涉彩礼纠纷案件适用法律若干问题的规定》

第四条　婚约财产纠纷中，婚约一方及其实际给付彩礼的父母可以作为共同原告；婚约另一方及其实际接收彩礼的父母可以作为共同被告。

离婚纠纷中，一方提出返还彩礼诉讼请求的，当事人仍为夫妻双方。

4. 2001 年《中华人民共和国婚姻法》

第三条　禁止包办、买卖婚姻和其他干涉婚姻自由的行为。禁止借婚姻索取财物。

禁止重婚。禁止有配偶者与他人同居。禁止家庭暴力。禁止家庭成员间的虐待和遗弃。

5. 最高人民法院《关于审理彩礼纠纷案件中能否将对方当事人的父母列为共同被告的答复》

……在实际生活中，彩礼的给付人和接受人并非仅限于男女双方，还可能包括男女双方的父母和亲属，这些人均可成为返还彩礼诉讼的当事人。在中国的传统习俗中，儿女的婚姻被认为是终生大事，一般由父母一手操办，送彩礼也大都由父母代送，且多为家庭共有财产。而在诉讼中大多数也是由当事人本人或父母起诉，因此应诉方以起诉人不适格作为抗辩时，法院不予采信，以最大限度地保护公民的财产权利。对于被告的确定问题也是如此，诉讼方通常把对方当事人的父母列为共同被告，要求他们承担连带责任，一般习俗是父母送彩礼，也是父母代收彩礼，故将当事人父母列为共同被告是适当的……

10 结婚后又离婚的，男方可以要求返还彩礼吗？

案情简介

赵甲与杨乙结婚后，因生活琐事争吵不休。赵甲遂向法院提起离婚诉讼，要求杨乙返还 68 000 元彩礼。杨乙同意离婚，但不同意返还彩礼。赵甲提供村民委员会开具的家庭困难证明，证明自己是村上低保家庭。因为结婚彩礼太高，导致家庭生活困难。法院经审理查明，赵甲确实因为支付彩礼导致家庭生活困难，并且杨乙已经将大部分彩礼用于购买家具、家电等家庭开支，因而判决赵甲与杨乙离婚，并酌定杨乙向赵甲返还 2 万元彩礼。

法律适用

本案涉及男女双方离婚后，男方能否要求女方返还彩礼的法律问题。根据 2017 年《婚姻法司法解释（二）》第 10 条的规定，男女双方离婚后，若因结婚前给付彩礼的行为导致男方生活发生困难的，男方可以要求女方返还彩礼。本案中，赵甲于婚前给付杨乙彩礼 68 000 元，双方生活不到一个月，便因感情不和离婚。此外，赵甲是村上低保家庭，因婚前给付彩礼，导致赵甲生活困难。因此，根据本条规定，赵甲可以请求杨乙返还彩礼。法院考虑到双方已登记结婚共同生活一段时间，并且杨乙承担了较多家庭开支，因此最终判决杨乙酌情返还部分彩礼。

法理提示

受传统习俗的影响，彩礼在我国婚姻中依然盛行。某些地区，女方出嫁会向男方索取大额彩礼，甚至出现以结婚为诱饵向男方索取大额彩礼，到手后又迅速与男方离婚，以骗取财物为目的的团伙诈骗案例，给男方身心与财产都造成了较大的损害。男方为尽可能地减少损失，往往要求女方返还已收取的彩礼。根据我国2017年《婚姻法司法解释（二）》第10条的规定，出现以下三种情形时，男方可以要求女方返还彩礼，法院根据具体情况确定女方返还全部还是部分彩礼：（1）双方未登记结婚的；（2）已登记结婚，但双方未共同生活的；（3）男方在婚前给付彩礼但因此生活困难的。在后面两种情形中，男方要求返还彩礼的，必须以双方离婚为前提。

值得注意的是，2017年《婚姻法司法解释（二）》第10条被编入了《民法典婚姻家庭编司法解释（一）》第5条，条文内容没有实质性修改。此外，关于应当准予离婚的情形，《民法典》第1079条收编了2001年《婚姻法》第32条，并且新增了一款，即"经人民法院判决不准离婚后，双方又分居满一年，一方再次提起离婚诉讼的，应当准予离婚"。也就是说，《民法典》施行后，如果夫妻双方曾诉请人民法院判决离婚，但未得到法院准予，且双方在法院判决后没有共同生活满一年以上的，法院应支持一方再次诉请判决离婚的诉讼请求。

法条索引

1.《中华人民共和国民法典》

第一千零七十九条 夫妻一方要求离婚的，可以由有关组织进行调解或者直接向人民法院提起离婚诉讼。

人民法院审理离婚案件，应当进行调解；如果感情确已破裂，调解无效的，应当准予离婚。

有下列情形之一，调解无效的，应当准予离婚：

（一）重婚或者与他人同居；

（二）实施家庭暴力或者虐待、遗弃家庭成员；

（三）有赌博、吸毒等恶习屡教不改；

（四）因感情不和分居满二年；

（五）其他导致夫妻感情破裂的情形。

一方被宣告失踪，另一方提起离婚诉讼的，应当准予离婚。

经人民法院判决不准离婚后，双方又分居满一年，一方再次提起离婚诉讼的，应当准予离婚。

2. 最高人民法院《关于适用〈中华人民共和国民法典〉婚姻家庭编的解释（一）》

第五条　当事人请求返还按照习俗给付的彩礼的，如果查明属于以下情形，人民法院应当予以支持：

（一）双方未办理结婚登记手续；

（二）双方办理结婚登记手续但确未共同生活；

（三）婚前给付并导致给付人生活困难。

适用前款第二项、第三项的规定，应当以双方离婚为条件。

3. 2001 年《中华人民共和国婚姻法》

第三十二条　男女一方要求离婚的，可由有关部门进行调解或直接向人民法院提出离婚诉讼。

人民法院审理离婚案件，应当进行调解；如感情确已破裂，调解无效，应准予离婚。

有下列情形之一，调解无效的，应准予离婚：

（一）重婚或有配偶者与他人同居的；

（二）实施家庭暴力或虐待、遗弃家庭成员的；

（三）有赌博、吸毒等恶习屡教不改的；

（四）因感情不和分居满二年的；

（五）其他导致夫妻感情破裂的情形。

一方被宣告失踪，另一方提出离婚诉讼的，应准予离婚。

4. 2017 年最高人民法院《关于适用〈中华人民共和国婚姻法〉若干问题的解释（二）》

第十条　当事人请求返还按照习俗给付的彩礼的，如果查明属于以下情形，人民法院应当予以支持：

（一）双方未办理结婚登记手续的；

（二）双方办理结婚登记手续但确未共同生活的；

（三）婚前给付并导致给付人生活困难的。

适用前款第（二）、（三）项的规定，应当以双方离婚为条件。

11 一方婚前赠与对方的房屋，离婚时可以撤销赠与吗？

● 案情简介 ●

徐甲与朱乙交往一年后决定结婚。在结婚登记前，徐甲为表达对朱乙的爱意与深情，与朱乙签订《婚前财产协议》，双方约定徐甲自愿将其婚前个人所拥有的一套住房的50%的产权赠与朱乙。随后，两人在民政部门办理了结婚登记手续。两年后，徐甲投资失败，两年间收入不多，双方产生诸多矛盾，争吵不断。朱乙诉至法院要求离婚，并且按照《婚前财产协议》分割徐甲名下房屋50%的产权。徐甲在庭审中表示不愿意将个人房屋的50%的产权赠与朱乙，并决定撤销赠与行为。法院经审理查明，徐甲与朱乙之间虽然签订了房产份额的婚前赠与协议，但是在该协议签订后一直到起诉离婚阶段，双方均未到房屋登记部门办理房屋变更登记手续，也没有对该赠与进行公证。最终，法院判决双方离婚，但驳回了朱乙要求分割房屋的诉讼请求。

▷ 法律适用

本案涉及婚前赠与行为能否在离婚时进行撤销的问题。根据2011年最高人民法院《关于适用〈中华人民共和国婚姻法〉若干问题的解释（三）》（以下简称2011年《婚姻法司法解释（三）》）第6条的规定，婚前一方自愿赠与另一方的房产，在办理产权变更登记之前，赠与方有权撤销赠与。受赠方要求赠与方继续履行的，应按照合同法处理。那么，依据1999年《合同法》第186条的规定，除经过公证或者具有救灾、扶贫等公益性质的赠与合同不能随意撤销外，赠与方可在赠与财产的权利转移之前撤销赠与。另外，根据2007年《物权法》第9条的规定，不动产物权的变动经依法登记后发生效力。房屋是不动产，只有在经不动产登记部门进行相应的变更登记后才能发生产权变更的效果，未经登记，不发生效力。本案中，一方面，虽然徐甲与朱乙之间签订了赠与房屋的书面协议，但是二人一直没有到房屋登记部门办理房屋赠与的变更登记。另一方面，双方在签订该书面协议后也没有对该赠与合同进行公证。因此，对徐甲而言，徐甲在办理变更登记之前享有任意撤销权。法院依据上述相关法律规定，驳回了朱乙要求分得徐甲名下房屋50%产权的诉讼请求，该房屋的产权依旧属于徐甲个人所有。

2011年《婚姻法司法解释（三）》）第6条被编入《民法典婚姻家庭编司法解释（一）》第32条。1999年《合同法》第186条被《民法典》第658条吸收并新增了一种不可撤销赠与合同的情形，即具有助残性质的赠与合同。这有助于规范已承诺的捐赠行为，杜绝捐助人承诺后却不履行捐赠义务，引导良好社会风尚。此外，2007年《物权法》第9条第1款已被《民法典》吸收至第209条，条文内容没有改动。

法理提示

虽然赠与人可以在赠与财产的权利转移之前撤销赠与，但应当注意的是，赠与人行使撤销权是有限制的。如果赠与合同已经公证，或者是救灾、扶贫等公益性质、助残性质的赠与合同，那么，赠与人不得撤销。

随着民众法律素质与法律意识的提高，男女双方在婚前对财产可能作出相应的约定，《民法典》相关司法解释赋予婚前财产约定赋予一定的合法性和约束力。同时，也规定婚前赠与房产的赠与人在进行变更登记前可以行使撤销赠与权。但是，对于已经办理完毕过户登记或者已经经过公证的房产赠与合同，赠与方是不享有任意撤销权的。在此，提醒适龄男女青年在签订赠与合同后可以及时办理相关的产权变更等手续或者及时进行公证，这也更有利于增进双方情感，提升信任度。

此外，对比发现，《民法典》第658条规定的赠与人的任意撤销权与第663条规定的法定撤销权是不同的法律概念。后者规定了赠与人可以撤销赠与的法定情形。如果符合法定情形，那么，无论赠与合同是否经过公证，也无论赠与合同是否具有公益、助残性质，赠与人都可以行使撤销权，即便赠与财产已经交付也不影响赠与人撤销赠与。根据《民法典》第663条的规定，受赠人有下列法定情形之一的，赠与人可以撤销赠与：（1）严重侵害赠与人或者赠与人近亲属的合法权益；（2）对赠与人有扶养义务而不履行；（3）不履行赠与合同约定的义务。

"滴水之恩，涌泉相报"是我国传统美德。《民法典》这样规定，主要是为了约束受赠人，避免出现辜恩负义，甚至是伤害赠与人或其近亲属的行为。需要注意的是，赠与人行使撤销权的期限为赠与人自己知道或应当知道撤销原因之日起一年内。如果超过一年，则赠与人不能行使撤销权。

法条索引

1.《中华人民共和国民法典》

第二百零九条 不动产物权的设立、变更、转让和消灭，经依法登记，发生效力；未经登记，不发生效力，但是法律另有规定的除外。

第六百五十八条 赠与人在赠与财产的权利转移之前可以撤销赠与。

经过公证的赠与合同或者依法不得撤销的具有救灾、扶贫、助残等公益、道德义务性质的赠与合同，不适用前款规定。

第六百六十三条 受赠人有下列情形之一的，赠与人可以撤销赠与：

（一）严重侵害赠与人或者赠与人近亲属的合法权益；

（二）对赠与人有扶养义务而不履行；

（三）不履行赠与合同约定的义务。

赠与人的撤销权，自知道或者应当知道撤销事由之日起一年内行使。

2. 最高人民法院《关于适用〈中华人民共和国民法典〉婚姻家庭编的解释（一）》

第三十二条 婚前或者婚姻关系存续期间，当事人约定将一方所有的房产赠与另一方或者共有，赠与方在赠与房产变更登记之前撤销赠与，另一方请求判令继续履行的，人民法院可以按照民法典第六百五十八条的规定处理。

3. 2011 年最高人民法院《关于适用〈中华人民共和国婚姻法〉若干问题的解释（三）》

第六条 婚前或者婚姻关系存续期间，当事人约定将一方所有的房产赠与另一方，赠与方在赠与房产变更登记之前撤销赠与，另一方请求判令继续履行的，人民法院可以按照合同法第一百八十六条的规定处理。

4. 1999 年《中华人民共和国合同法》

第一百八十六条 赠与人在赠与财产的权利转移之前可以撤销赠与。

具有救灾、扶贫等社会公益、道德义务性质的赠与合同或者经过公证的赠与合同，不适用前款规定。

第一百九十二条 受赠人有下列情形之一的，赠与人可以撤销赠与：

（一）严重侵害赠与人或者赠与人的近亲属；

（二）对赠与人有扶养义务而不履行；

（三）不履行赠与合同约定的义务。

赠与人的撤销权，自知道或者应当知道撤销原因之日起一年内行使。

5. 2001 年《中华人民共和国婚姻法》

第十九条第一款　夫妻可以约定婚姻关系存续期间所得的财产以及婚前财产归各自所有、共同所有或部分各自所有、部分共同所有。约定应当采用书面形式。没有约定或约定不明确的，适用本法第十七条、第十八条的规定。

第十九条第二款　夫妻对婚姻关系存续期间所得的财产以及婚前财产的约定，对双方具有约束力。

6. 2007 年《中华人民共和国物权法》

第九条第一款　不动产物权的设立、变更、转让和消灭，经依法登记，发生效力；未经登记，不发生效力，但法律另有规定的除外。

12 一方婚前购买的房屋，离婚时可以作为共同财产进行分割吗？

◆ 案情简介 ◆

　　吴甲在与张乙恋爱期间全款购买了一套房屋，登记在自己名下。一年后，双方办理了结婚登记并举行了婚礼，婚后二人居住在吴甲婚前购买的房屋中。结婚五年后，双方因生活琐事及工作压力产生较多矛盾，争吵不断，开始分居。分居期间，双方多次协商财产分割但未果。张乙向法院起诉要求离婚并分割共同财产。张乙认为，吴甲是在二人交往期间购买的该房屋，自己并没有要求吴甲支付彩礼，并且，自己在婚姻关系存续期间为家庭付出了很多，应当将吴甲名下的房屋作为共同财产予以分割。但法院认为，该房屋是吴甲在婚前自行全款购买的，并登记在他一人名下，该房屋是吴甲的婚前个人财产，不应当作为夫妻共同财产进行分割。因此，法院判决准予离婚，但驳回了张乙要求分割该房屋的诉讼请求。

本案涉及一方在婚前购买的房屋是否会因结婚而转化为夫妻共同财产的问题。根据 2001 年《婚姻法》第 18 条第 1 款、2001 年《婚姻法司法解释（一）》第 19 条的规定，一方享有的个人财产不会转化为夫妻共同财产，当事人另有约定的除外。结合到本案中，吴甲虽然是在双方谈婚论嫁期间购买的房屋，但却是以个人婚前财产全款支付的购房款，并且仅登记在他一人名下。此外，吴甲与张乙对房屋权属情况并无特殊约定。因此，该房屋应当认定为吴甲的婚前财产，属于吴甲个人所有。虽然张乙没有要彩礼以及在婚姻关系存续期间付出了很多，但这些理由与房屋权属问题并没有实质性的联系，不能成为反驳该房屋为吴甲个人所有的理由。因此，法院认定该房屋为吴甲的个人财产是合法合理的。

这里需要注意相关法律规定的变化。2001 年《婚姻法》第 18 条是关于夫妻个人财产认定的规定，已被《民法典》吸收在第 1063 条，但有一项规定发生改动。改动在于，《民法典》第 1063 条将 2001 年《婚姻法》第 18 条规定的"一方因身体受到伤害获得的医疗费、残疾人生活补助费等费用"修改为"一方因受到人身损害获得的赔偿或者补偿"。《民法典》修改前，对于除医疗费、残疾人生活补助费认定为个人财产外，夫妻一方获得其他赔偿费用是否也认定为个人财产存在争议。修改后，夫妻一方获得的护理费、营养费、误工费等赔偿费和补偿费都将认定夫妻一方的个人财产，进一步明确了夫妻一方的个人财产范围。此外，2001 年《婚姻法司法解释（一）》第 19 条已被编入《民法典婚姻家庭编司法解释（一）》第 31 条，条文内容没有实质性变化。

未婚男女若决心婚前买房，最好对房屋在婚前婚后的出资状况了解清楚并作出书面约定。婚前一方全款购买的房屋，不会因为双方结婚而自动转化为夫妻共同财产，除非双方另有约定。除本案所述情形外，在现实生活中，更多的情形是一方婚前支付首付款并登记在其名下，婚后夫妻共同还贷的情形。在这种情形下，应当依据 2011 年《婚姻法司法解释（三）》第 10 条的规定来处理。也就是说，双方离婚时可以协商房屋产权归属。协商不成的，法院一般会判决该不动产归登记一方，尚未支付完毕的按揭款为登记一方的个人债务。此外，在婚姻关系存续期间，无论是用自己工资，还是对方工资进行还贷的部分，都应当认定为是用夫妻共同财产进行还贷，因此，该部分款项及产生的相应的增值部分，都应当由登记一方补偿给对方。

2011 年《婚姻法司法解释（三）》第 10 条已被编入《民法典婚姻家庭编司法解释（一）》第 78 条，条文内容无实质性改变。

法条索引

1. 《中华人民共和国民法典》

第一千零六十三条　下列财产为夫妻一方的个人财产：

（一）一方的婚前财产；

（二）一方因受到人身损害获得的赔偿或者补偿；

（三）遗嘱或者赠与合同中确定只归一方的财产；

（四）一方专用的生活用品；

（五）其他应当归一方的财产。

第一千零八十七条　离婚时，夫妻的共同财产由双方协议处理；协议不成的，由人民法院根据财产的具体情况，按照照顾子女、女方和无过错方权益的原则判决。……

2. 最高人民法院《关于适用〈中华人民共和国民法典〉婚姻家庭编的解释（一）》

第三十一条　民法典第一千零六十三条规定为夫妻一方的个人财产，不因婚姻关系的延续而转化为夫妻共同财产。但当事人另有约定的除外。

第七十八条　夫妻一方婚前签订不动产买卖合同，以个人财产支付首付款并在银行贷款，婚后用夫妻共同财产还贷，不动产登记于首付款支付方名下的，离婚时该不动产由双方协议处理。

依前款规定不能达成协议的，人民法院可以判决该不动产归登记一方，尚未归还的贷款为不动产登记一方的个人债务。双方婚后共同还贷支付的款项及其相对应财产增值部分，离婚时应根据民法典第一千零八十七条第一款规定的原则，由不动产登记一方对另一方进行补偿。

3. 2001 年最高人民法院《关于适用〈中华人民共和国婚姻法〉若干问题的解释（一）》

第十九条　婚姻法第十八条规定为夫妻一方的所有的财产，不因婚姻关系的延续而转化为夫妻共同财产。但当事人另有约定的除外。

4. 2011 年最高人民法院《关于适用〈中华人民共和国婚姻法〉若干问题的解释（三）》

第十条　夫妻一方婚前签订不动产买卖合同，以个人财产支付首付款并在银行贷款，婚后用夫妻共同财产还贷，不动产登记于首付款支付方名下的，离婚时该不动产由双方协议处理。

依前款规定不能达成协议的，人民法院可以判决该不动产归产权登记一方，尚未归还的贷款为产权登记一方的个人债务。双方婚后共同还贷支付的款项及其相对应财产增值部分，离婚时应根据婚姻法第三十九条第一款规定的原则，由产权登记一方对另一方进行补偿。

5. 2001 年《中华人民共和国婚姻法》

第十八条　有下列情形之一的，为夫妻一方的财产：

（一）一方的婚前财产；

（二）一方因身体受到伤害获得的医疗费、残疾人生活补助费等费用；

（三）遗嘱或赠与合同中确定只归夫或妻一方的财产；

（四）一方专用的生活用品；

（五）其他应当归一方的财产。

第二章　离婚纠纷

第一部分　离婚程序

13 离婚有哪些法律途径?

案情简介

　　张甲和林乙结婚后因感情不和，常常发生矛盾，甚至闹到大打出手。林乙觉得和张甲过不下去了，下定决心要离婚。在亲朋好友的劝导下，两人先来到了街道的人民调解委员会。人民调解员动之以情晓之以理，劝两人以和为贵，各退一步，好好生活。林乙正在气头上，认为人民调解员只是在和稀泥，于是来到了民政局打算协议离婚。民政局的工作人员告知，他们没有达成离婚协议，没法给他们办理离婚登记。但是，林乙想要离婚的想法非常坚决，随后到了法院起诉张甲，要求离婚。

　　法院受理案件后，先组织双方进行了调解，但是张甲和林乙无法就财产分割和子女抚养等问题达成一致意见，调解没有成功。于是法院开庭审理了两人的离婚案件，经审理查明，双方的感情尚未完全破裂，判决不准离婚。

法律适用

　　本案涉及离婚的法律途径问题。根据 2001 年《婚姻法》第 31 条、第 32 条的规定可知，离婚的法律途径包括协议离婚和诉讼离婚，如果夫妻双方如果走到了离婚这一步，可以根据协商情况来选择离婚的途径。夫妻双方均同意协议离婚的，则只要双方协商一致，证件齐全，即可以办理离婚手续；而如果选择诉讼离婚，法院会审查婚姻的实际状态。在符合离婚条件的情况下，法院才会判决准予离婚。本案中，张甲和林乙经调解未能和好，先到了民政局打算协议离婚，但是由于客观原因暂时没能办理离婚登记，于是双方选择了诉讼离婚。法院审理后认为符合离婚条件，所以判决准予离婚。

需注意的是，《民法典》已经在 2021 年 1 月 1 日生效，2001 年《婚姻法》第 31 条和第 32 条已被《民法典》收编在第 1076 条、第 1078 条、第 1079 条。其中，第 1079 条新增了一款法院准予离婚的情形。具体而言，《民法典》施行后，如果夫妻双方曾经向人民法院提起离婚诉讼，但法院判决不准离婚，且双方在法院判决后分居满一年的，任何一方再次提起离婚诉讼，法院应准予离婚。

法理提示

协议离婚是指夫妻双方协商一致，自愿解除婚姻关系。离婚的方式有两种：第一种是协议离婚，如果双方已经就子女抚养和财产分割问题处理妥当，可以向婚姻登记机关申请离婚。务必注意，达成离婚协议是男女双方协议离婚的前提条件之一。根据 2024 年修订的《婚姻登记条例》第 12 条、第 13 条规定，离婚协议是男女双方对离婚后子女抚养安排、共同财产分割、共同债务分担等事宜达成的一致协议。如果不能就前述内容协商一致解决，婚姻登记机关无法为双方办理离婚登记手续。第二种是诉讼离婚，是指夫妻一方向人民法院起诉，要求判决离婚。一般来说，法院会先对离婚案件组织调解，如果认为双方的感情确已破裂，不存在和好的可能，则会判决离婚。诉讼离婚作为解除婚姻关系的最后手段，为感情破裂的夫妻提供了解决方法，但是起诉离婚也是有条件限制的，在某些特殊的情况下，起诉离婚不会被法院受理。例如，当女方处于怀孕期间、分娩后一年内或中止妊娠后六个月内，男方不得提出离婚，但是女方可以提出离婚。另外，需要注意的是，第一次起诉离婚后法院判决不准离婚的，如果没有新的事实或新的证据，起诉离婚的一方在六个月后才能再次提起离婚诉讼。如果是现役军人的配偶要求离婚，则必须得到军人的同意，但军人一方有重大过错的除外。具体分析可参考案例 21 "夫妻一方为现役军人，对方可以诉请法院判决离婚吗？"。

此外，《民法典》新增了离婚冷静期制度，离婚冷静期有 30 天。如果夫妻双方均同意协议离婚，需要在离婚冷静期后才能办理离婚登记。制度介绍和协议离婚的具体流程可参考案例 19 "什么是离婚冷静期制度？"。

法条索引

1.《中华人民共和国民法典》

第一千零七十六条　夫妻双方自愿离婚的，应当签订书面离婚协议，并亲自到婚姻登记机关申请离婚登记。

离婚协议应当载明双方自愿离婚的意思表示和对子女抚养、财产以及债务处理等事项协商一致的意见。

第一千零七十八条　婚姻登记机关查明双方确实是自愿离婚，并已经对子女抚养、财产以及债务处理等事项协商一致的，予以登记，发给离婚证。

第一千零七十九条　夫妻一方要求离婚的，可以由有关组织进行调解或者直接向人民法院提起离婚诉讼。

人民法院审理离婚案件，应当进行调解；如果感情确已破裂，调解无效的，应当准予离婚。

有下列情形之一，调解无效的，应当准予离婚：

（一）重婚或者与他人同居；

（二）实施家庭暴力或者虐待、遗弃家庭成员；

（三）有赌博、吸毒等恶习屡教不改；

（四）因感情不和分居满二年；

（五）其他导致夫妻感情破裂的情形。

一方被宣告失踪，另一方提起离婚诉讼的，应当准予离婚。

经人民法院判决不准离婚后，双方又分居满一年，一方再次提起离婚诉讼的，应当准予离婚。

2.《婚姻登记条例》

第十二条　办理离婚登记的当事人有下列情形之一的，婚姻登记机关不予受理：

（一）未达成离婚协议的；

（二）属于无民事行为能力人或者限制民事行为能力人的；

（三）其结婚登记不是在中国内地办理的。

3. 2001 年《中华人民共和国婚姻法》

第三十一条　男女双方自愿离婚的，准予离婚。双方必须到婚姻登记机关申请离婚。婚姻登记机关查明双方确实是自愿并对子女和财产问题已有适当处理时，发给离婚证。

第三十二条 男女一方要求离婚的，可由有关部门进行调解或直接向人民法院提出离婚诉讼。

人民法院审理离婚案件，应当进行调解；如感情确已破裂，调解无效，应准予离婚。

有下列情形之一，调解无效的，应准予离婚：

（一）重婚或有配偶者与他人同居的；

（二）实施家庭暴力或虐待、遗弃家庭成员的；

（三）有赌博、吸毒等恶习屡教不改的；

（四）因感情不和分居满二年的；

（五）其他导致夫妻感情破裂的情形。

一方被宣告失踪，另一方提出离婚诉讼的，应准予离婚。

第三十四条 女方在怀孕期间、分娩后一年内或中止妊娠后六个月内，男方不得提出离婚。女方提出离婚的，或人民法院认为确有必要受理男方离婚请求的，不在此限。

14 夫妻双方离开户籍地生活的，应当向哪个法院起诉离婚？

• 案情简介 •

张甲与钱乙均是四川绵阳人，二人恋爱一段时间后在绵阳登记结婚。结婚后，两人一起来到成都打工，居住在成都市武侯区。两年后，钱乙觉得和张甲之间的感情日益淡薄，想要起诉离婚。但是，钱乙不知道应当向哪个法院递交诉状，是应当到武侯区人民法院起诉，还是需要回到户籍所在地绵阳起诉？

法律适用

本案涉及离婚诉讼的管辖问题。管辖解决的是某一个诉讼案件应当由哪一个地方以及哪一级的人民法院来审理的问题。一般的民事案件依据《民事诉讼法》第 22 条和第 23 条确定审理的法院。但是，离婚诉讼案件还需要根据最高人民法院《关于适用〈中华人民共和国民事诉讼法〉的解释》（以下简称《民诉法司法解释》）第 12 条确定。根据该条规定，如果夫妻本来有住所地，但双方都离开了之前的住所地，并且离开的时间有一年及一年以上的，那么，任何一方打算诉讼离婚的，则应当向对方现在的经常居住地的法院提起诉讼。本案中，张甲和钱乙离开了户籍地绵阳，在成都市武侯区生活已满一年。如果钱乙想要起诉离婚，可以向张甲经常居住地的人民法院，即武侯区人民法院提起诉讼，不需要回到绵阳起诉。因为武侯区是张甲的经常居住地。

法理提示

民事诉讼法规定的管辖原则是"原告就被告"，即原告如果想要起诉被告，则需要到被告住所地的人民法院递交诉状。根据《民法典》第 25 条、《民诉法司法解释》第 3 条的规定，被告住所地通常指被告户籍地。但是，如果被告已经离开户籍地，在其他地方居住生活达一年以上，则其他地方为被告经常居住地，视为住所。此时，原告需要到被告经常居住地提起诉讼。

此外，离婚案件的管辖具有一定特殊性，百姓在提起离婚诉讼时，需要根据双方所在地实际情况选择有管辖权的人民法院。如果夫妻双方仍居住在自己的户籍所在地，那么向户籍地的法院起诉即可。但是，如果夫妻双方均离开户籍所在地居住生活超过一年，则原告需要到被告经常居住地的人民法院起诉，正如本案所列举的情况。而在仅有夫妻一方离开户籍地生活超过一年的情况下，另一方可以向自己的住所地人民法院提起离婚诉讼。因此，当事人作为原告提起离婚诉讼时，应根据法律规定和双方实际情况选择有管辖权的法院。否则，法院可能因没有管辖权拒绝受理所提起的离婚诉讼。

法条索引

1. 《中华人民共和国民法典》

第二十五条　自然人以户籍登记或者其他有效身份登记记载的居所为住所；经常居所与住所不一致的，经常居所视为住所。

2. 最高人民法院《关于适用〈中华人民共和国民事诉讼法〉的解释》

第四条 公民的经常居住地是指公民离开住所地至起诉时已连续居住一年以上的地方，但公民住院就医的地方除外。

第十二条 夫妻一方离开住所地超过一年，另一方起诉离婚的案件，可以由原告住所地人民法院管辖。

夫妻双方离开住所地超过一年，一方起诉离婚的案件，由被告经常居住地人民法院管辖；没有经常居住地的，由原告起诉时被告居住地人民法院管辖。

3.《中华人民共和国民事诉讼法》

第二十二条 对公民提起的民事诉讼，由被告住所地人民法院管辖；被告住所地与经常居住地不一致的，由经常居住地人民法院管辖。

对法人或者其他组织提起的民事诉讼，由被告住所地人民法院管辖。

同一诉讼的几个被告住所地、经常居住地在两个以上人民法院辖区的，各该人民法院都有管辖权。

第二十三条 下列民事诉讼，由原告住所地人民法院管辖；原告住所地与经常居住地不一致的，由原告经常居住地人民法院管辖：

（一）对不在中华人民共和国领域内居住的人提起的有关身份关系的诉讼；

（二）对下落不明或者宣告失踪的人提起的有关身份关系的诉讼；

（三）对被采取强制性教育措施的人提起的诉讼；

（四）对被监禁的人提起的诉讼。

15 什么是人身安全保护令？申请人身安全保护令需要提交哪些证据？

· 案情简介 ·

纪乙常年对黄甲实施家庭暴力。双方离婚后，纪乙仍然经常尾随跟踪黄甲进行骚扰，两人因此发生冲突，黄甲受了轻微伤并入院治疗。出院后，黄甲起诉了纪乙，要求纪乙赔偿医药费、误工费等一系列费用，法院支持了黄甲的部分诉讼请求。判决生效后，纪乙不仅拒不履行赔偿责任，还对黄甲进行了威胁和恐吓。法院执行人员了解相关情况后，告知黄甲可以申请人身安全保护令，黄甲于是向法院提出了申请。

法院审查后认为，纪乙的行为已经对黄甲的人身安全造成威胁和损害，黄甲符合申请人身安全保护令的法定条件，于是依法作出裁定：禁止纪乙对黄甲实施辱骂、殴打及其他干扰其正常生活的暴力行为；禁止纪乙对黄甲及其相关近亲属实施骚扰、跟踪、接触；禁止纪乙进入黄甲住所地、工作地或其他经常出入的场所（除医院等生活必须的场所外）。

法律适用

本案涉及人身安全保护令问题。家庭暴力损害婚姻家庭关系的和谐稳定，同时更不利于子女的健康成长，需要法律对家庭暴力的受害人进行保护。2001 年《婚姻法》第 3 条第 2 款明确规定禁止家庭暴力。2016 年 3 月 1 日，《反家庭暴力法》正式施行。该法专设人身安全保护令一章，在立法上为家庭暴力的受害人提供了求助手段和保障措施。人身安全保护令能起到一定的震慑作用。如果行为人违反人身安全保护令，可能面临拘留、罚款等处罚，构成犯罪的，还将被追究刑事责任。本案中，法院及时了解到纪乙对黄甲的暴力威胁行为，并告知黄甲可以申请人身安全保护令，关注到了弱势群体的切身利益。值得注意的是，人身安全保护令所保护的对象，不仅是遭受家庭暴力的受害者黄甲本人，还包括其他受到影响的近亲属，如黄甲的父母、子女等。

2001 年《婚姻法》第 3 条第 2 款关于禁止家庭暴力的规定已被《民法典》第 1042 条第 3 款吸收，并无实质性修改。

法理提示

家庭暴力虽然发生在家庭内部，但暴力行为本身也是法律坚决反对和禁止的。据统计，自 2016 年 3 月 1 日《反家庭暴力法》施行起，至 2016 年 12 月底，全国法院共计发出了 680 多份人身安全保护令，有力地保护了家庭暴力受害者的人身安全，体现了司法对家庭关系的适度干预，对家庭暴力的遏制与威慑。人身安全保护令是家庭暴力受害者有效的护身符。最高人民法院《关于办理人身安全保护令案件适用法律若干问题的规定》第 6 条的规定，人民法院在审查人身安全保护令案件时，可以根据申请人的陈述、《家庭暴力案件危险性评估表》、公安机关的报警记录、家庭暴力告诫书、伤情鉴定报告、医院病历及伤情照片、视听资料、社会机构的相关记录或证明等任意一项或多项证据，判断当事人是否曾遭受家庭暴力或者面临家庭暴力的现实危险。因此，对于家庭暴力的受害人来说，需要积极搜集和保存证据，在遭受家庭暴力时，要及时报警、及时就医，获取公安机关的报警记录和医院的伤情报告，以此作为证据，才能成功地向法院申请人身安全保护令，保护好自身以及家人的人身安全。

法条索引

1.《中华人民共和国民法典》

第一千零四十二条第三款　禁止家庭暴力。禁止家庭成员间的虐待和遗弃。

2. 2001 年《中华人民共和国婚姻法》

第三条第二款　禁止重婚。禁止有配偶者与他人同居。禁止家庭暴力。禁止家庭成员间的虐待和遗弃。

3.《中华人民共和国反家庭暴力法》

第二十三条　当事人因遭受家庭暴力或者面临家庭暴力的现实危险，向人民法院申请人身安全保护令的，人民法院应当受理。

当事人是无民事行为能力人、限制民事行为能力人，或者因受到强制、威吓等原因无法申请人身安全保护令的，其近亲属、公安机关、妇女联合会、居民委员会、村民委员会、救助管理机构可以代为申请。

第二十九条　人身安全保护令可以包括下列措施：

（一）禁止被申请人实施家庭暴力；

（二）禁止被申请人骚扰、跟踪、接触申请人及其相关近亲属；

（三）责令被申请人迁出申请人住所；

（四）保护申请人人身安全的其他措施。

4. 最高人民法院《关于办理人身安全保护令案件适用法律若干问题的规定》

第六条　人身安全保护令案件中，人民法院根据相关证据，认为申请人遭受家庭暴力或者面临家庭暴力现实危险的事实存在较大可能性的，可以依法作出人身安全保护令。

前款所称"相关证据"包括：

（一）当事人的陈述；

（二）公安机关出具的家庭暴力告诫书、行政处罚决定书；

（三）公安机关的出警记录、讯问笔录、询问笔录、接警记录、报警回执等；

（四）被申请人曾出具的悔过书或者保证书等；

（五）记录家庭暴力发生或者解决过程等的视听资料；

（六）被申请人与申请人或者其近亲属之间的电话录音、短信、即时通讯信息、电子邮件等；

（七）医疗机构的诊疗记录；

（八）申请人或者被申请人所在单位、民政部门、居民委员会、村民委员会、妇女联合会、残疾人联合会、未成年人保护组织、依法设立的老年人组织、救助管理机构、反家暴社会公益机构等单位收到投诉、反映或者求助的记录；

（九）未成年子女提供的与其年龄、智力相适应的证言或者亲友、邻居等其他证人证言；

（十）伤情鉴定意见；

（十一）其他能够证明申请人遭受家庭暴力或者面临家庭暴力现实危险的证据。

16 夫妻一方经常实施家暴，被施暴方可以申请人身安全保护令吗?

▪ 案情简介 ▪

李甲是赵乙的妻子，赵乙经常酗酒，每次喝完酒回家都对妻子拳打脚踢。李甲多次报警，虽经警方多次劝阻、教育，赵乙也并未改正酗酒之后殴打李甲的恶习。李甲不堪其辱，只身一人去外地打工。赵乙则每天发微信威胁妻子，扬言若见到她，必定杀了她。除此之外，赵乙还去威胁李甲的家人，扬言找不到李甲就杀了她的家人。李甲害怕丈夫继续伤害自己以及威胁自己的家人，遂申请法院签发人身保护令：禁止被申请人殴打、威胁申请人及申请人亲属；禁止被申请人骚扰、跟踪申请人及申请人家属。但李甲并未提供确切证据证明丈夫赵乙家暴自己以及威胁家人的事实，因此法院裁定驳回李甲的申请。

法律适用

　　本案涉及申请人身安全保护令的条件。也就是说，如果某个家庭成员遭受了家庭暴力，该成员能否向法院申请保护令，以及申请需要符合什么条件。根据我国《反家庭暴力法》第 2 条、第 20 条、第 27 条、第 28 条的规定可知，家庭暴力主要是指某家庭成员对其他家庭成员实施的侵害精神或身体健康的行为，如暴力伤害、恐吓等。受害人欲向法院申请人身保护令需要满足以下条件：（1）具有明确的被申请人，即家庭暴力施害者；（2）具有明确的请求；（3）具有遭受家庭暴力的危险，包括现存危险和将来危险。除满足以上条件外，还需要申请人提供证据证明存在家庭暴力的事实。法院在受理申请后，一般应在 72 小时内作出人身保护令或者驳回申请的裁定，情况紧急的，应在 24 小时内作出。

　　本案中，李甲向法院申请人身安全保护令，但没有向法院提供赵乙威胁自己及家人的短信或微信等证据，也未提供公安机关出警记录、告诫书、伤情鉴定意见等证据。因此，李甲并没有证据证明自己遭受了家庭暴力，也不能充分证明存在将要遭受这种暴力的危险。最终，依据《反家庭暴力法》的上述规定，法院驳回了李甲的申请。

法理提示

　　认定家庭暴力应考虑两个方面的要素，一是行为人须实施了殴打、捆绑、残害、强行限制人身自由等暴力行为；二是因遭受家庭暴力行为造成了一定的伤害后果。家庭日常生活中的打闹、争吵一般不会同时满足以上两个要素，不会被认定为家庭暴力。老人、妇女、小孩一般是家庭暴力的受害主体。由于缺乏法律常识，受害人在被施害后往往不知如何保护自己免受二次伤害，循环往复，致使自己的权利一次又一次地受到侵犯。根据《妇女儿童权益保护法》的规定，妇女与男子地位平等，享有平等的人身权、财产权等民事权利。在婚姻关系中，妻子与丈夫之间地位平等，不应存在任何区别对待。但由于生理因素，妇女、儿童、老人往往属于弱势群体。因此，作为家庭关系中的弱者，需学会在对方伤害自己时，及时拨打报警电话寻求救济。同时，也应当注重调查收集证据，包括出警记录、告诫书、伤情鉴定意见等证据材料。除此之外，若对方实施家庭暴力行为，受害者也要学会保存证据，如施暴人因施暴作出的口头、书面的悔过书或者保证书、家庭成员的证人证言、录音录像等，以便在寻求法律途径保护时，能够为自己所遭受的暴力行为提供证明。

法条索引

1. 《反家庭暴力法》

第二条　本法所称家庭暴力，是指家庭成员之间以殴打、捆绑、残害、限制人身自由以及经常性谩骂、恐吓等方式实施的身体、精神等侵害行为。

第二十条　人民法院审理涉及家庭暴力的案件，可以根据公安机关出警记录、告诫书、伤情鉴定意见等证据，认定家庭暴力事实。

第二十七条　作出人身安全保护令，应当具备下列条件：

（一）有明确的被申请人；

（二）有具体的请求；

（三）有遭受家庭暴力或者面临家庭暴力现实危险的情形。

第二十八条　人民法院受理申请后，应当在七十二小时内作出人身安全保护令或者驳回申请；情况紧急的，应当在二十四小时内作出。

17 自己或者聘请他人偷录偷拍获取的材料，离婚时能否作为证据使用？

案情简介

刘甲经常以加班为理由彻夜不归。长此以往，高乙怀疑刘甲有外遇，但又找不到证据。于是，高乙在家门口安装了监控，还雇用了一名私家侦探对刘甲进行调查。经过三个月的暗中调查，高乙安装的监控拍到了刘甲趁她不在家的时候带着一名女子回家过夜的录像。此外，私家侦探也给高乙提供了收集到的几份资料，包括在商场拍摄的刘甲与某女子牵着手的照片、通过安装在酒店房间的监控拍到的刘甲与某女子的开房录像、通过安装在刘甲手机上的病毒软件获取的刘甲与某女子的聊天记录和通话记录等。高乙拿到这些证据材料后，非常生气，拿去质问了刘甲，刘甲拒不承认他有外遇。于是，高乙带着整理好的证据材料，向法院提出了离婚诉讼。在法庭上，刘甲提出高乙提供的证据资料是通过偷拍偷录等不正当手段获得的，严重侵犯了他的个人隐私，不应当作为证据使用。法院经过审理查证后，认可了高乙在家门口监控获取的录像和商场拍到的照片的证据效力和证明力，认为刘甲与高乙夫妻感情确已破裂，判决准予离婚。

法律适用

本案涉及偷录偷拍获得的"证据"合法性问题。证据的合法性主要是指证据的形式和证据的来源应当是合法的，即证据应当属于《民事诉讼法》规定的八种证据类型，且证据应当使用合法手段取得。偷拍偷录的材料能否作为证据使用，取决材料的来源和取得的手段是否合法。根据《民诉法司法解释》第106条的规定，如果是以严重侵害他人合法权益的方式取得的，则不能作为证据使用。在本案中，高乙通过各种手段获得的有关刘甲对婚姻不忠的证据材料，需要考虑取得的手段和来源来判断其是否具有合法性。对于高乙安装在自己家门口的监控拍到的录像和私家侦探在商场这种公共场所拍到的刘甲和某女子牵手的照片，并没有侵犯他人的合法权益，可以作为证据使用。而在酒店安装监控和在刘甲手机上安装病毒软件的行为，则是严重侵犯了刘甲的合法权益，所获取的资料不能作为证据使用的。

法理提示

在很多人的印象中，证据的取得应该是光明正大的，偷拍偷录的材料不能作为证据使用。这种印象的来源是有依据的，我国法院曾经并不认可将偷拍偷录的材料作为证据使用。1995年，最高人民法院在《关于未经对方当事人同意私自录制其谈话取得的资料不能作为证据使用的批复》中指出，未经对方同意私自录制的谈话录音资料，不具有合法性，不能作为证据使用。但是最高人民法院的这种观点忽略了民事诉讼取证的实际情况，当双方当事人处于对抗状态下，如果规定只有经过对方的同意才能录音录像，当事人一方的取证无疑会非常困难。对此，最高人民法院《关于民事诉讼证据的若干规定》第 87 条、第 90 条明确规定，证据的来源必须合法。存疑的证据不能单独作为证据使用。鉴于此，判断偷录的材料能否作为证据使用，关键在于取得证据材料的手段是否侵犯了他人合法权益或者违反了法律的禁止性规定。如果取得证据的方法侵害被偷拍、被偷录人的隐私等合法权益，那么，这种证据就不能作为查明事实的依据。反之，则可以作为证据使用。例如，录音形成于公共场所，除谈话双方外没有其他人在场。因此，人们在与相对方谈话录音后，应当注意留存录制录音的手机、电脑、录音笔等原始载体，便于法院审核录音证据的真实性、合法性。

在现实生活中，由于证明配偶不忠的证据很难取得，有人就会选择偷拍偷录的方式。一般来说，只要材料不是以侵害他人合法权益、违反法律禁止性规定或严重违背公序良俗的方式取得，都可以在法庭上作为证据提出。因此，在收集证据材料时，一定要注意避免使用违法手段，否则不仅会侵害他人的权益，也会导致取得的材料无法作为证据使用，从而无法在法庭上证明对自己有利的事实。

法条索引

1.《中华人民共和国民法典》

第一百一十条第一款 自然人享有生命权、身体权、健康权、姓名权、肖像权、名誉权、荣誉权、隐私权、婚姻自主权等权利。

2. 最高人民法院《关于适用〈中华人民共和国民事诉讼法〉的解释》

第一百零六条 对以严重侵害他人合法权益、违反法律禁止性规定或者严重违背公序良俗的方法形成或者获取的证据，不得作为认定案件事实的根据。

3. 最高人民法院《关于民事诉讼证据的若干规定》

第八十七条 审判人员对单一证据可以从下列方面进行审核认定：

（一）证据是否原件、原物，复印件、复制品与原件、原物是否相符；

（二）证据与本案事实是否相关；

（三）证据的形式、来源是否符合法律规定；

（四）证据的内容是否真实；

（五）证人或者提供证据的人与当事人有无利害关系。

18 无民事行为能力人如何提起离婚诉讼?

案情简介

许甲与李乙经亲属介绍相识结婚。婚后,李乙常常外出打牌,游手好闲。许甲的母亲滑某多次劝阻无果,婆媳间也为此经常发生争吵。半年后,许甲因意外重伤成为植物人,常年卧病在床,生活无法自理。此时,李乙却不管不顾,离开了许甲,从此下落不明。两年后,李乙被法院宣告失踪。为方便照顾许甲,滑某提请法院确认许甲为无民事行为能力人,并指定自己为许甲的监护人。滑某成为许甲的监护人后,提起了民事诉讼,请求法院判决许甲与李乙离婚。法院认为,滑某是许甲的监护人,可以代理许甲起诉离婚。由于李乙已被宣告失踪,法院判决许甲与李乙离婚。

法律适用

本案涉及无民事行为能力人如何离婚的法律问题。无民事行为能力人没有独立实施法律行为的资格,应当由法定代理人代理。患有重度精神病不能辨认自己行为的成年人等被法院认定为无民事行为能力的成年人打算离婚的,应当由监护人代理提起离婚诉讼。根据2001年《婚姻法》第31条、第32条的规定,公民解除婚姻关系的途径有离婚登记和民事诉讼,并且应由公民本人提出申请或提起诉讼,本人也应当表达是否同意离婚的意愿。但是,无民事行为能力人作出的意思表示无法直接断定是否真实、符合本人意愿。依据《婚姻登记条例》第12条的规定,民政部门无法受理无民事行为能力人的离婚申请。因此,无民事行为能力人离婚只能采用提起离婚诉讼的方式。然而,由于无民事行为能力人存在精神障碍等无法辨认自己行为的情况,在诉讼中必须要有代理人,即监护人。本案中,许甲已被认定为无民事行为能力人,如果要与李乙解除婚姻关系,只能由其监护人代理。滑某作为许甲的母亲,被法院指定为许甲的监护人。根据2011年《婚姻法司法解释(三)》第8条的规定,滑某可以代理许甲提起离婚诉讼。

2001 年《婚姻法》第 31 条、第 32 条已经分别编入《民法典》第 1076 条、第 1078 条、第 1079 条。值得注意的是，《民法典》第 1076 条进一步明确规定，如果夫妻双方自愿离婚的，应当签订书面离婚协议，载明子女抚养、财产分割、债务处理等事项，并且双方应亲自办理离婚登记，不能授权委托他人代办。

此外，2011 年《婚姻法司法解释（三）》第 8 条被修改后编入《民法典婚姻家庭编司法解释（一）》第 62 条。此次修改发生了实质性变更，主要体现在两个方面。一是进一步明确了无民事行为能力人的监护人变更流程。无民事行为能力人的配偶是其第一顺序监护人。如果其他有监护资格的人打算代理无民事行为能力人提起离婚诉讼的，需要首先启动撤销其配偶为监护人的程序，然后指定自己为监护人。二是根据《民法典》第 36 条的规定，调整撤销监护人资格的事由。撤销事由不仅限于其配偶实施虐待、遗弃行为，还包括怠于履行监护职责，致使无民事行为能力人陷入危困状态等情形。

法理提示

无民事行为能力人的日常生活需要监护人照料、监督。配偶是无民事行为能力人的第一顺序的监护人，但在部分家事纠纷中，配偶身份与监护人身份重合，无法保障被监护人的利益。例如，监护人利用配偶身份伪造夫妻共同债务、转移共同财产，虐待、遗弃被监护人等，使得被监护人财产减损，甚至危及生命健康。因此，《民法典婚姻家庭编司法解释（一）》规定，其他有监护资格的人，经人民法院指定成为新的监护人后，可以代被监护人提出离婚诉讼，降低被监护人权益受损的风险。监护人代为提起离婚诉讼时，需注意：一是监护人必须经过变更监护特别程序，使其监护人身份得到法律认可，从而取得被监护人的法定代理人身份；二是必须遵从被监护人的内心意愿，不可不顾监护人的想法，擅自代理提起离婚诉讼。认定成年人为无民事行为能力人，必须经过民事诉讼中的特别程序，具体条件和程序可参见案例 67 "认定成年人为无民事行为能力人的司法程序是什么？"。

法条索引

1.《中华人民共和国民法典》

第三十六条 监护人有下列情形之一的，人民法院根据有关个人或者组织的申请，撤销其监护人资格，安排必要的临时监护措施，并按照最有利于被监护人的原则依法指定监护人：

（一）实施严重损害被监护人身心健康的行为；

（二）怠于履行监护职责，或者无法履行监护职责且拒绝将监护职责部分或者全部委托给他人，导致被监护人处于危困状态；

（三）实施严重侵害被监护人合法权益的其他行为。

本条规定的有关个人、组织包括：其他依法具有监护资格的人，居民委员会、村民委员会、学校、医疗机构、妇女联合会、残疾人联合会、未成年人保护组织、依法设立的老年人组织、民政部门等。

前款规定的个人和民政部门以外的组织未及时向人民法院申请撤销监护人资格的，民政部门应当向人民法院申请。

第一千零七十六条 夫妻双方自愿离婚的，应当签订书面离婚协议，并亲自到婚姻登记机关申请离婚登记。

离婚协议应当载明双方自愿离婚的意思表示和对子女抚养、财产以及债务处理等事项协商一致的意见。

第一千零七十九条 夫妻一方要求离婚的，可以由有关组织进行调解或者直接向人民法院提起离婚诉讼。

人民法院审理离婚案件，应当进行调解；如果感情确已破裂，调解无效的，应当准予离婚。

有下列情形之一，调解无效的，应当准予离婚：

（一）重婚或者与他人同居；

（二）实施家庭暴力或者虐待、遗弃家庭成员；

（三）有赌博、吸毒等恶习屡教不改；

（四）因感情不和分居满二年；

（五）其他导致夫妻感情破裂的情形。

一方被宣告失踪，另一方提起离婚诉讼的，应当准予离婚。

经人民法院判决不准离婚后，双方又分居满一年，一方再次提起离婚诉讼的，应当准予离婚。

2. 最高人民法院《关于适用〈中华人民共和国民法典〉婚姻家庭编的解释（一）》

第六十二条 无民事行为能力人的配偶有民法典第三十六条第一款规定行为，其他有监护资格的人可以要求撤销其监护资格，并依法指定新的监护人；变更后的监护人代理无民事行为能力一方提起离婚诉讼的，人民法院应予受理。

3. 2001年《中华人民共和国婚姻法》

第三十一条 男女双方自愿离婚的，准予离婚。双方必须到婚姻登记机关申请离婚。婚姻登记机关查明双方确实是自愿并对子女和财产问题已有适当处理时，发给离婚证。

第三十二条 男女一方要求离婚的，可由有关部门进行调解或直接向人民法院提出离婚诉讼。

人民法院审理离婚案件，应当进行调解；如感情确已破裂，调解无效，应准予离婚。

有下列情形之一，调解无效的，应准予离婚：

（一）重婚或有配偶者与他人同居的；

（二）实施家庭暴力或虐待、遗弃家庭成员的；

（三）有赌博、吸毒等恶习屡教不改的；

（四）因感情不和分居满二年的；

（五）其他导致夫妻感情破裂的情形。

一方被宣告失踪，另一方提出离婚诉讼的，应准予离婚。

4.《婚姻登记条例》

第十二条 办理离婚登记的当事人有下列情形之一的，婚姻登记机关不予受理：

（一）未达成离婚协议的；

（二）属于无民事行为能力人或者限制民事行为能力人的；

（三）其结婚登记不是在中国内地办理的。

5. 2011 年最高人民法院《关于适用〈中华人民共和国婚姻法〉若干问题的解释（三）》

第八条　无民事行为能力人的配偶有虐待、遗弃等严重损害无民事行为能力一方的人身权利或者财产权益行为，其他有监护资格的人可以依照特别程序要求变更监护关系；变更后的监护人代理无民事行为能力一方提起离婚诉讼的，人民法院应予受理。

19 什么是离婚冷静期制度？

● 案情简介 ●

　　宵甲与钟乙婚后育有一女，两人感情一直比较稳定。后来，钟乙染上了酗酒和打牌等不良习惯，和宵甲之间的交流越来越少，在生活中也经常吵架。为此，宵甲曾先后两次到彭州市人民法院起诉要求离婚。经法官调解后，两次均自愿撤诉。

　　一年后，宵甲因再次遭受钟乙谩骂，第三次到法院起诉离婚。彭州市人民法院在开庭前对两人的婚姻状况进行了了解，发现夫妻间感情尚未完全破裂，仍有和好的可能性。彭州市人民法院考虑到本案的实际情况，并参考了最高人民法院发布的相关规定，向宵甲和钟乙发出了《离婚冷静期通知书》。法院发出这个通知书的目的在于，给他们两个月的时间冷静一下，考虑到底要不要离婚这个问题。通知书的语言通俗简明，向宵甲和钟乙两人说明了离婚对他们双方和子女可能带来的不利影响，要求他们："在冷静期限内均应保持冷静和理智，并积极与对方沟通，男方要积极改正缺点错误，女方应对男方的转变有所回应。双方要给予对方包容和理解，避免争吵和猜疑。"在两个月期间，审理该案的法官和调查员对宵甲和钟乙的婚姻问题进行了多次走访和调解，并动员其女儿居中调和，最终在多方的努力下，宵甲和钟乙夫妻关系重归于好。

法律适用

本案涉及离婚冷静期制度。所谓离婚冷静期，一般是指人民法院在审理离婚案件时，根据案件情况，给予夫妻双方一定的期限来考虑是否要通过诉讼离婚。在此期间，如果有和好的可能性，法院会通过调解等方式来促使夫妻重归于好。自 2016 年最高人民法院发布《关于进一步深化家事审判方式和工作机制改革的意见（试行）》，离婚冷静期制度在我国人民法院审理离婚案件中得到了一定的运用，本案就是其中之一，并被四川省高级人民法院评为 2018 年度四川省全省法院十大典型案例之一。彭州市人民法院对甯甲和钟乙的婚姻状况进行了充分的调查了解，认为双方需要一段时间来冷静考虑，并通过发给《离婚冷静期通知书》的方式，成功挽救了一段有和缓余地的婚姻。

法理提示

近年来，"离婚冷静期"制度获得了人们越来越多的关注。我国离婚率比较高，"闪婚""闪离"现象日益增多，许多男女草率结婚、仓促离婚，将婚姻视为儿戏，往往因为日常琐事一时情绪激动而提出离婚，并不考虑夫妻双方的感情基础和家庭关系。社会是由一个个家庭组成的，离婚不仅会损害家庭的和谐稳定，还会产生一系列的不利社会影响。我国立法机关注意到这一问题后，参考法院已有的实践成果和国外的立法经验，通过《民法典》第 1077 条正式确立了离婚冷静期制度，已于 2021 年 1 月 1 日生效。夫妻双方在向婚姻登记机关提交协议离婚的申请后，会有 30 日的冷静期。在此期间，不愿意离婚的一方可以向婚姻登记机关撤回离婚登记申请。

离婚冷静期制度旨在促使夫妻双方冷静思考离婚的需求，积极挽救出现裂痕的婚姻，促进婚姻关系的稳定发展。但是，我们也需要看到制度的利弊。离婚冷静期制度固然能够给夫妻双方一个转圜余地，但也有可能对那些确实需要解除婚姻关系的人造成阻碍。对他们而言，感情已然破裂，没有挽回的可能性，徒然增加一段冷静期，甚至可能发生夫妻一方借此期间转移财产等不利情况。但是，离婚冷静期只适用于协议离婚，并不适用诉讼离婚，对于有家庭暴力等情形的，可以考虑通过起诉的方式来结束婚姻关系。因此，在

《民法典》已经正式生效的背景下，对于打算离婚的夫妻双方，应当考虑到离婚冷静期的影响和婚姻的实际状况，采取合适的方式，以减轻离婚对于自己和家庭的不利影响。

法条索引

1.《中华人民共和国民法典》

第一千零七十七条 自婚姻登记机关收到离婚登记申请之日起三十日内，任何一方不愿意离婚的，可以向婚姻登记机关撤回离婚登记申请。

前款规定期限届满后三十日内，双方应当亲自到婚姻登记机关申请发给离婚证；未申请的，视为撤回离婚登记申请。

2. 2018年最高人民法院《关于进一步深化家事审判方式和工作机制改革的意见（试行）》

40. 人民法院审理离婚案件，经双方当事人同意，可以设置不超过3个月的冷静期。

在冷静期内，人民法院可以根据案件情况开展调解、家事调查、心理疏导等工作。冷静期结束，人民法院应通知双方当事人。

第二部分　离婚情形

20 夫妻一方实施家庭暴力，法院可以判决离婚吗？

案情简介

何甲与薛乙经人介绍认识，相恋数月后登记结婚，一年后，何甲向法院提起诉讼，想要解除她和薛乙的婚姻关系。何甲表示，在两人结婚期间，她遭受到薛乙的家庭暴力，给她的身心健康造成了严重的伤害。何甲为此提交了照片、视频、病历本、报警回执、司法鉴定意见书等材料。根据报警回执显示，在何甲与薛乙婚姻关系存续期间，薛乙曾对何甲多次实施家暴行为，经司法鉴定确认何甲的伤情属于轻微伤。薛乙辩称，他与何甲产生冲突的原因是怀疑何甲存在不正当的婚外关系，由于何甲先动手，他才失去控制不小心打伤何甲，其后他及时将何甲送医治疗，并保证绝不再犯，请求法院判决不准离婚。因调解无效，法院最终确认二人感情确已破裂，判决准予离婚。

法律适用

本案主要涉及家庭暴力是否为法院判决离婚的条件。根据我国 2001 年《婚姻法》第 32 条的规定，如果存在家庭暴力情形的，法院应当判决准予离婚，但前提是调解未果。如果夫妻双方经调解仍然可以和好的，没有达到感情确已破裂的程度，则不应判决离婚。本案中，法院结合何甲提供的证据，确认薛乙存在家庭暴力的行为，双方的感情确已破裂，没有和好的可能性，符合准予离婚的条件，最终判决准予离婚。

感情确已破裂是我国判决离婚的标准，但这一标准比较抽象，有时候会出现双方当事人认为感情确已破裂，但法官经审查后持不同意见的情况，导致当事人为了能够离婚而反复起诉。2001 年《婚姻法》第 32 条已被《民法典》吸收在第 1079 条，但《民法典》新增加了一款："经人民法院判决不准离婚后，双方又分居满一年，一方再次提起离婚诉讼的，应当准予离婚。"在这一款规定得到实施后，认定感情确已破裂有了更为明确的标准，从而有利于解决反复起诉要求离婚的问题。

法理提示

我国判决离婚的标准是夫妻感情确已破裂，《民法典》第 1079 条也确定了应准予离婚的具体情况，如存在家庭暴力等行为，可以作为法官判断夫妻双方的感情是否已经破裂的参考依据，从而决定是否判决离婚。

家庭暴力是破坏婚姻家庭稳定和谐的一大因素。自 2016 年 3 月 1 日《反家庭暴力法》实施以来，各地法院更加重视对家庭暴力受害人的保护。尽管司法提倡诉讼离婚应当谨慎，尽量维系婚姻关系，但是诉讼离婚作为解除婚姻关系的手段，能够保护婚姻中的受害者。如果家庭暴力严重损害了婚姻关系，法院应当审慎考虑受害者的诉求，及时判决离婚。家庭暴力的受害人也应当注意自我保护，在遭受侵害时及时向公安、妇联等有关部门求助，并及时保存证据，在法院认定家庭暴力和争取损害赔偿的过程中争取到主动地位。

法条索引

1.《中华人民共和国民法典》

第一千零七十九条 夫妻一方要求离婚的，可以由有关组织进行调解或者直接向人民法院提起离婚诉讼。

人民法院审理离婚案件，应当进行调解；如果感情确已破裂，调解无效的，应当准予离婚。

有下列情形之一，调解无效的，应当准予离婚：

（一）重婚或者与他人同居；

（二）实施家庭暴力或者虐待、遗弃家庭成员；

（三）有赌博、吸毒等恶习屡教不改；

（四）因感情不和分居满二年；

（五）其他导致夫妻感情破裂的情形。

一方被宣告失踪，另一方提起离婚诉讼的，应当准予离婚。

经人民法院判决不准离婚后，双方又分居满一年，一方再次提起离婚诉讼的，应当准予离婚。

2. 2001 年《中华人民共和国婚姻法》

第三十二条 男女一方要求离婚的，可由有关部门进行调解或直接向人民法院提出离婚诉讼。

人民法院审理离婚案件，应当进行调解；如感情确已破裂，调解无效，应准予离婚。

有下列情形之一，调解无效的，应准予离婚：

（一）重婚或有配偶者与他人同居的；

（二）实施家庭暴力或虐待、遗弃家庭成员的；

（三）有赌博、吸毒等恶习屡教不改的；

（四）因感情不和分居满二年的；

（五）其他导致夫妻感情破裂的情形。

一方被宣告失踪，另一方提出离婚诉讼的，应准予离婚。

3.《中华人民共和国反家庭暴力法》

第二十条　人民法院审理涉及家庭暴力的案件，可以根据公安机关出警记录、告诫书、伤情鉴定意见等证据，认定家庭暴力事实。

21 夫妻一方为现役军人，对方可以诉请法院判决离婚吗？

▪ 案情简介 ▪

　　曹甲与董乙通过相亲认识，不久后便登记结婚。董乙为现役军人，婚后长期在外，曹甲总是独自在家。久而久之，双方感情日渐淡薄。于是，曹甲诉至法院，请求判决其与董乙离婚，但在庭审中董乙坚决不同意离婚。法院审理认为，董乙是现役军人，且不存在重大过错，最终依法判决不准曹甲与董乙离婚。

法律适用

　　本案涉及夫妻一方为现役军人时离婚的法律问题。首先，根据 2001 年《婚姻法》第 33 条的规定，在现役军人一方不存在重大过错的情况下，非现役军人一方打算离婚的，须得现役军人一方同意。其次，军人有重大过错是指军人一方存在重婚或与他人同居，对家庭成员实施虐待、遗弃、暴力，有赌博、吸毒等恶习屡教不改的行为。本案中，曹甲欲与董乙离婚，主要是因为双方常年处于分开居住的生活状态，感情日渐淡薄。但董乙认为，双方可以通过增进沟通交流等方式加深对彼此的感情，遂不同意离婚。由于本案董乙为现役军人，在董乙不同意离婚且并没有重大过错的情形下，法院依法不能判决董乙与曹甲离婚。

　　值得注意的是，2021 年 1 月 1 日生效的《民法典》第 1081 条吸收了 2001 年《婚姻法》第 33 条规定，保留了保护军婚的特殊条款，但将"须得军人同意"的表述修改为"应当征得军人同意"，在法律适用上并无显著变化。

法理提示

现役军人离婚纠纷主要有两种情形，一种是本案分析的夫妻一方为现役军人，另一种是夫妻双方均为现役军人。本案分析的夫妻一方为现役军人要解除婚姻关系的，必须军人一方同意，但军人存在重大过错的除外。

军人在保卫国家和革命建设中发挥着重要作用，对军人的婚姻问题实行特别保护关涉广大官兵的切身利益，能够消除军人的后顾之忧，进而尽心履行职责，更好地维护军队的稳定，增强军队的战斗力与保家卫国的热情。为保护军人的婚姻关系，《刑法》第259条规定了破坏军婚罪。破坏军婚的行为是指行为人明知对方是现役军人的配偶而与之同居或者结婚。实施了破坏军婚的行为，应当承担刑事责任，重则被法院判处三年以下有期徒刑，轻则被判处拘役。鉴于此，任何人不得实施破坏军婚的行为，否则将承担相应的刑事责任。

法条索引

1.《中华人民共和国民法典》

第一千零八十一条 现役军人的配偶要求离婚，应当征得军人同意，但是军人一方有重大过错的除外。

2. 最高人民法院《关于适用〈中华人民共和国民法典〉婚姻家庭编的解释（一）》

第六十四条 民法典第一千零八十一条所称的"军人一方有重大过错"，可以依据民法典第一千零七十九条第三款前三项规定及军人有其他重大过错导致夫妻感情破裂的情形予以判断。

3.《中华人民共和国刑法》

第二百五十九条第一款 明知是现役军人的配偶而与之同居或者结婚的，处三年以下有期徒刑或者拘役。

4. 2001年《中华人民共和国婚姻法》

第三十三条 现役军人的配偶要求离婚，须得军人同意，但军人一方有重大过错的除外。

22 夫妻一方下落不明，对方可以起诉离婚吗？

案情简介

　　高甲与李乙婚前感情基础薄弱，争吵不断，李乙常常夜不归宿。不久，两人便开始分居生活长达八年。现高甲想和李乙解除婚姻关系，但联系时才发现，李乙几年前便离开了原居住地，更换了手机号码，杳无音讯。高甲想走出这段失败的婚姻，开始新生活，于是向法院提出了离婚请求。法院经查明，李乙已经下落不明多年，经公告，仍然毫无音信。在高甲坚决要求离婚的情况下，法院准予高甲与李乙离婚。

法律适用

　　本案涉及的法律问题是夫妻一方下落不明时如何解除婚姻关系。下落不明是指公民离开了原来居住的地方，没有音讯，生死不明。根据 2001 年《婚姻法》第 32 条第 3 款第 4 项的规定，夫妻情感不睦分居时间长达两年的，法院可以准予离婚。但是，夫妻一方下落不明的，根据 1989 年最高人民法院《关于人民法院审理离婚案件如何认定夫妻感情已破裂的若干具体意见》（以下简称 1989 年《夫妻感情破裂意见》）第 12 条的规定，法院应进行公告。经公告后仍然找不到人的，可视为双方感情确已破裂。本案中，高甲与李乙婚后不睦，分居已经有八年，符合法院准予离婚的情形。李乙下落不明多年，根据 1989 年《夫妻感情破裂意见》第 12 条的规定，法院进行了公告。经公告后仍然查找不到李乙，视为高甲和李乙的感情确已破裂，法院准予双方离婚。

法理提示

　　法院裁判离婚案件，重点审查双方感情是不是无法修复，婚姻还有没有可能挽回。2001 年《婚姻法》第 32 条规定了法院认定夫妻感情确已破裂、应准予夫妻离婚的几种情形。如果夫妻之间已经没有感情，可以在充分沟通后，一起去民政局办理离婚登记。但是，出现本案例中夫妻一方被宣告失踪的情况，则无法办理离婚登记。此时，想要离婚的一方可以提起离婚诉讼。

《民法典》把认定夫妻感情破裂的情形编入第 1079 条中，并增加了一款法院应当准予离婚的规定。也就是说，如果夫妻双方在第一次离婚诉讼中被法院判决不准离婚，但之后家庭关系并没有缓和，又继续分居了一年，此时，夫妻一方再提起离婚诉讼的，法院应当准予双方离婚。从本条修改来看，这是在离婚冷静期制度出台后，在"慎离"的背景下，给了诉讼离婚一个较为准确的期限。

　　需要特别提示的是，宣告失踪是《民事诉讼法》规定的特别程序，必须满足《民法典》第 40 条规定的法定条件，失踪人员才能被宣告失踪，即下落不明满两年。此外，夫妻一方被宣告失踪并不是另一方提起离婚诉讼的必经程序，只是法院判决夫妻双方离婚的情形之一，不是唯一情形。如果夫妻符合其他感情确已破裂的情形，法院同样可能判决准予离婚。

法条索引

1.《中华人民共和国民法典》

第四十条　自然人下落不明满二年的，利害关系人可以向人民法院申请宣告该自然人为失踪人。

第一千零七十九条　夫妻一方要求离婚的，可以由有关组织进行调解或者直接向人民法院提起离婚诉讼。

　　人民法院审理离婚案件，应当进行调解；如果感情确已破裂，调解无效的，应当准予离婚。

　　有下列情形之一，调解无效的，应当准予离婚：

　　（一）重婚或者与他人同居；

　　（二）实施家庭暴力或者虐待、遗弃家庭成员；

　　（三）有赌博、吸毒等恶习屡教不改；

　　（四）因感情不和分居满二年；

　　（五）其他导致夫妻感情破裂的情形。

　　一方被宣告失踪，另一方提起离婚诉讼的，应当准予离婚。

　　经人民法院判决不准离婚后，双方又分居满一年，一方再次提起离婚诉讼的，应当准予离婚。

2. 2001 年《中华人民共和国婚姻法》

第三十二条　男女一方要求离婚的，可由有关部门进行调解或直接向人民法院提出离婚诉讼。

人民法院审理离婚案件，应当进行调解；如感情确已破裂，调解无效，应准予离婚。

有下列情形之一，调解无效的，应准予离婚：

（一）重婚或有配偶者与他人同居的；

（二）实施家庭暴力或虐待、遗弃家庭成员的；

（三）有赌博、吸毒等恶习屡教不改的；

（四）因感情不和分居满二年的；

（五）其他导致夫妻感情破裂的情形。

一方被宣告失踪，另一方提出离婚诉讼的，应准予离婚。

3. 1989 年最高人民法院《关于人民法院审理离婚案件如何认定夫妻感情确已破裂的若干具体意见》

人民法院审理离婚案件，准予或不准离婚应以夫妻感情是否破裂作为区分的界限。判断夫妻感情是否确已破裂，应当从婚姻基础、婚后感情、离婚原因、夫妻关系的现状和有无和好的可能等方面综合分析。根据婚姻法的有关规定和审判实践经验，凡属下列情形之一的，视为夫妻感情确已破裂。一方坚决要求离婚，经调解无效，可依法判决准予离婚。

1. 一方患有法定禁止结婚疾病的，或一方有生理缺陷，或其它原因不能发生性行为，且难以治愈的。

2. 婚前缺乏了解，草率结婚，婚后未建立起夫妻感情，难以共同生活的。

3. 婚前隐瞒了精神病，婚后经治不愈，或者婚前知道对方患有精神病而与其结婚，或一方在夫妻共同生活期间患精神病，久治不愈的。

4. 一方欺骗对方，或者在结婚登记时弄虚作假，骗取《结婚证》的。

5. 双方办理结婚登记后，未同居生活，无和好可能的。

6. 包办、买卖婚姻、婚后一方随即提出离婚，或者虽共同生活多年，但确未建立起夫妻感情的。

7. 因感情不和分居已满 3 年，确无和好可能的，或者经人民法院判决不准离婚后又分居满 1 年，互不履行夫妻义务的。

8. 一方与他人通奸、非法同居，经教育仍无悔改表现，无过错一方起诉离婚，或者过错方起诉离婚，对方不同意离婚，经批评教育，处分，或在人民法院判决不准离婚后，过错方又起诉离婚，确无和好可能的。

9. 一方重婚，对方提出离婚的。

10. 一方好逸恶劳、有赌博等恶习，不履行家庭义务、屡教不改，夫妻难以共同生活的。

11. 一方被依法判处长期徒刑，或其违法、犯罪行为严重伤害夫妻感情的。

12. 一方下落不明满二年，对方起诉离婚，经公告查找确无下落的。

13. 受对方的虐待、遗弃，或者受对方亲属虐待，或虐待对方亲属，经教育不改，另一方不谅解的。

14. 因其他原因导致夫妻感情确已破裂的。

第三部分　离婚财产分割

23 婚前由一方父母出资贷款购买并登记在自己子女名下的房屋，婚后双方共同还贷，离婚时如何分割？

◈ 案情简介 ◈

　　范甲与李乙经人介绍认识后便开始恋爱，双方到了谈婚论嫁的阶段，李乙的父母要求范甲必须先买房，然后才能同意他们结婚，但是，范甲的工资水平无法负担全额购买一套房屋的价款。范甲的父母为了能让儿子娶上媳妇，便决定出资给范甲买房，以供两人结婚后居住生活。房产购买后登记在范甲的名下，房产总价款600万元，由范甲的父母支付首付款，剩余房款以范甲的名义贷款支付。然而，夫妻俩收入水平一般，但范甲花钱总是大手大脚，每个月的房贷支出让他们倍感困窘，两人为此经常吵架，矛盾日益激化。李乙忍无可忍，提出了离婚的要求。范甲不同意，李乙便向法院起诉，要求法院判决双方离婚，并分割房产。由于房价升值较快，范甲与李乙的房产已经升值到800万元。范甲提出房产是自己父母支付的首付款，并且登记在自己的名下，李乙无权要求分割房产。法院最终判决房屋归范甲所有，剩余房贷由范甲承担，范甲应补偿李乙已经偿还的房贷部分和对应的房产升值部分。

法律适用

本案涉及婚前由一方父母出资贷款购买并登记在自己子女名下的房屋分割问题。根据 2007 年《物权法》第 17 条的规定，不动产登记簿上记载的人为房屋的所有权人。双方结婚前，如果由一方父母支付首付款购买房屋，产权登记在自己子女名下，那么，根据 2017 年修正的《婚姻法司法解释（二）》第 22 条第 1 款的规定，一方父母的出资视为其对自己子女的赠与，是子女的个人财产。子女结婚后与其配偶共同偿还房屋贷款的，共同还贷部分为夫妻共同财产。根据 2011 年《婚姻法司法解释（三）》第 10 条的规定，离婚时一般会将房屋判给产权登记方所有。对于婚姻关系存续期间共同还贷的部分（包括本金和利息）和因房价上涨等情况所产生的增值部分，由产权登记一方向对方作出相应补偿。判定房产归产权登记一方所有后，剩余贷款也由登记方继续偿还。本案中，房产由范甲的父母支付首付款，登记在范甲名下，由范甲和李乙婚后共同偿还贷款，离婚时，法院判决房产归产权登记人范甲所有，并由范甲向李乙进行补偿。

目前，2007 年《物权法》第 17 条已被《民法典》收编在第 217 条，条文内容没有改动。

2017 年《婚姻法司法解释（二）》第 22 条的两款条文均已编入《民法典婚姻家庭编司法解释（一）》第 29 条。其中，第 1 款没有实质性修改，但第 2 款的改动较大。修改之前，如果父母是在子女结婚后为他们出资购买房屋，那么，父母出资视为对子女双方的赠与，除非父母明确表示只赠与子女一方。修改之后，父母出资的性质，首先根据约定处理。如果没有约定或者约定不明确的，则按照《民法典》第 1062 条第 1 款第 4 项规定的原则处理，即父母出资是子女受赠与获取的财产，首先推定为子女的夫妻共同财产，除非父母明确赠与给子女个人所有。

此外，2011 年《婚姻法司法解释（三）》第 10 条被《民法典婚姻家庭编司法解释（一）》第 78 条收编，新增了一个补偿原则。修改之前，对于双方婚后还贷及对应财产增值部分，按照照顾子女和女方权益的原则，由产权登记一方向另一方补偿。修改之后，除前述两个原则之外，还新增了一个照顾无过错方权益原则。

法理提示

在我国很长一段时期，房产价值高，有一定升值空间，是家庭的重要财产。为了保障子女的婚姻能够有一定的基础，父母往往倾尽所有为子女购置房产，而一旦离婚，房产的归属就成了双方一大争议焦点。本案是一方父母在子女结婚前为其出资购买房屋的情况。如果一方父母在子女婚后才出资购买房屋，且产权登记在自己子女名下的，那么，根据 2011 年《婚姻法司法解释（三）》第 7 条的规定，房屋视为父母对自己子女的赠与，是子女的个人财产。离婚时，子女的配偶是不能要求分割的。但如果是双方父母出资，则双方按父母的出资额按份共有，离婚时可以请求分割财产。

需特别注意的是，2011 年《婚姻法司法解释（三）》已失效，《民法典》及其司法解释并没有直接收编该解释第 7 条。在司法实践中，夫妻双方结婚后，如果一方父母全资为子女购买房屋，且登记在自己子女名下，那么，鉴于百姓对于产权登记的意义已产生较固定的认识，可能认定为符合《民法典》第 1063 条第 1 款第 3 项规定的"赠与合同中确定只归一方的财产"，是父母对自己子女的赠与，属于子女个人财产。至于双方父母出资为子女购买房屋的，则不再直接认定为子女按各自父母的出资份额按份共有，而是根据《民法典婚姻家庭编司法解释（一）》第 29 条第 2 款规定处理。

在实际生活中，各个家庭购买房屋的目的、出资等情况各不相同。如果男女双方以结婚为目的共同出资购买房屋的，或父母为子女助力出资的，最好通过书面形式记载各自出资额、房屋登记情况、所有方式等内容。如果男女一方因经济条件有限贷款购买房屋，双方也可以通过书面形式记录房屋出资、贷款等情况，协商约定贷款偿还方式和比例、房屋所有权归属等。

法条索引

1.《中华人民共和国民法典》

第二百一十七条　不动产权属证书是权利人享有该不动产物权的证明。不动产权属证书记载的事项，应当与不动产登记簿一致；记载不一致的，除有证据证明不动产登记簿确有错误外，以不动产登记簿为准。

第一千零六十二条　夫妻在婚姻关系存续期间所得的下列财产，为夫妻的共同财产，归夫妻共同所有：

（一）工资、奖金、劳务报酬；

（二）生产、经营、投资的收益；

（三）知识产权的收益；

（四）继承或者受赠的财产，但是本法第一千零六十三条第三项规定的除外；

（五）其他应当归共同所有的财产。

夫妻对共同财产，有平等的处理权。

2. 最高人民法院《关于适用〈中华人民共和国民法典〉婚姻家庭编的解释（一）》

第二十九条　当事人结婚前，父母为双方购置房屋出资的，该出资应当认定为对自己子女个人的赠与，但父母明确表示赠与双方的除外。

当事人结婚后，父母为双方购置房屋出资的，依照约定处理；没有约定或者约定不明确的，按照民法典第一千零六十二条第一款第四项规定的原则处理。

第七十八条　夫妻一方婚前签订不动产买卖合同，以个人财产支付首付款并在银行贷款，婚后用夫妻共同财产还贷，不动产登记于首付款支付方名下的，离婚时该不动产由双方协议处理。

依前款规定不能达成协议的，人民法院可以判决该不动产归登记一方，尚未归还的贷款为不动产登记一方的个人债务。双方婚后共同还贷支付的款项及其相对应财产增值部分，离婚时应根据民法典第一千零八十七条第一款规定的原则，由不动产登记一方对另一方进行补偿。

3. 2007 年《中华人民共和国物权法》

第十七条　不动产权属证书是权利人享有该不动产物权的证明。不动产权属证书记载的事项，应当与不动产登记簿一致；记载不一致的，除有证据证明不动产登记簿确有错误外，以不动产登记簿为准。

4. 2017 年最高人民法院《关于适用〈中华人民共和国婚姻法〉若干问题的解释（二）》

第二十二条　当事人结婚前，父母为双方购置房屋出资的，该出资应当认定为对自己子女的个人赠与，但父母明确表示赠与双方的除外。

当事人结婚后，父母为双方购置房屋出资的，该出资应当认定为对夫妻双方的赠与，但父母明确表示赠与一方的除外。

5. 2011 年最高人民法院《关于适用〈中华人民共和国婚姻法〉若干问题的解释（三）》

第七条　婚后由一方父母出资为子女购买的不动产，产权登记在出资人子女名下的，可按照婚姻法第十八条第（三）项的规定，视为只对自己子女一方的赠与，该不动产应认定为夫妻一方的个人财产。

由双方父母出资购买的不动产，产权登记在一方子女名下的，该不动产可认定为双方按照各自父母的出资份额按份共有，但当事人另有约定的除外。

第十条　夫妻一方婚前签订不动产买卖合同，以个人财产支付首付款并在银行贷款，婚后用夫妻共同财产还贷，不动产登记于首付款支付方名下的，离婚时该不动产由双方协议处理。

依前款规定不能达成协议的，人民法院可以判决该不动产归产权登记一方，尚未归还的贷款为产权登记一方的个人债务。双方婚后共同还贷支付的款项及其相对应财产增值部分，离婚时应根据婚姻法第三十九条第一款规定的原则，由产权登记一方对另一方进行补偿。

24 农村女性结婚后到丈夫居住地生活，还享有原居住地的土地承包经营权吗？

■▪ 案情简介 ▪■

　　郑某是小山村的村民，承包了村里 10 亩土地，并与小山村村民委员会签订了土地承包合同，承包期限为 30 年。3 年后，小山村村民委员会召开村民大会，讨论决定终止与郑某签订的土地承包合同，并将土地承包给同村的马某。小山村村民委员会认为，郑某嫁到隔壁小河村多年，已经迁出了小山村的户籍，常年不履行村民义务，不应该再享有村内的承包地。郑某认为，小山村村民委员会解除与自己的土地承包合同没有法律依据，为了维护自己的合法权益，她将小山村村民委员会告上法庭。法院认为，郑某嫁到小河村后并没有分到土地，郑某在小山村仍享有合法的土地承包经营权，应受法律保护。郑某与小山村村民委员会签订的土地承包合同合法有效，任何一方不得擅自变更或解除。在承包期内，小山村村民委员会不得收回承包地。最终，法院判决小山村村民委员会收回郑某在小山村承包地的行为无效。

法律适用

本案涉及农村妇女的土地承包经营权问题。农村妇女享有的土地承包经营权受法律保护，任何个人或组织不得以妇女出嫁为由侵害其合法权益。根据《农村土地承包法》第31条的规定，即使农村女性结婚了，但是在婚后的居住地没有承包地的，在婚前已承包土地的承包期内，发包方不能收回该女性在结婚前已经承包了的土地。本案中，郑某承包土地的期限为30年，郑某提起诉讼时，该土地仍在承包期内，而且，郑某嫁到小河村之后并未取得新的承包地。因此，小山村村民委员会没有合法理由收回郑某的承包地，应当停止侵害，予以返还。

法理提示

土地承包经营权是我国《民法典》规定的一项用益物权。2007年《物权法》第131条被收编在《民法典》第337条，规定承包期内发包人不得收回承包地。在农村，以家庭为单位，农户与集体经济组织签订土地承包经营合同，户内家庭成员平等地享有各项承包权益。随着经济发展和城镇化建设的不断推进，农村妇女土地承包经营权遭受侵害的问题日益突出。例如，当妇女结婚时，其娘家所在的集体经济组织以妇女户口迁出等理由收回其承包地，或者作出决议不向其分配收益，而其婆家的集体经济组织也并不会分配新的土地，导致妇女丧失土地权益。妇女在离婚、丧偶或再婚时，土地权益也可能会遭受侵害。对此，《农村土地承包法》《妇女权益保障法》等多项法律规定了保障农村妇女享有的土地承包经营权。土地是农民重要的生产生活来源，对于农村妇女来说，土地是生活的保障。因此，保障她们对土地的承包经营权，对保护农村妇女的合法权益有着重要的意义。与此同时，妇女也应当关注、学习维权方法，必要时，通过诉讼等方式维护自身合法权益。

法条索引

1.《中华人民共和国民法典》

第三百三十七条　承包期内发包人不得收回承包地。法律另有规定的，依照其规定。

2. 2007 年《中华人民共和国物权法》

第一百三十一条　承包期内发包人不得收回承包地。农村土地承包法等法律另有规定的，依照其规定。

3.《中华人民共和国农村土地承包法》

第六条　农村土地承包，妇女与男子享有平等的权利。承包中应当保护妇女的合法权益，任何组织和个人不得剥夺、侵害妇女应当享有的土地承包经营权。

第三十一条　承包期内，妇女结婚，在新居住地未取得承包地的，发包方不得收回其原承包地；妇女离婚或者丧偶，仍在原居住地生活或者不在原居住地生活但在新居住地未取得承包地的，发包方不得收回其原承包地。

4.《中华人民共和国妇女权益保障法》

第五十六条　村民自治章程、村规民约，村民会议、村民代表会议的决定以及其他涉及村民利益事项的决定，不得以妇女未婚、结婚、离婚、丧偶、户无男性等为由，侵害妇女在农村集体经济组织中的各项权益。

因结婚男方到女方住所落户的，男方和子女享有与所在地农村集体经济组织成员平等的权益。

25 夫妻一方婚前持有股权，婚后产生增值及收益，离婚时可以分割吗？

· 案情简介 ·

　　王某在与谢某结婚前便持有家族企业部分股权，婚后因企业上市股票大幅上涨，王某持有的股票增值，并取得公司发放的红利。几年后，谢某因双方感情不和提出离婚，要求分割王某获得的收益。谢某认为，王某持有股权，并在企业中任有职位，股票收益产生在婚姻关系存续期间，应当作为夫妻共同财产予以分割。王某认为，虽然自己持有的股票增值，但自己并未参与公司经营管理，股票收益是个人财产。法院经审理认为，王某持有的股权是婚前个人财产，王某获得的股票收益是其婚前个人财产的孳息或自然增值，根据 2011 年《婚姻法司法解释（三）》第 5 条的规定，依法应认定为王某个人财产。

法律适用

本案涉及夫妻一方婚前持有股权婚后股票增值及收益在离婚时的分割问题。根据 2017 年《婚姻法司法解释（二）》第 11 条第 1 项规定，男女双方结婚后，一方以个人财产投资，所获得的收益是他们共同所有的财产。此外，根据 2011 年《婚姻法司法解释（三）》第 5 条规定，一方持有个人财产，在婚后产生的孳息和自然增值，不是夫妻共同财产。换句话说，是指夫妻一方以其个人财产投资，所产生的收益属于夫妻共同财产，在离婚时应当予以分割。但如果收益是孳息和自然增值的，则不是夫妻共同财产，离婚时不能分割。本案中，王某在婚前便持有公司股份，属于其个人婚前财产。婚后公司上市，王某名下的股票增值，并且获得公司红利。一般情况下，因股票增值及红利产生于王某与谢某婚姻关系存续期间，离婚时应作为夫妻共同财产分割。但是，股票增值主要受市场影响。王某没有对公司上市起到积极的推动作用，也没有参与公司经营管理，仅仅是因为股东身份而获益。因此，王某持有的股票增值及分红属于其个人财产的孳息和自然增值，不是夫妻共同财产，离婚时不予分割。

法理提示

进入 21 世纪，人们投资理财观念日益加强，越来越多的百姓投资进入股票市场。股票逐渐成为家庭财富的重要组成部分。但离婚时，持股所获收益是否作为夫妻共同财产分割，需要考察股票持有人是否对股票增值或取得红利付出劳动。这是因为，股票收益高低受公司经营情况影响。公司经营需要投入时间、精力等成本，所获收益是投资性生产经营收益。

一般而言，夫妻一方婚前持有的股票不因结婚而转化为夫妻共同财产。但是，在婚姻关系存续期间，夫妻一方在股票市场进行炒股，通过做多或做空的方式取得的收益，属于 2017 年《婚姻法司法解释（二）》第 11 条第 1 项规定的情形，所获收益为夫妻一方投资行为所得，应认定为夫妻共同财产。

如果夫妻一方仅持有某公司股份，但没有参与公司经营管理，对于公司股票增值没有付出劳动，则股票相应的增值及公司分红仍然属于夫妻一方的个人财产。

现 2017 年《婚姻法司法解释（二）》、2011 年《婚姻法司法解释（三）》均已失效。本案例分析涉及的关于夫妻共同财产认定的条款已被吸收、修改编入《民法典》第 1062 条以及《民法典婚姻家庭编司法解释（一）》第 25 条、第 26 条、第 72 条。值得注意的是，目前，《民法典》第 1062 条在原有的夫妻共同财产范围基础之上，增加了"劳务报酬"。劳务报酬一般是指为他人提供劳务活动获取的报酬，提供劳务的人与他人之间建立的是劳务关系。而工资、奖金的发放一般来源于用人单位，如公司，劳动者与公司之间建立的是劳动关系。因此，建立的法律关系不同，获取的财产性质便存在差异。此次增加"劳务报酬"，完善了夫妻共同财产的认定范围。

法条索引

1. 《中华人民共和国民法典》

第一千零六十二条　夫妻在婚姻关系存续期间所得的下列财产，为夫妻的共同财产，归夫妻共同所有：

（一）工资、奖金、劳务报酬；

（二）生产、经营、投资的收益；

（三）知识产权的收益；

（四）继承或者受赠的财产，但是本法第一千零六十三条第三项规定的除外；

（五）其他应当归共同所有的财产。

夫妻对共同财产，有平等的处理权。

2. 最高人民法院《关于适用〈中华人民共和国民法典〉婚姻家庭编的解释（一）》

第二十五条　婚姻关系存续期间，下列财产属于民法典第一千零六十二条规定的"其他应当归共同所有的财产"：

（一）一方以个人财产投资取得的收益；

（二）男女双方实际取得或者应当取得的住房补贴、住房公积金；

（三）男女双方实际取得或者应当取得的基本养老金、破产安置补偿费。

第二十六条　夫妻一方个人财产在婚后产生的收益，除孳息和自然增值外，应认定为夫妻共同财产。

第七十二条　夫妻双方分割共同财产中的股票、债券、投资基金份额等有价证券以及未上市股份有限公司股份时，协商不成或者按市价分配有困难的，人民法院可以根据数量按比例分配。

3. 2001 年《中华人民共和国婚姻法》

第十七条　夫妻在婚姻关系存续期间所得的下列财产，归夫妻共同所有：

（一）工资、奖金；

（二）生产、经营的收益；

（三）知识产权的收益；

（四）继承或赠与所得的财产，但本法第十八条第三项规定的除外；

（五）其他应当归共同所有的财产。

夫妻对共同所有的财产，有平等的处理权。

4. 2017 年最高人民法院《关于适用〈中华人民共和国婚姻法〉若干问题的解释（二）》

第十一条　婚姻关系存续期间，下列财产属于婚姻法第十七条规定的"其他应当归共同所有的财产"：

（一）一方以个人财产投资取得的收益；

（二）男女双方实际取得或者应当取得的住房补贴、住房公积金；

（三）男女双方实际取得或者应当取得的养老保险金、破产安置补偿费。

第十五条　夫妻双方分割共同财产中的股票、债券、投资基金份额等有价证券以及未上市股份有限公司股份时，协商不成或者按市价分配有困难的，人民法院可以根据数量按比例分配。

5. 2011 年最高人民法院《关于适用〈中华人民共和国婚姻法〉若干问题的解释（三）》

第五条　夫妻一方个人财产在婚后产生的收益，除孳息和自然增值外，应认定为夫妻共同财产。

26 婚后购买的人身保险，离婚时应当如何分割？

■ 案情简介

　　任某和金某结婚后，两人都以本人为投保人和被保险人购买了人身保险，包括两份意外伤害险和两份寿险，并指定对方为受益人。几年后，双方因感情不和，任某遂向法院起诉要求与金某离婚，并分割双方购买的人身保险。任某不愿意继续投保，便提出退保要求，并分割保险单现金价值。金某不愿意离婚，执意继续投保。法院经审理，依法判决离婚。任某投保的意外伤害险和寿险，按任某的意愿退保，平均分割保险单的现金价值。金某投保的意外伤害险已经取得保险金，是金某的个人财产，不予分割。金某投保的寿险，按其个人意愿继续投保，并向任某支付保险单现金价值的一半。

法律适用

　　本案涉及夫妻关系存续期间购买的人身保险分割问题。人身保险种类多样，涉及投保人、被保险人、保险人、受益人多方主体，离婚时如何分割，需要根据保险类型、是否取得保险金等具体情况来确定能否作为夫妻共同财产分割。根据最高人民法院《第八次全国法院民事商事审判工作会议（民事部分）纪要》（以下简称《第八次民事商事审判会议纪要》）第4条的规定，如果夫妻一方既是投保人也是被保险人，那么，是否继续投保以投保人的意愿为准。因此，即使是夫妻，任何一方也不得为对方做是否继续投保的决定。本案中，任某主张其投保的意外伤害险、人寿险退保，则按其意愿退保，但不能替金某投保的保险做是否继续投保的决定。投保发生在他们结婚后，退保时取得的保险单现金价值是他们的共同财产，离婚时一般按均等原则分割。而金某投保的寿险则按其意愿继续投保，也应当向任某支付保险单现金价值的一半。另，根据《第八次民事商事审判会议纪要》第5条的规定，金某投保的意外伤害险已经取得保险金，但不能作为夫妻共同财产分割。因为，这类保险金具有人身性质，专属于金某所有，任某无权分割。

法理提示

人身保险以被保险人身体和寿命为标的，一般有意外伤害险、健康险和人寿险三种类型。离婚时分割，应考虑投保人、保险类型、是否取得保险金等因素，再判定是否纳入夫妻共同财产进行分割。如果夫妻双方对财产制度有约定的，则按约定分割。如果没有约定，除已经取得的具有人身性质的保险金或以死亡为给付条件的人寿险保险金归个人所有外，保险单现金价值作为夫妻共同财产予以分割。

投保人可以为本人投保，也可以为本人以外的人投保。本案是投保人与被保险人均为同一人，即投保人为本人投保的情况。但实践中，有夫妻一方为对方投保的情况，即投保人与被保险人不是同一人。根据《保险法》第31条规定，投保人需对被保险人具有保险利益。例如，夫妻一方为对方投保，这种情况就是投保人对被保险人有保险利益的情形。如果离婚，则保险利益不复存在。此时，双方可以协商一致退保，返还的保险单现金价值是他们的共同财产，可以分割，也可以通过变更投保人的形式进行分割。

法条索引

1. 最高人民法院《关于印发〈第八次全国法院民事商事审判工作会议（民事部分）纪要〉的通知》

4. 婚姻关系存续期间以夫妻共同财产投保，投保人和被保险人同为夫妻一方，离婚时处于保险期内，投保人不愿意继续投保的，保险人退还的保险单现金价值部分应按照夫妻共同财产处理；离婚时投保人选择继续投保的，投保人应当支付保险单现金价值的一半给另一方。

5. 婚姻关系存续期间，夫妻一方作为被保险人依据意外伤害保险合同、健康保险合同获得的具有人身性质的保险金，或者夫妻一方作为受益人依据以死亡为给付条件的人寿保险合同获得的保险金，宜认定为个人财产，但双方另有约定的除外。

婚姻关系存续期间，夫妻一方依据以生存到一定年龄为给付条件的具有现金价值的保险合同获得的保险金，宜认定为夫妻共同财产，但双方另有约定的除外。

2. 《中华人民共和国保险法》

第十二条第一款　人身保险的投保人在保险合同订立时，对被保险人应当具有保险利益。

第十二条第六款　保险利益是指投保人或者被保险人对保险标的具有的法律上承认的利益。

第三十一条　投保人对下列人员具有保险利益：

（一）本人；

（二）配偶、子女、父母；

（三）前项以外与投保人有抚养、赡养或者扶养关系的家庭其他成员、近亲属；

（四）与投保人有劳动关系的劳动者。

除前款规定外，被保险人同意投保人为其订立合同的，视为投保人对被保险人具有保险利益。

订立合同时，投保人对被保险人不具有保险利益的，合同无效。

第四十二条　被保险人死亡后，有下列情形之一的，保险金作为被保险人的遗产，由保险人依照《中华人民共和国继承法》的规定履行给付保险金的义务：

（一）没有指定受益人，或者受益人指定不明无法确定的；

（二）受益人先于被保险人死亡，没有其他受益人的；

（三）受益人依法丧失受益权或者放弃受益权，没有其他受益人的。

受益人与被保险人在同一事件中死亡，且不能确定死亡先后顺序的，推定受益人死亡在先。

27 经济适用房能否在夫妻双方离婚时分割？

◆ 案情简介 ◆

　　周甲与黄乙相识后在 A 市办理了结婚登记手续。婚后，二人打算购买一套房屋。黄乙是外地户籍没有购房资格，于是，周甲经摇号取得了一套 A 市经济适用房的购房资质，并以个人名义签订了购房合同、办理了按揭贷款。随后，周甲办理了产权登记，将房屋登记在其个人名下。一年后，二人因感情不和打算离婚，对经济适用房的分割产生了分歧。因协商未果，黄乙起诉至法院，要求判决房屋归自己所有。

法院认为，经济适用房是周甲与黄乙在结婚后购买的，并以夫妻共同财产支付了首付款并偿还贷款，因此，房屋是夫妻共同财产。然而，该房屋是经济适用房，现在还不能上市交易，只能由持有 A 市户籍的周甲享有产权。最终，法院判决由具有本地户籍的周甲取得房屋产权，由周甲给予黄乙适当的经济补偿。

法律适用

本案涉及离婚时经济适用房分割的法律问题。根据我国 2001 年《婚姻法》第 17 条的规定，夫妻在结婚以后获得的财产是他们的共同财产，在离婚时可以予以分割。但与商品房有所不同的是，经济适用房属于政策福利性房屋，房屋所有权的取得和交易有特殊限制。根据《经济适用住房管理办法》第 30 条的规定，购买经济适用房满 5 年后才能够上市交易。5 年的起算时间并不是签订购房合同之时，而是购房人取得契税完税凭证的时间或经济适用住房房屋所有权证的发证时间。本案争议的房屋属于经济适用房，周甲与黄乙在取得房屋产权一年后便打算离婚，不符合上市交易的条件，因此无法对该经济适用房进行分割，只能由具有 A 市户籍的周甲取得该房屋的产权，再给予黄乙适当的经济补偿。

2001 年《婚姻法》第 17 条被《民法典》收编在第 1062 条，条文内容没有改动。

法理提示

经济适用住房是具有保障性质的政策性住房。这种优惠政策由政府提供，收入低、有住房困难的家庭可以购买。与普通商品房不同的是，购买经济适用房后，权利人出卖房屋受到时间限制，即购买经济适用住房不满 5 年，不得直接上市交易。如果经济适用房是夫妻共同财产，离婚时如何分割应考虑是否满足上市交易条件。如果购买经济适用房未满 5 年的，此时上市交易受到限制，无法予以分割，房屋的所有权只能归一方，并由取得所有权的一方给予另一方相应的房屋价值补偿；如果购买经济适用房已满 5 年的，应根据《经济适用住房管理办法》第 30 条的规定向政府交纳土地收益等价款，取得该房完全产权，然后再分割房屋。如果离婚时，两个人对房屋如何分割有协议的，就按照协议来分割。如果没有协议且双方没有办法协商一致的，则由法院根据照顾子女和女方权益的原则，并根据实际情况来分割。双方也可以通过竞价取得房屋，具体可参见案例 29 "离婚时，夫妻双方可以通过竞价方式分割共有房产吗？"。

法条索引

1.《中华人民共和国民法典》

第一千零六十二条 夫妻在婚姻关系存续期间所得的下列财产，为夫妻的共同财产，归夫妻共同所有：

（一）工资、奖金、劳务报酬；

（二）生产、经营、投资的收益；

（三）知识产权的收益；

（四）继承或者受赠的财产，但是本法第一千零六十三条第三项规定的除外；

（五）其他应当归共同所有的财产。

夫妻对共同财产，有平等的处理权。

2. 2001 年《中华人民共和国婚姻法》

第十七条 夫妻在婚姻关系存续期间所得的下列财产，归夫妻共同所有：

（一）工资、奖金；

（二）生产、经营的收益；

（三）知识产权的收益；

（四）继承或赠与所得的财产，但本法第十八条第三项规定的除外；

（五）其他应当归共同所有的财产。

夫妻对共同所有的财产，有平等的处理权。

3.《经济适用住房管理办法》

第三十条 经济适用住房购房人拥有有限产权。

购买经济适用住房不满 5 年，不得直接上市交易，购房人因特殊原因确需转让经济适用住房的，由政府按照原价格并考虑折旧和物价水平等因素进行回购。

购买经济适用住房满 5 年，购房人上市转让经济适用住房的，应按照届时同地段普通商品住房与经济适用住房差价的一定比例向政府交纳土地收益等相关价款，具体交纳比例由市、县人民政府确定，政府可优先回购；购房人也可以按照政府所定的标准向政府交纳土地收益等相关价款后，取得完全产权。

上述规定应在经济适用住房购买合同中予以载明，并明确相关违约责任。

28 夫妻一方婚前贷款购买的房屋，婚后共同还贷，离婚时应如何分割？

案情简介

李某与汪某婚后因工作原因长期分居两地，感情日渐淡薄。两年后，李某向法院起诉离婚，并要求依法分割汪某婚前贷款购买的一套房屋。李某认为，虽然该房屋登记在汪某一人名下，但婚后双方共同偿还了贷款，应作为夫妻共同财产分割。汪某主张房屋所有权归其一人所有。法院认为，房屋登记在汪某一方名下，可由其取得房屋所有权，并向李某补偿。在婚姻关系存续期间，双方共同偿还贷款本息共约 10 万元，对应增值约 20 万元。因此，汪某应向李某补偿双方共同偿还贷款及对应增值额的一半，即 15 万元。

法律适用

本案涉及夫妻一方婚前贷款购买的房屋在离婚时分割的法律问题。2011年《婚姻法司法解释（三）》第 10 条第 1 款规定，夫或妻单方在婚前借贷购买房屋并登记在其个人名下，但婚后一起偿还了贷款，离婚时由双方自行处理。如果双方无法协商一致，法院可将房屋产权判给产权登记人，再由登记人向对方补偿。本案中，虽然房屋是汪某婚前购买的，但结婚时贷款尚未结清，而李某与汪某并没有对财产所有形式进行约定，因此，汪某婚后偿还贷款所用的资金均属于夫妻共同财产。根据 2011 年《婚姻法司法解释（三）》第 10 条第 2 款的规定，汪某作为登记方取得房屋产权，同时应向李某补偿，因为还贷的部分是双方共同财产，应视为李某与汪某共同还贷。补偿金额包括双方一起偿还的贷款金额的一半，以及这部分偿还的贷款所对应增值额的一半。

2011 年《婚姻法司法解释（三）》第 10 条已编入《民法典婚姻家庭编司法解释（一）》第 78 条，条文内容没有实质性修订。

法理提示

夫妻离婚分割财产时，应首先区分财产是一方个人所有还是双方共有。如果是结婚前一方单独所有的财产，即便是结了婚，也不会随时间推移而转化为共同所有，离婚时不会进行分割，包括个人财产产生的孳息。孳息有自然孳息和法定孳息两类，自然孳息如母牛生的小牛犊等，法定孳息如银行存款的利息等。

具体而言，一方婚前全款购买的房屋，或婚前已经结清了贷款的，则婚后房屋仍然是一方个人所有，离婚也无须进行分割。但应当注意，如果夫妻一方在结婚后，将婚前个人名下的房屋出售，所得价款用作其他经营性活动，从而取得相应经济收入，这笔款项则为双方的共同财产。此外，如果一方在婚前买房是通过银行贷款购买，结婚后又用共同财产继续偿还贷款的，离婚时，双方可以协商房屋归谁所有。如果未能达成一致，则根据《民法典婚姻家庭编司法解释（一）》第 78 条第 2 款的规定，房屋产权不进行变更，仍然归属于登记人，并由登记人向未取得房屋产权的另一方补偿。

根据《民法典》第 1087 条的规定，补偿原则既包括原有的照顾子女和女方权益的原则，还有新增的照顾无过错方权益的原则。由人民法院综合各方实际情况，根据前述原则判决。

法条索引

1.《中华人民共和国民法典》

第一千零八十七条第一款 离婚时，夫妻的共同财产由双方协议处理；协议不成的，由人民法院根据财产的具体情况，按照照顾子女、女方和无过错方权益的原则判决。

2. 2001年《中华人民共和国婚姻法》

第三十九条第一款　离婚时，夫妻的共同财产由双方协议处理；协议不成时，由人民法院根据财产的具体情况，照顾子女和女方权益的原则判决。

3. 最高人民法院《关于适用〈中华人民共和国民法典〉婚姻家庭编的解释（一）》

第七十八条　夫妻一方婚前签订不动产买卖合同，以个人财产支付首付款并在银行贷款，婚后用夫妻共同财产还贷，不动产登记于首付款支付方名下的，离婚时该不动产由双方协议处理。

依前款规定不能达成协议的，人民法院可以判决该不动产归登记一方，尚未归还的贷款为不动产登记一方的个人债务。双方婚后共同还贷支付的款项及其相对应财产增值部分，离婚时应根据民法典第一千零八十七条第一款规定的原则，由不动产登记一方对另一方进行补偿。

4. 2011年最高人民法院《关于适用〈中华人民共和国婚姻法〉若干问题的解释（三）》

第五条　夫妻一方个人财产在婚后产生的收益，除孳息和自然增值外，应认定为夫妻共同财产。

第十条　夫妻一方婚前签订不动产买卖合同，以个人财产支付首付款并在银行贷款，婚后用夫妻共同财产还贷，不动产登记于首付款支付方名下的，离婚时该不动产由双方协议处理。

依前款规定不能达成协议的，人民法院可以判决该不动产归产权登记一方，尚未归还的贷款为产权登记一方的个人债务。双方婚后共同还贷支付的款项及其相对应财产增值部分，离婚时应根据婚姻法第三十九条第一款规定的原则，由产权登记一方对另一方进行补偿。

29 离婚时，夫妻双方可以通过竞价方式分割共有房产吗？

案情简介

由于家庭矛盾升级，张某提起离婚诉讼要求与杨某离婚，并分割双方婚后购买的一套房屋。庭审中，张某与杨某均同意离婚，但无法就房屋所有权归属与现值达成一致意见。法院在征求双方意见后，组织张某与杨某通过竞价取得房屋。竞价结果显示，杨某出价比张某更高。最终，法院准予两人离婚，并将房屋判给杨某，由杨某向张某支付补偿金。

法律适用

本案涉及离婚时竞价分割房屋的法律问题。离婚时，夫妇两人可以自行商量确定房屋产权归属、房屋价值、分割方式等。如果不能协商一致，则根据实际情况分割。根据 2017 年《婚姻法司法解释（二）》第 20 条的规定，如果夫妇两人都想要得到房屋所有权，则可以选择一起竞价；如果仅一方要求取得房产，则根据市场价格估价后，由取得房产的一方补偿没有得到房产的一方；如果两人都不要房产，则可以选择将房屋拍卖，分割钱款。本案中，张某与杨某都主张房屋所有权，但无法就房屋价值达成一致意见。经法院征询，双方都同意竞价取得，最终，杨某出价较高于张某，取得房屋。按照均等原则，由杨某向张某补偿，补偿金额为杨某出价的一半。

法理提示

房屋所有权归属一直是夫妻离婚时分割财产的焦点。针对这个问题，2017 年《婚姻法司法解释（二）》第 20 条明确规定，双方可以通过竞价、市场评估、拍卖的方式定分止争。值得注意的是，2017 年《婚姻法司法解释（二）》第 20 条已被编入《民法典婚姻家庭编司法解释（一）》第 76 条，并新增允许夫妻双方变卖房屋后分割房款。

此外，如果通过竞价来确定房屋产权归属，必须取得夫妻双方同意。如果一方拒绝竞价的，则法院不得组织竞价。竞价是相对公平的竞争方式，充分尊重夫妻二人的意愿。在竞价过程中，由一方先行报价，并报出在自己取得房屋的情况下愿意补偿对方的金额，另一方进行加价，并表明自己出价补偿对方的数额。最终，由出价更高者取得房屋。竞价结果对双方均具有约束力，取得房屋一方应按约履行支付补偿款的义务，未取得所有权的一方应辅助对方办理过户等相关手续。

在司法实践中，双方当事人可能因竞价进程而情绪激动，使得竞价价格与实际价格不符，造成当事人的经济损失。就此而言，竞价并非在任何情况下都是解决房产之争的最佳方案。为妥善分割房产，双方应尽量协商一致，避免对簿公堂，促使双方更高效地解决共同财产分割问题。2001 年《婚姻法》第 39 条规定被编入《民法典》第 1087 条，并增加了一个照顾无过错方权益原则。也就是说，如果夫妻双方离婚时对夫妻共同财产分割无法达成一致的，除根据照顾子女和女方权益的原则判决外，法院还要按照照顾无过错方权益的原则判决。

法条索引

1.《中华人民共和国民法典》

第一千零八十七条第一款　离婚时，夫妻的共同财产由双方协议处理；协议不成的，由人民法院根据财产的具体情况，按照照顾子女、女方和无过错方权益的原则判决。

2. 最高人民法院《关于适用〈中华人民共和国民法典〉婚姻家庭编的解释（一）》

第七十六条　双方对夫妻共同财产中的房屋价值及归属无法达成协议时，人民法院按以下情形分别处理：

（一）双方均主张房屋所有权并且同意竞价取得的，应当准许；

（二）一方主张房屋所有权的，由评估机构按市场价格对房屋作出评估，取得房屋所有权的一方应当给予另一方相应的补偿；

（三）双方均不主张房屋所有权的，根据当事人的申请拍卖、变卖房屋，就所得价款进行分割。

3. 2001 年《中华人民共和国婚姻法》

第三十九条第一款　离婚时，夫妻的共同财产由双方协议处理；协议不成时，由人民法院根据财产的具体情况，照顾子女和女方权益的原则判决。

4. 2017 年最高人民法院《关于适用〈中华人民共和国婚姻法〉若干问题的解释（二）》

第二十条 双方对夫妻共同财产中的房屋价值及归属无法达成协议时，人民法院按以下情形分别处理：

（一）双方均主张房屋所有权并且同意竞价取得的，应当准许；

（二）一方主张房屋所有权的，由评估机构按市场价格对房屋作出评估，取得房屋所有权的一方应当给予另一方相应的补偿；

（三）双方均不主张房屋所有权的，根据当事人的申请拍卖房屋，就所得价款进行分割。

30 以夫妻共同财产出资设立公司，股权登记在一方名下的，离婚时应当如何分割？

◆ **案情简介** ◆

　　林某与白某结婚后，与朋友一起设立了 A 有限责任公司，林某占股 20%，股权登记在其一人名下。两年后，白某向人民法院起诉，要求和林某离婚并分割林某在 A 有限责任公司持有的股权。但是林某表示，白某从未参与过公司经营，无权分割股权。法院经审理后认为，虽然股权登记在林某一人名下，但林某是以夫妻共同财产出资入股，因此，林某在 A 有限责任公司享有的 20% 股权属于夫妻共同财产，白某有权分割林某名下的股权，按均等原则分割。最终，法院判决股权仍由林某一人持有，由林某向白某支付 10% 股权的相应补偿金。

◤ **法律适用** ◢

　　本案涉及夫妻一方作为有限责任公司股东，在离婚时的股权分割问题。本案中，林某出资设立公司的财产源自夫妻共同财产，根据 2001 年《婚姻法》第 17 条的规定，林某占股 20% 应认定为夫妻共同财产，离婚时可予以分割。另根据 2017 年修正的《婚姻法司法解释（二）》第 16 条的规定，林某和白某可以通过股权转让的形式分割股权。但是股权是一种综合性权能，包含人身和财产权益，股东既可以分得公司经营产生的利益，也有权参与公司经营管理。有限责任公司注重股东之间协作配合，增加或减少股东可能会影响公司的正常运行，因此，离婚时股权分割还应当满足 2018 年《公司法》规定的股权转让条件。然而，本案中，林某和白某没有对股权转让一事协商一致，公司其他股东也不同意白某成为公司股东。最终，只能由林某继续持有股权，并按 10% 股权对应的价值向白某进行补偿。

2001 年《婚姻法》第 17 条已被《民法典》收编在第 1062 条，条文内容没有改动。2017 年《婚姻法司法解释（二）》第 16 条被编入《民法典婚姻家庭编司法解释（一）》第 73 条。编入时，进一步规范了语言表述，使意思表达较原有条文更加明确，但对条文内容没有进行实质性修订。有限责任公司股东股份转让问题依据《公司法》第 84 条。

法理提示

实践中，夫妻关系存续期间取得的股权往往登记在一方名下。如果没有证据证明该股权是由其夫妻一方个人财产出资所得，则可能会被认定为以夫妻共同财产出资取得，股权为夫妻共同财产，离婚时可作为共同财产予以分割。

离婚时股权分割包括股权转让和作价补偿两种方式。股权转让有两种情形：第一，持有股权的一方将股权全部或部分转让给配偶，其配偶取得公司股权并享有股东资格。但是，有限责任公司具有人合性特点，通过这种方式分割股权的，须符合 2018 年《公司法》关于有限责任公司股权转让的相关规定，取得公司其他股东过半数同意转让或者视为同意转让。前者是指公司其他股东过半数以上同意持有股权的一方向其配偶转让部分或全部股权，并且其他股东不主张优先购买。视为同意转让是指在夫妻双方已经协商好股权转让价格等事宜后，不同意股权转让的股东，也不愿意以同等价格购买转让的股权，则视为该股东同意转让。第二，持有股权一方也可以将股权全部或部分转让给公司其他股东，再将转让所得价款按平均或比例原则分配。这种股东之间转让股权的方式则不需要公司其他股东过半数同意。作价补偿是指原公司股东继续持有股权，并向未持有股权一方支付相应补偿金。

本案是夫妻一方持有公司股权，另一方不是公司股东的情况。如果夫妻双方都是公司股东，则可以按《公司法》第84条的规定，相互间转让部分或全部股权，无须其他股东过半数同意，但公司章程另有规定的除外。

法条索引

1.《中华人民共和国民法典》

第一千零六十二条 夫妻在婚姻关系存续期间所得的下列财产，为夫妻的共同财产，归夫妻共同所有：

（一）工资、奖金、劳务报酬；

（二）生产、经营、投资的收益；

（三）知识产权的收益；

（四）继承或者受赠的财产，但是本法第一千零六十三条第三项规定的除外；

（五）其他应当归共同所有的财产。

夫妻对共同财产，有平等的处理权。

2. 最高人民法院《关于适用〈中华人民共和国民法典〉婚姻家庭编的解释（一）》

第七十三条 人民法院审理离婚案件，涉及分割夫妻共同财产中以一方名义在有限责任公司的出资额，另一方不是该公司股东的，按以下情形分别处理：

（一）夫妻双方协商一致将出资额部分或者全部转让给该股东的配偶，其他股东过半数同意，并且其他股东均明确表示放弃优先购买权的，该股东的配偶可以成为该公司股东；

（二）夫妻双方就出资额转让份额和转让价格等事项协商一致后，其他股东半数以上不同意转让，但愿意以同等条件购买该出资额的，人民法院可以对转让出资所得财产进行分割。其他股东半数以上不同意转让，也不愿意以同等条件购买该出资额的，视为其同意转让，该股东的配偶可以成为该公司股东。

用于证明前款规定的股东同意的证据，可以是股东会议材料，也可以是当事人通过其他合法途径取得的股东的书面声明材料。

3.《中华人民共和国公司法》

第八十四条　有限责任公司的股东之间可以相互转让其全部或者部分股权。

股东向股东以外的人转让股权的，应当将股权转让的数量、价格、支付方式和期限等事项书面通知其他股东，其他股东在同等条件下有优先购买权。股东自接到书面通知之日起三十日内未答复的，视为放弃优先购买权。两个以上股东行使优先购买权的，协商确定各自的购买比例；协商不成的，按照转让时各自的出资比例行使优先购买权。

公司章程对股权转让另有规定的，从其规定。

4. 2017年最高人民法院《关于适用〈中华人民共和国婚姻法〉若干问题的解释（二）》

第十六条　人民法院审理离婚案件，涉及分割夫妻共同财产中以一方名义在有限责任公司的出资额，另一方不是该公司股东的，按以下情形分别处理：

（一）夫妻双方协商一致将出资额部分或者全部转让给该股东的配偶，过半数股东同意、其他股东明确表示放弃优先购买权的，该股东的配偶可以成为该公司股东；

（二）夫妻双方就出资额转让份额和转让价格等事项协商一致后，过半数股东不同意转让，但愿意以同等价格购买该出资额的，人民法院可以对转让出资所得财产进行分割。过半数股东不同意转让，也不愿意以同等价格购买该出资额的，视为其同意转让，该股东的配偶可以成为该公司股东。

用于证明前款规定的过半数股东同意的证据，可以是股东会决议，也可以是当事人通过其他合法途径取得的股东的书面声明材料。

第四部分　离婚损害赔偿

31 对方隐瞒已婚事实与本人结婚，可以要求对方支付精神损失费吗？

案情简介

　　徐甲与李乙系夫妻关系，二人婚后育有一女已2岁。某日，徐甲在翻阅李乙手机时发现，丈夫在与自己结婚之前就已经与梁丙登记结婚，并育有一子。徐甲认为，丈夫隐瞒其已婚的事实与自己登记结婚，严重伤害了自己的感情，使自己的心灵遭受打击。徐甲诉至法院，要求宣告自己与丈夫李乙的婚姻无效，同时要求李乙支付自己精神损害抚慰金10 000元。法院经审理后认为，李乙的行为严重侵害了徐甲的配偶权利，支持了徐甲的诉讼请求。

法律适用

　　本案涉及重婚的法律后果。重婚是指一方在有配偶的情形下与他人登记结婚或者与他人以夫妻名义共同生活、明知他人有配偶而与之登记结婚或者以夫妻名义共同生活的行为。根据我国2001年《婚姻法》第2条、第3条的规定，我国实行一夫一妻制度，禁止重婚。如果夫妻任何一方重婚的，则根据2001年《婚姻法》第10条和第46条的规定，重婚的婚姻无效，无过错方有权向过错方请求损害赔偿。本案中，李乙在与徐甲登记结婚之前，已经与梁丙登记结婚，并且育有一子。但李乙却欺骗徐甲与自己登记结婚，并在婚后育有一女。李乙的行为属于有配偶者与他人登记结婚，符合我国2001年《婚姻法》规定的重婚的概念。因此，李乙与徐甲的婚姻无效，徐甲作为无过错方，可以依据我国2001年《婚姻法》第46条的规定要求李乙支付精神损害抚慰金。

法理提示

重婚行为是对我国一夫一妻婚姻制度的破坏，有一定的社会危害性。因此，重婚的法律后果不仅是婚姻关系无效、承担损害赔偿责任，甚至可能因触犯《刑法》第258条规定的重婚罪而承担刑事责任。值得注意的是，重婚案既可由公诉机关起诉，也可以在符合条件的情况下由被害人自行向法院起诉。根据最高人民法院《关于适用〈中华人民共和国刑事诉讼法〉的解释》第1条的规定，如果检察院没有提起公诉，而被害人有充足的证据证明其是轻微刑事案件，那么，被害人可以不通过公安机关、检察院而直接向人民法院提起诉讼。此外，除被害人外的其他公民、单位等发现他人涉嫌重婚行为的，也可以向公安机关、检察院、法院提出控告或检举。

值得注意的是，《民法典》收编2001年《婚姻法》时，对本案法律适用涉及的相关条文进行了吸收、改动。首先，《民法典》第1041条吸收2001年《婚姻法》第2条规定，但将"实行计划生育"删除，且将保护对象"儿童"修改为"未成年人"，扩大了保护对象的范围。其次，《民法典》第1051条在吸收了2001年《婚姻法》第10条关于婚姻效力的规定，但删除了"婚前患有医学上认为不应当结婚的疾病，婚后尚未治愈的"这一情形。也就是说，双方之间的婚姻虽然出现符合上述情况，但根据《民法典》规定不再认定为婚姻无效。再次，《民法典》关于离婚损害赔偿规定的第1091条吸收了2001年《婚姻法》第46条，且新增"有其他重大过错"的兜底条款，增加了适用离婚损害赔偿规定的情形，对离婚诉讼中的无过错方提供了更强有力的保护。最后，《民法典》第1042条吸收了2001年《婚姻法》第3条规定，但条文内容没有改动。

法条索引

1. 《中华人民共和国民法典》

第一千零四十一条 婚姻家庭受国家保护。

实行婚姻自由、一夫一妻、男女平等的婚姻制度。

保护妇女、未成年人、老年人、残疾人的合法权益。

第一千零四十二条 禁止包办、买卖婚姻和其他干涉婚姻自由的行为。

禁止借婚姻索取财物。

禁止重婚。禁止有配偶者与他人同居。

禁止家庭暴力。禁止家庭成员间的虐待和遗弃。

第一千零五十一条 有下列情形之一的，婚姻无效：

（一）重婚；

（二）有禁止结婚的亲属关系；

（三）未到法定婚龄。

第一千零九十一条 有下列情形之一，导致离婚的，无过错方有权请求损害赔偿：

（一）重婚；

（二）与他人同居；

（三）实施家庭暴力；

（四）虐待、遗弃家庭成员；

（五）有其他重大过错。

2.《中华人民共和国刑法》

第二百五十八条 有配偶而重婚的，或者明知他人有配偶而与之结婚的，处二年以下有期徒刑或者拘役。

3. 最高人民法院《关于适用〈中华人民共和国刑事诉讼法〉的解释》

第一条 人民法院直接受理的自诉案件包括：

……

（二）人民检察院没有提起公诉，被害人有证据证明的轻微刑事案件：

1. 故意伤害案（刑法第二百三十四条第一款规定的）；

2. 非法侵入住宅案（刑法第二百四十五条规定的）；

3. 侵犯通信自由案（刑法第二百五十二条规定的）；

4. 重婚案（刑法第二百五十八条规定的）；

……

本项规定的案件，被害人直接向人民法院起诉的，人民法院应当依法受理。对其中证据不足、可以由公安机关受理的，或者认为对被告人可能判处三年有期徒刑以上刑罚的，应当告知被害人向公安机关报案，或者移送公安机关立案侦查。

……

32　妻子擅自堕胎，丈夫可以要求赔偿吗？

> **案情简介**

　　顾某和徐某婚后想过二人世界，并没有生育计划。一年后，徐某偶然得知自己已经怀孕。此时，她的事业正处于上升期，面临来之不易的升职加薪机会。经过再三思考后，徐某便独自一人去医院做了流产手术。顾某知道后十分生气。两人为此事多次发生争吵，矛盾升级。顾某认为徐某的行为侵犯了自己的生育权，便向法院提起诉讼，要求徐某承担赔偿责任。法院认为，妻子享有是否生育的自由，擅自终止妊娠，并没有侵害丈夫的生育权。因此，丈夫以妻子擅自流产侵犯其生育权为由请求损害赔偿的，法院不予支持。

法律适用

　　本案涉及妇女生育自由的法律问题。根据《妇女权益保障法》第 32 条的规定，妇女既有生育子女的权利，也享有不生育子女的自由。丈夫生育权的实现需要妻子自愿配合。妻子既享有生育自由，也享有不生育自由。因此，妻子单方终止妊娠，不构成对丈夫生育权的侵犯。根据 2011 年《婚姻法司法解释（三）》第 9 条规定，妻子擅自中止妊娠的，丈夫不得以生育权遭受侵犯为由要求损害赔偿的。本案中，虽然顾某享有生育权，但徐某也享有生育自由，能够自主决定是否生育子女。因此，尽管徐某终止妊娠的行为未与顾某商量，但并没有侵犯顾某的生育权。最终，法院驳回了顾某的诉讼请求。

　　2011 年《婚姻法司法解释（三）》第 9 条规定的内容已被《民法典婚姻家庭编司法解释（一）》第 23 条吸收，但条文内容无实质变动。

法理提示

　　女性怀孕生子，不仅关系着胎儿的平安健康，还关系到女性自身的生命健康。在怀孕和生育的过程中，女性随时可能面临着一系列的生命和健康风险。此外，女性为了生育子女，有可能对其事业发展及教育情况有所影响，如影响升职加薪或教育深造的机会。因此，为了更好地保障女性的权益，我国法律规定，生育权不仅是指享有生育的权利。女性既有生育子女的权利，也有不生育的自由。但是，夫妻双方都享有生育权，是否生育子女需要双方配合，宜由双方合意决定。如果夫妻双方就此发生冲突，应当加强沟通，从多方面综合考量后协商决定。若妻子一方不同意生育子女，也要与丈夫协商，避免影响夫妻感情，既要对自己负责，也应考虑对共同组建的家庭负责。

　　如果丈夫以妻子侵犯他的生育权为起诉理由，要求妻子赔偿损害的，法院不予支持。当然，如果双方就是否生孩子的问题产生不可调和的矛盾，导致夫妻感情确已破裂的，双方可以协商一致处理离婚纠纷。协商未果的，夫妻一方可以向法院提起离婚诉讼。

法条索引

1. 《中华人民共和国人口与计划生育法》

　　第十七条　公民有生育的权利，也有依法实行计划生育的义务，夫妻双方在实行计划生育中负有共同的责任。

2. 最高人民法院《关于适用〈中华人民共和国民法典〉婚姻家庭编的解释（一）》

　　第二十三条　夫以妻擅自中止妊娠侵犯其生育权为由请求损害赔偿的，人民法院不予支持；夫妻双方因是否生育发生纠纷，致使感情确已破裂，一方请求离婚的，人民法院经调解无效，应依照民法典第一千零七十九条第三款第五项的规定处理。

3. 2011年最高人民法院《关于适用〈中华人民共和国婚姻法〉若干问题的解释（三）》

　　第九条　夫以妻擅自中止妊娠侵犯其生育权为由请求损害赔偿的，人民法院不予支持；夫妻双方因是否生育发生纠纷，致使感情确已破裂，一方请求离婚的，人民法院经调解无效，应依照婚姻法第三十二条第三款第（五）项的规定处理。

33 妻子与他人发生关系并生子，丈夫可以向妻子主张精神损害赔偿吗?

案情简介

　　谢甲是谭乙的妻子，但在婚姻关系存续期间，谢甲却与李丙同居并怀孕。因谢甲与谭乙相处时行为异常，谭乙便对谢甲所怀的孩子是否为自己亲生产生怀疑。在谢甲生育后，谭乙带着孩子做了亲子鉴定，结果发现孩子与自己并没有血缘关系。谭乙一怒之下与谢甲协议离婚。离婚后一年内，谭乙诉至法院，请求法院判令谢甲支付精神损害赔偿 2 万元。最终，法院支持了谭乙的诉讼请求。

法律适用

　　本案涉及夫妻离婚后能否请求对方承担精神损害赔偿的法律问题。2001 年《婚姻法》第 4 条规定夫妻之间相互负有忠实义务。根据 2001 年《婚姻法》第 46 条的规定，如果夫妻双方离婚的，无过错方有权请求过错方给予离婚损害赔偿。另外，根据 2017 年《婚姻法司法解释（二）》第 27 条的规定，如果夫妻双方是协议离婚的，那么，无过错一方欲获得离婚损害赔偿的，必须在办理离婚登记手续后一年内提出。本案中，谢甲与谭乙是夫妻关系，在婚姻关系存续期间，谢甲对谭乙负有忠实义务。然而，谢甲却违反忠实义务，与他人发生关系并怀孕生子。谢甲的行为不仅使谭乙内心受到极度煎熬，也让谭乙名誉受损，在亲朋好友面前无法抬头，给谭乙带来严重的精神伤害。谭乙未明确放弃离婚损害赔偿请求权并在法定时间内提出赔偿请求，因此，谢甲作为过错方应向谭乙赔偿精神损失。

　　值得注意的是，2001 年《婚姻法》第 4 条被编入《民法典》第 1043 条，保留了夫妻之间应当互相忠实的相关规定。2001 年《婚姻法》第 46 条编入了《民法典》第 1091 条。根据该条规定，无过错方请求损害赔偿的法定情形并不仅限于 2001 年《婚姻法》第 46 条规定的四种情形，而是增加了"有其他重大过错"这一兜底条款。因此，自《民法典》正式生效施行后，无过错方要求离婚损害赔偿的法定情形不再是封闭式的，而是开放式的，这无疑给无过错方提供了更加强有力的保护。

此外，本案例分析涉及 2017 年《婚姻法司法解释（二）》第 27 条，其被吸收编入《民法典婚姻家庭编司法解释（一）》第 89 条，取消了无过错方须在办理离婚登记后一年内提出离婚损害赔偿的限制。

法理提示

夫妻一方违背忠实义务导致离婚的，离婚时或离婚后一定期限内，没有违背忠实义务的一方可以此为由要求对方承担损害赔偿责任。除本案所列举的情况外，如果一方有重婚、有配偶者与他人同居等情形，无过错方也可以请求对方承担离婚损害赔偿责任。具体可以参考案例 31 "对方隐瞒已婚事实与本人结婚，可以要求对方支付精神损失费吗？"。

无过错方行使离婚损害赔偿请求权的，需满足以下法定条件，其一，损害赔偿以夫妻双方离婚为前提条件。根据《民法典婚姻家庭编司法解释（一）》第 87 条的规定，如果法院不准予离婚或者当事人没有离婚而单独请求损害赔偿的，法院不予受理；其二，提出离婚损害赔偿的时间限制。如果双方是以诉讼方式离婚，并且无过错方是原告，此时，原告应当在诉讼中同时提出离婚损害赔偿。如果被告是无过错方，提出离婚损害赔偿的时间点原则上与原告相同，但存在两种例外情形。一是被告不同意离婚且没有提出损害赔偿请求的，可以在离婚后单独提起损害赔偿诉讼；二是被告在案件进入二审程序才提出离婚损害赔偿请求的情况。此时，法院应当先组织双方进行调解。如果调解不成，则告知被告在离婚后另行提起赔偿诉讼。但是双方同意二审法院一并审理的，二审法院可以一并作出裁判；其三，如果双方是协议离婚，根据《民法典婚姻家庭编司法解释（一）》第 89 条规定，无过错方在离婚协议中未明确放弃损害赔偿请求权的，其可以根据《民法典》第 1091 条规定采用提起诉讼的方式主张损害赔偿。

法条索引

1.《中华人民共和国民法典》

第一千零四十三条　家庭应当树立优良家风，弘扬家庭美德，重视家庭文明建设。

夫妻应当互相忠实，互相尊重，互相关爱；家庭成员应当敬老爱幼，互相帮助，维护平等、和睦、文明的婚姻家庭关系。

第一千零九十一条 有下列情形之一，导致离婚的，无过错方有权请求损害赔偿：

（一）重婚；

（二）与他人同居；

（三）实施家庭暴力；

（四）虐待、遗弃家庭成员；

（五）有其他重大过错。

2. 最高人民法院《关于适用〈中华人民共和国民法典〉婚姻家庭编的解释（一）》

第八十七条 承担民法典第一千零九十一条规定的损害赔偿责任的主体，为离婚诉讼当事人中无过错方的配偶。

人民法院判决不准离婚的案件，对于当事人基于民法典第一千零九十一条提出的损害赔偿请求，不予支持。

在婚姻关系存续期间，当事人不起诉离婚而单独依据民法典第一千零九十一条提起损害赔偿请求的，人民法院不予受理。

第八十八条 人民法院受理离婚案件时，应当将民法典第一千零九十一条等规定中当事人的有关权利义务，书面告知当事人。在适用民法典第一千零九十一条时，应当区分以下不同情况：

（一）符合民法典第一千零九十一条规定的无过错方作为原告基于该条规定向人民法院提起损害赔偿请求的，必须在离婚诉讼的同时提出。

（二）符合民法典第一千零九十一条规定的无过错方作为被告的离婚诉讼案件，如果被告不同意离婚也不基于该条规定提起损害赔偿请求的，可以就此单独提起诉讼。

（三）无过错方作为被告的离婚诉讼案件，一审时被告未基于民法典第一千零九十一条规定提出损害赔偿请求，二审期间提出的，人民法院应当进行调解；调解不成的，告知当事人另行起诉。双方当事人同意由第二审人民法院一并审理的，第二审人民法院可以一并裁判。

第八十九条 当事人在婚姻登记机关办理离婚登记手续后，以民法典第一千零九十一条规定为由向人民法院提出损害赔偿请求的，人民法院应当受理。但当事人在协议离婚时已经明确表示放弃该项请求的，人民法院不予支持。

3. 2001年《中华人民共和国婚姻法》

第四条　夫妻应当互相忠实，互相尊重；家庭成员间应当敬老爱幼，互相帮助，维护平等、和睦、文明的婚姻家庭关系。

第四十六条　有下列情形之一，导致离婚的，无过错方有权请求损害赔偿：

（一）重婚的；

（二）有配偶者与他人同居的；

（三）实施家庭暴力的；

（四）虐待、遗弃家庭成员的。

4. 2001年最高人民法院《关于适用〈中华人民共和国婚姻法〉若干问题的解释（一）》

第二十八条　婚姻法第四十六条规定的"损害赔偿"，包括物质损害赔偿和精神损害赔偿。涉及精神损害赔偿的，适用最高人民法院《关于确定民事侵权精神损害赔偿责任若干问题的解释》的有关规定。

第二十九条　承担婚姻法第四十六条规定的损害赔偿责任的主体，为离婚诉讼当事人中无过错方的配偶。

人民法院判决不准离婚的案件，对于当事人基于婚姻法第四十六条提出的损害赔偿请求，不予支持。

在婚姻关系存续期间，当事人不起诉离婚而单独依据该条规定提起损害赔偿请求的，人民法院不予受理。

第三十条　人民法院受理离婚案件时，应当将婚姻法第四十六条等规定中当事人的有关权利义务，书面告知当事人。在适用婚姻法第四十六条时，应当区分以下不同情况：

（一）符合婚姻法第四十六条规定的无过错方作为原告基于该条规定向人民法院提起损害赔偿请求的，必须在离婚诉讼的同时提出。

（二）符合婚姻法第四十六条规定的无过错方作为被告的离婚诉讼案件，如果被告不同意离婚也不基于该条规定提起损害赔偿请求的，可以在离婚后一年内就此单独提起诉讼。

（三）无过错方作为被告的离婚诉讼案件，一审时被告未基于婚姻法第四十六条规定提出损害赔偿请求，二审期间提出的，人民法院应当进行调解，调解不成的，告知当事人在离婚后一年内另行起诉。

5. 2017 年最高人民法院《关于适用〈中华人民共和国婚姻法〉若干问题的解释（二）》

第二十七条　当事人在婚姻登记机关办理离婚登记手续后，以婚姻法第四十六条规定为由向人民法院提出损害赔偿请求的，人民法院应当受理。但当事人在协议离婚时已经明确表示放弃该项请求，或者在办理离婚登记手续一年后提出的，不予支持。

34 夫妻一方擅自出卖夫妻共有房屋，对方能否要求买受人返还房屋？

■ 案情简介 ■

匡甲与杨乙结婚后，杨乙将一套夫妻二人共同所有的房屋卖给了曾丙，匡甲对杨乙出卖房屋的行为并不知情。一段时间后，匡甲发现了杨乙出卖房屋的行为。匡甲提出，房屋是杨乙和匡甲的夫妻共同财产，但是房屋买卖协议上只有杨乙的签名，表明杨乙与曾丙恶意串通，损害了匡甲的利益，房屋买卖协议应当被认定为无效。于是，匡甲向法院起诉，要求曾丙将房屋返还给夫妻二人。

法院认为，根据 2001 年《婚姻法司法解释（一）》第 17 条的规定，杨乙没有取得匡甲的同意擅自出卖两人共有的房屋，是无权处分的行为。匡甲没有提供充分证据证明曾丙和杨乙存在串通行为。曾丙取得该房屋是善意的，并且购买房屋的价格符合当时的市场价格，转让的房屋也进行了变更登记，因此，曾丙取得房屋的行为符合善意取得的条件。杨乙与曾丙签订的房屋买卖协议合法有效，曾丙已经取得了房屋所有权，匡甲无权要求曾丙返还房屋。

本案涉及夫妻一方擅自处分共有房屋的法律效力问题。夫妻处分共有房屋的，须双方协商一致。如果一方未取得对方同意擅自处分的，是无权处分。此时，应当注意购买夫妻一方擅自处分房屋的行为是否适用善意取得制度。如果适用善意取得制度，根据 2011 年《婚姻法司法解释（三）》第 11 条的规定，对方不得要求追回房屋。根据 2007 年《物权法》第 106 条的规定，适用善意取得制度应同时满足以下三个条件：第一，受让人购买房屋的时候不知道房屋是夫妻共同财产。第二，受让人支付了合理的对价，并没有过分低于市场价格。第三，已经办理了产权变更登记手续。本案中，曾丙不知道房屋是夫妻共同财产，购买房屋时已经支付了合理对价并完成了过户登记手续，符合善意取得的条件。因此，曾丙已经取得了房屋所有权，匡甲无权要求其返还。

2007 年《物权法》第 106 条被编入在《民法典》物权编第 311 条，条文内容没有改动。此外，2001 年《婚姻法司法解释（一）》第 17 条是对 2001 年《婚姻法》第 17 条关于夫妻对共同财产平等处理权的解释。民法典编纂时，将平等处理权保留至第 1062 条，同时，新增第 1060 条夫妻日常家事代理权的规定，明确夫妻之间对代理范围的限制不得对抗善意第三人。这有助于保护善意第三人合法权益，维护交易稳定。2011 年《婚姻法司法解释（三）》第 11 条被编入《民法典婚姻家庭编司法解释（一）》第 28 条，内容没有发生实质性修订。

一般来说，夫妻双方都有权行使代理权，处理家庭事务。如果他们其中一人行使了前述权利，那么，所产生的相应法律后果由他们两个人承担。因此，对于普通的共同财产，不需要获得对方的同意即可处分。但是，处分共有房屋需要夫妻双方协商一致。夫妻一方擅自处分共有房屋明显超出了日常家事代理权的范畴，另一方有权要求追回。此时，能否追回成功，需要考虑买房的人是否构成善意取得。如果买房人是善意取得房屋，则另一方不能追回房屋。但是，夫妻一方擅自处分共有房屋给对方造成损失的，另一方可以在离婚时要求赔偿损失。相反，如果买受人不是善意取得房屋，例如，夫妻一方与对方是恶意串通，或者转让的价格明显低于市场价格，则另一方有权追回。

法条索引

1. 《中华人民共和国民法典》

第三百一十一条　无处分权人将不动产或者动产转让给受让人的，所有权人有权追回；除法律另有规定外，符合下列情形的，受让人取得该不动产或者动产的所有权：

（一）受让人受让该不动产或者动产时是善意；

（二）以合理的价格转让；

（三）转让的不动产或者动产依照法律规定应当登记的已经登记，不需要登记的已经交付给受让人。

受让人依据前款规定取得不动产或者动产的所有权的，原所有权人有权向无处分权人请求损害赔偿。

当事人善意取得其他物权的，参照适用前两款规定。

第一千零六十条　夫妻一方因家庭日常生活需要而实施的民事法律行为，对夫妻双方发生效力，但是夫妻一方与相对人另有约定的除外。

夫妻之间对一方可以实施的民事法律行为范围的限制，不得对抗善意相对人。

第一千零六十二条　夫妻在婚姻关系存续期间所得的下列财产，为夫妻的共同财产，归夫妻共同所有：

（一）工资、奖金、劳务报酬；

（二）生产、经营、投资的收益；

（三）知识产权的收益；

（四）继承或者受赠的财产，但是本法第一千零六十三条第三项规定的除外；

（五）其他应当归共同所有的财产。

夫妻对共同财产，有平等的处理权。

2. 最高人民法院《关于适用〈中华人民共和国民法典〉婚姻家庭编的解释（一）》

第二十八条　一方未经另一方同意出售夫妻共同所有的房屋，第三人善意购买、支付合理对价并已办理不动产登记，另一方主张追回该房屋的，人民法院不予支持。

夫妻一方擅自处分共同所有的房屋造成另一方损失，离婚时另一方请求赔偿损失的，人民法院应予支持。

3. 2001 年最高人民法院《关于适用〈中华人民共和国婚姻法〉若干问题的解释（一）》

第十七条 婚姻法第十七条关于"夫或妻对夫妻共同所有的财产，有平等的处理权"的规定，应当理解为：

（一）夫或妻在处理夫妻共同财产上的权利是平等的。因日常生活需要而处理夫妻共同财产的，任何一方均有权决定。

（二）夫或妻非因日常生活需要对夫妻共同财产做重要处理决定，夫妻双方应当平等协商，取得一致意见。他人有理由相信其为夫妻双方共同意思表示的，另一方不得以不同意或不知道为由对抗善意第三人。

4. 2011 年最高人民法院《关于适用〈中华人民共和国婚姻法〉若干问题的解释（三）》

第十一条 一方未经另一方同意出售夫妻共同共有的房屋，第三人善意购买、支付合理对价并办理产权登记手续，另一方主张追回该房屋的，人民法院不予支持。

夫妻一方擅自处分共同共有的房屋造成另一方损失，离婚时另一方请求赔偿损失的，人民法院应予支持。

5. 2007 年《中华人民共和国物权法》

第一百零六条 无处分权人将不动产或者动产转让给受让人的，所有权人有权追回；除法律另有规定外，符合下列情形的，受让人取得该不动产或者动产的所有权：

（一）受让人受让该不动产或者动产时是善意的；

（二）以合理的价格转让；

（三）转让的不动产或者动产依照法律规定应当登记的已经登记，不需要登记的已经交付给受让人。

受让人依照前款规定取得不动产或者动产的所有权的，原所有权人有权向无处分权人请求赔偿损失。

当事人善意取得其他物权的，参照前两款规定。

35 夫妻一方受胁迫结婚，受胁迫方如何解除婚姻关系？

案情简介

　　贾甲与沈乙通过相亲认识后确定恋爱关系。相处一段时间后，沈乙发现贾甲脾气暴躁，便提出分手。贾甲不同意分手，并通过对沈乙实施拉扯、掐脖子等行为强行将沈乙带到民政局要求对方与其登记结婚，但沈乙拒绝办理结婚登记。随即，贾甲威胁沈乙，声称如果沈乙不与他登记结婚，他将会把沈乙的隐私照公之于众。沈乙出于对贾甲打骂威胁的恐惧，被迫与贾甲进行了婚姻登记。沈乙与贾甲登记结婚后不到一个月，沈乙诉至法院要求撤销与贾甲的婚姻关系。法院支持了沈乙的诉讼请求。

法律适用

　　本案涉及因受胁迫缔结的婚姻能否撤销的法律问题。胁迫他人与其结婚是指：一方为满足自身私欲，以另一方的切身权益为要挟，如生命、健康、名誉或财产等权益，强迫另一方违背自身意愿与其成婚。根据 2001 年《婚姻法》第 11 条的规定，因受胁迫而与某人结婚的，受胁迫一方必须在结婚登记后一年内向有关机关（婚姻登记机关、人民法院）提出申请要求撤销婚姻。若受胁迫方的人身自由受到非法限制，则应在恢复自由起一年内向有关机关提出。本案中，贾甲以暴力伤害沈乙，并以公开沈乙隐私照的方式胁迫沈乙与其登记结婚，符合 2001 年《婚姻法司法解释（一）》第 10 条中对胁迫的定义。此外，沈乙在与贾甲登记结婚后一个月内便向法院起诉，符合撤销婚姻登记的时间要件。因此，法院判决撤销了贾甲与沈乙之间的婚姻关系。

法理提示

　　2001 年《婚姻法司法解释（一）》第 10 条编入《民法典婚姻家庭编司法解释（一）》第 18 条，内容无变动。需要注意的是，《民法典》对 2001 年《婚姻法》第 11 条关于可撤销婚姻的相关规定作出了修改。首先《民法典》在第 1052 条将行使撤销权的时间由原来的"结婚登记之日起一年内"更改为

"胁迫行为终止之日起一年内"。同时，第 1053 条增加了可撤销婚姻的情形，即一方患有重大疾病，但未在结婚登记前如实告知另一方的，另一方可自知道或者应当知道撤销事由之日起一年内向法院请求撤销婚姻。应当注意的是，按照《民法典》的规定，人民法院有权撤销婚姻，婚姻登记机关不再享有撤销婚姻的权限。除此之外，无论是按照 2001 年《婚姻法》还是《民法典》相关规定，有权请求撤销婚姻的主体只能是婚姻关系当事人本人，不包括利害关系人。

如此看来，在我国，可撤销婚姻的情形也仅限《民法典》规定的上述情形。如果是因对方伪装高富帅、白富美欺骗结婚的，则不属于可撤销婚姻的情形。因此，适龄男女在结婚前一定要三思而行，千万不可头脑发热便与对方办理结婚登记。

法条索引

1.《中华人民共和国民法典》

第一千零五十二条 因胁迫结婚的，受胁迫的一方可以向人民法院请求撤销婚姻。

请求撤销婚姻的，应当自胁迫行为终止之日起一年内提出。

被非法限制人身自由的当事人请求撤销婚姻的，应当自恢复人身自由之日起一年内提出。

第一千零五十三条 一方患有重大疾病的，应当在结婚登记前如实告知另一方；不如实告知的，另一方可以向人民法院请求撤销婚姻。

请求撤销婚姻的，应当自知道或者应当知道撤销事由之日起一年内提出。

2. 最高人民法院《关于适用〈中华人民共和国民法典〉婚姻家庭编的解释（一）》

第十八条 行为人以给另一方当事人或者其近亲属的生命、身体、健康、名誉、财产等方面造成损害为要挟，迫使另一方当事人违背真实意愿结婚的，可以认定为民法典第一千零五十二条所称的"胁迫"。

因受胁迫而请求撤销婚姻的，只能是受胁迫一方的婚姻关系当事人本人。

3. 2001 年《中华人民共和国婚姻法》

第十一条　因胁迫结婚的，受胁迫的一方可以向婚姻登记机关或人民法院请求撤销该婚姻。受胁迫的一方撤销婚姻的请求，应当自结婚登记之日起一年内提出。被非法限制人身自由的当事人请求撤销婚姻的，应当自恢复人身自由之日起一年内提出。

4. 2001 年最高人民法院《关于适用〈中华人民共和国婚姻法〉若干问题的解释（一）》

第十条　婚姻法第十一条所称的"胁迫"，是指行为人以给另一方当事人或者其近亲属的生命、身体健康、名誉、财产等方面造成损害为要挟，迫使另一方当事人违背真实意愿结婚的情况。

因受胁迫而请求撤销婚姻的，只能是受胁迫一方的婚姻关系当事人本人。

36 夫妻一方下落不明，对方能再婚吗？

◆ 案情简介

马某与孟某结婚后，马某声称外出务工，却再也没有回家，从此杳无音讯。多年后，孟某结识了宋某，打算和他登记结婚，却被告知，可能构成重婚罪。几番咨询之后，孟某申请法院对马某作出死亡宣告。法院经受理后发现，马某已经下落不明十余年，符合宣告死亡的法律规定。于是，法院发布公告，公告期满一年后，法院依法宣告马某死亡。此时，马某和孟某之间的婚姻关系消灭，孟某得以与宋某登记为合法夫妻。

法律适用

本案涉及婚姻关系的法律效力。男女双方办理结婚登记后领取结婚证，则确认了夫妻关系。如果不存在无效情形或婚姻被撤销，则婚姻关系有效。在前一段婚姻关系未解除前，夫妻任何一方与他人再次结婚的，涉嫌重婚罪，可能承担刑事责任。因此，夫妻一方打算与他人结婚的，应当先解除当前的婚姻关系。但应当注意，对方下落不明的，并不直接导致婚姻关系解除。根据 2017 年《民法总则》第 51 条的规定，如果对方下落不明，符合 2017 年《民法总则》第 46 条宣告死亡条件的，夫妻一方应先向法院申请宣告对方死亡。经法院宣告死亡的，婚姻关系消灭。本案中，虽然马某已经下落不明十余年，但与孟某婚姻关系仍然存在。孟某打算与宋某结婚，应当先解除与马某之间的婚姻关系。因此，孟某向法院申请宣告马某死亡。法院宣告后，孟某与马某的婚姻关系消灭，此时孟某才能与宋某办理结婚登记。

本案分析所适用的 2017 年《民法总则》各条文已被编入《民法典》第一编总则中，条文内容没有实质性改动。

法理提示

我国实行一夫一妻的婚姻制度。双方缔结婚姻关系，应到民政部门办理结婚登记手续。如果解除婚姻关系，也应当办理离婚登记或通过诉讼离婚。如果夫妻一方死亡，则婚姻关系自行消除。但是，配偶下落不明的，不发生直接解除婚姻关系或婚姻关系消除的法律效力。因此，如果配偶下落不明，而本人想与其解除婚姻关系的，本人可以先向法院申请宣告配偶死亡。经法院审查，公民符合宣告死亡条件的，由法院作出宣告，宣告日期为其死亡日期，发生与生理死亡相同的法律后果，包括现存婚姻关系消除。值得注意的是，宣告死亡制度是法律上推定公民已经死亡。当公民重新出现时，依公民申请，法院应当撤销死亡宣告。撤销后，除非配偶再婚或书面表明不愿恢复婚姻关系，公民的婚姻关系自动恢复。

对于配偶长期下落不明，杳无音讯，而本人想解除婚姻关系的情形，除本案申请法院宣告对方死亡外，还可以向法院提起离婚诉讼。具体分析可参见案例 22 "夫妻一方下落不明，对方可以起诉离婚吗？"。

法条索引

1.《中华人民共和国民法典》

第四十六条 自然人有下列情形之一的，利害关系人可以向人民法院申请宣告该自然人死亡：

（一）下落不明满四年；

（二）因意外事件，下落不明满二年。

因意外事件下落不明，经有关机关证明该自然人不可能生存的，申请宣告死亡不受二年时间的限制。

第四十八条 被宣告死亡的人，人民法院宣告死亡的判决作出之日视为其死亡的日期；因意外事件下落不明宣告死亡的，意外事件发生之日视为其死亡的日期。

第五十一条 被宣告死亡的人的婚姻关系，自死亡宣告之日起消除。死亡宣告被撤销的，婚姻关系自撤销死亡宣告之日起自行恢复。但是，其配偶再婚或者向婚姻登记机关书面声明不愿意恢复的除外。

2. 2017 年《中华人民共和国民法总则》

第四十六条 自然人有下列情形之一的，利害关系人可以向人民法院申请宣告该自然人死亡：

（一）下落不明满四年；

（二）因意外事件，下落不明满二年。

因意外事件下落不明，经有关机关证明该自然人不可能生存的，申请宣告死亡不受二年时间的限制。

第四十八条 被宣告死亡的人，人民法院宣告死亡的判决作出之日视为其死亡的日期；因意外事件下落不明宣告死亡的，意外事件发生之日视为其死亡的日期。

第五十一条 被宣告死亡的人的婚姻关系，自死亡宣告之日起消灭。死亡宣告被撤销的，婚姻关系自撤销死亡宣告之日起自行恢复，但是其配偶再婚或者向婚姻登记机关书面声明不愿意恢复的除外。

3.《中华人民共和国民事诉讼法》

第一百九十二条 人民法院受理宣告失踪、宣告死亡案件后，应当发出寻找下落不明人的公告。宣告失踪的公告期间为三个月，宣告死亡的公告期间为一年。因意外事件下落不明，经有关机关证明该公民不可能生存的，宣告死亡的公告期间为三个月。

公告期间届满，人民法院应当根据被宣告失踪、宣告死亡的事实是否得到确认，作出宣告失踪、宣告死亡的判决或者驳回申请的判决。

37 冒用他人身份证登记结婚的，婚姻关系有效吗？

案情简介

17岁的何甲与李乙恋爱后打算结婚，由于何甲未达到法定婚龄，何甲便偷偷拿了其姐姐的身份证，冒用姐姐的身份与李乙到民政局登记结婚。结婚后，由于两人收入不高、生活艰难，常常因琐事产生矛盾。6年后，何甲感到身心俱疲，打算结束这段婚姻关系。何甲认为，她在结婚时冒用了姐姐的身份证，与李乙的婚姻应当无效。于是，何甲起诉到法院，要求法院确定她与李乙的婚姻无效。法院认为，冒用他人身份证进行结婚登记不属于《婚姻法》第10条规定的无效婚姻的情形，属于程序瑕疵，并不必然导致婚姻无效，判决驳回了何甲的诉讼请求。

法律适用

本案涉及冒用他人身份证登记结婚的婚姻效力问题。根据我国《婚姻法》第10条的规定，无效婚姻的类型包括重婚、血亲婚等类型，因此，冒用他人身份证进行婚姻登记的，不属于无效婚姻。在本案中，何甲冒用姐姐的身份信息与李乙进行结婚登记，致使何甲与李乙的婚姻登记出现瑕疵，但并不必然导致何甲与李乙婚姻关系无效。此外，如果何甲想以其结婚时未达到法定婚龄为由向法院申请宣告婚姻无效，法院也是不予支持的，因为此时她已经达到了法定婚龄，婚姻无效情形已经消失。此时，根据2011年《婚姻法司法解释（三）》第1条第2款规定，只能通过行政复议或行政诉讼撤销民政局的结婚登记行为。

2001年《婚姻法》第10条已编入《民法典》第1051条，保留了关于婚姻无效的规定，但删除了"婚前患有医学上认为不应当结婚的疾病，婚后尚未治愈的"。同时，将前述情形调整为《民法典》第1053条规定的隐瞒重大疾病可撤销婚姻。2011年《婚姻法司法解释（三）》第1条编入《民法典婚姻家庭编司法解释（一）》第17条，与《民法典》第1051条配套适用。

法理提示

《民法典》对无效婚姻的范围作了修改，删去了 2001 年《婚姻法》第 10 条规定的一方患有严重疾病的婚姻，因此，在《民法典》生效后，根据《民法典》第 1051 条规定，无效婚姻的类型仅包括重婚、血亲婚和未到法定婚龄的婚姻三种类型。婚姻无效是指婚姻不满足法律明确规定的有效要件。婚姻关系一旦被确认无效后具有溯及力，这意味着自当事人结婚之时婚姻就没有法律效力。因此，婚姻关系不得随意被认定为无效，只有法律明确规定的类型才属于无效婚姻。除此之外，尽管结婚登记程序上有瑕疵，但依然是有效婚姻。

对于一些未达到法定结婚年龄的热恋男女而言，冒用他人身份信息进行结婚登记看似是一个规避法定婚龄限制的"好方法"，但实际上，无论是对于冒用者与被冒用者、配偶甚至是各自的家庭来说，都无疑造成了诸多隐患和麻烦。虽然在司法实务中出现此类案例的情形较少，但在日常生活中仍然要注重个人隐私信息的保护与身份证件的保管，不要将身份证件随意出借，更不要图一时之快冒用他人的身份信息。

法条索引

1.《中华人民共和国民法典》

第一千零四十六条　结婚应当男女双方完全自愿，禁止任何一方对另一方加以强迫，禁止任何组织或者个人加以干涉。

第一千零四十七条　结婚年龄，男不得早于二十二周岁，女不得早于二十周岁。

第一千零四十八条　直系血亲或者三代以内的旁系血亲禁止结婚。

第一千零四十九条　要求结婚的男女双方应当亲自到婚姻登记机关申请结婚登记。符合本法规定的，予以登记，发给结婚证。完成结婚登记，即确立婚姻关系。未办理结婚登记的，应当补办登记。

第一千零五十一条　有下列情形之一的，婚姻无效：

（一）重婚的；

（二）有禁止结婚的亲属关系的；

（三）未到法定婚龄的。

第一千零五十四条第一款　无效的或者被撤销的婚姻自始没有法律约束力，当事人不具有夫妻的权利和义务。同居期间所得的财产，由当事人协议处理；协议不成的，由人民法院根据照顾无过错方的原则判决。对重婚导致的无效婚姻的财产处理，不得侵害合法婚姻当事人的财产权益。当事人所生的子女，适用本法关于父母子女的规定。

2. 最高人民法院《关于适用〈中华人民共和国民法典〉婚姻家庭编的解释（一）》

第十七条　当事人以民法典第一千零五十一条规定的三种无效婚姻以外的情形请求确认婚姻无效的，人民法院应当判决驳回当事人的诉讼请求。

当事人以结婚登记程序存在瑕疵为由提起民事诉讼，主张撤销结婚登记的，告知其可以依法申请行政复议或者提起行政诉讼。

3. 2001 年《中华人民共和国婚姻法》

第十条　有下列情形之一的，婚姻无效：

（一）重婚的；

（二）有禁止结婚的亲属关系的；

（三）婚前患有医学上认为不应当结婚的疾病，婚后尚未治愈的；

（四）未到法定婚龄的。

第十二条　无效或被撤销的婚姻，自始无效。当事人不具有夫妻的权利和义务。同居期间所得的财产，由当事人协议处理；协议不成时，由人民法院根据照顾无过错方的原则判决。对重婚导致的婚姻无效的财产处理，不得侵害合法婚姻当事人的财产权益。当事人所生的子女，适用本法有关父母子女的规定。

4. 2011 年最高人民法院《关于适用〈中华人民共和国婚姻法〉若干问题的解释（三）》

第一条　当事人以婚姻法第十条规定以外的情形申请宣告婚姻无效的，人民法院应当判决驳回当事人的申请。

当事人以结婚登记程序存在瑕疵为由提起民事诉讼，主张撤销结婚登记的，告知其可以依法申请行政复议或者提起行政诉讼。

38 子女未成年，父母为其订立的婚约有效吗？

案情简介

　　周甲 13 岁时，其母亲为其订立婚约，接受了马乙的父亲送来的彩礼。周甲长大后，见马乙相貌丑陋，坚决不同意嫁给马乙，并托人将彩礼退还给马乙，但遭到了马乙的拒绝。周甲认为，自己的母亲以及马乙、马乙父亲的行为侵犯了自己的婚姻自主权，因此诉请法院判令婚约无效。法院经过审理后支持了周甲的诉讼请求。

法律适用

　　本案涉及非自主意愿订立婚约的效力问题。婚约，是指未婚男女双方为保障将来能够顺利成婚而事先作出的一种约定。根据 2017 年《民法总则》第 110 条，2001 年《婚姻法》第 3 条、第 5 条规定可知，我国公民享有婚姻自主权，实行结婚自由、离婚自由原则，禁止包办、买卖、干涉婚姻自由的行为，结婚应尊重未婚男女双方的意思自治，未婚男女中任何一方或者其他第三方均不得对另一方的是否愿意结婚加以强迫或干涉。本案中，周甲的母亲和马乙的父亲在周甲懵懂无知时，通过婚约的方式将周甲许配给马乙。周甲成年以后，在周甲极不愿意的情况下，其母亲仍然强烈要求周甲嫁给马乙。周甲的母亲、马乙、马乙父亲三人的行为严重侵犯了周甲的婚姻自主权，违反了我国《婚姻法》关于婚姻自由的规定。因此，法院判决周甲和马乙之间的婚约无效。

　　2017 年《民法总则》第 110 条以及《婚姻法》第 3 条分别编入了《民法典》第 110 条、第 1042 条，条文内容没有改动。此外，《民法典》第 1046 条吸收了 2001 年《婚姻法》第 5 条，但修改了个别字词的表述，体现出《民法典》着重强调男女双方结婚应当以尊重他们的意思自治为基础，坚决禁止其中一方或者任何第三方强迫对方结婚。

法理提示

　　婚约是一种民间习俗，曾在中国传统社会中广泛流行，在当事人年幼时就订立的非当事人自愿"婚约"，俗称"娃娃亲"。在中国传统婚姻观念中，婚姻的订立常被描述为"父母之命，媒妁之言"。然而，在现代婚姻制度下，婚姻自主理念一再被强调，2017年《民法总则》第110条已经确定了婚姻自主权。也就是说，当事人对结婚对象的选择以及是否结婚等事情可以自己作主，不受他人干涉、强迫。

　　提醒读者注意的是，婚约并不等于婚姻。违背本人真实自愿订立的婚约无效，应当将其与婚姻无效、撤销婚姻的情形加以区分。婚姻无效的情形只有《民法典》第1051条规定的三种情形。而如果当事人受他人胁迫办理了结婚登记，属于可撤销婚姻，受胁迫结婚的本人可以请求法院撤销婚姻，具体可参考案例35"夫妻一方受胁迫结婚，受胁迫方如何解除婚姻关系？"。

法条索引

1. 《中华人民共和国民法典》

　　第一百一十条　自然人享有生命权、身体权、健康权、姓名权、肖像权、名誉权、荣誉权、隐私权、婚姻自主权等权利。

　　法人、非法人组织享有名称权、名誉权、荣誉权等权利。

　　第一千零四十二条　禁止包办、买卖婚姻和其他干涉婚姻自由的行为。禁止借婚姻索取财物。

　　禁止重婚。禁止有配偶者与他人同居。

　　禁止家庭暴力。禁止家庭成员间的虐待和遗弃。

　　第一千零四十六条　结婚应当男女双方完全自愿，禁止任何一方对另一方加以强迫禁止任何组织或者个人加以干涉。

　　第一千零五十一条　有下列情形之一的，婚姻无效：

　　（一）重婚的；

　　（二）有禁止结婚的亲属关系的；

　　（三）未到法定婚龄的。

2. 2017 年《中华人民共和国民法总则》

第一百一十条 自然人享有生命权、身体权、健康权、姓名权、肖像权、名誉权、荣誉权、隐私权、婚姻自主权等权利。

法人、非法人组织享有名称权、名誉权、荣誉权等权利。

3. 2001 年《中华人民共和国婚姻法》

第三条 禁止包办、买卖婚姻和其他干涉婚姻自由的行为。禁止借婚姻索取财物。

禁止重婚。禁止有配偶者与他人同居。禁止家庭暴力。禁止家庭成员间的虐待和遗弃。

第五条 结婚必须男女双方完全自愿，不许任何一方对他方加以强迫或任何第三者加以干涉。

39 夫妻一方擅自出卖共有房屋，但未离婚，对方可以要求分割售房款吗?

案情简介

刘某与白某婚后共同置办了一套房产，登记在刘某个人名下。5 年后，刘某瞒着白某将房屋以 180 万元卖出，并配合买受人办理了不动产变更登记。白某突患重疾，自己的工资不能支付高昂的检查与治疗费用。然而，刘某拒绝为白某支付医疗费用，致使白某生活陷入困境。于是，白某起诉至法院，要求分割刘某擅自出卖共同房屋获得的 180 万元。法院认为，刘某自行处置夫妻共同财产，损害了白某所享有的同等权利，虽然双方没有离婚，但白某因重病请求分割房款于法有据，因此，判决刘某限期支付白某 90 万元。

法律适用

本案涉及夫妻双方在不离婚的前提下分割共同财产的法律问题。根据 2001

115

年《婚姻法》第17条的规定，夫妇俩婚内置办的房产，不论是否登记于哪一方名下，都应认定为共同财产，双方共有。本案中，案涉房屋是在白某和刘某结婚后置办的，是两人的共同财产，刘某私自变卖房屋，损害了白某作为共有人的财产权利。根据2011年《婚姻法司法解释（三）》第4条的规定，白某在不提出离婚请求的情况下，可以单独要求分割共同财产。

2001年《婚姻法》第17条和2011年《婚姻法司法解释（三）》第4条分别编入了《民法典》第1062条和第1066条。第1066条删除了分割夫妻共同财产应"不损害债权人利益"这一前提条件。也就是说，婚姻关系存续期间，夫妻一方要求分割共同财产的，只要符合第1066条的两种情形之一，即可向法院提出分割请求。

法理提示

在婚姻家事案件中，夫妻共同财产分割与解除婚姻关系通常是相关联的，但也存在例外情况。换句话说，夫妻双方不用离婚也可以分割共同财产。《民法典》第1066条规定了出现以下两种情形时，夫妻在不需要离婚的情况下也可以分割共同财产。第一类是一方有挥霍、转移、变卖财产，或者伪造共同债务等其他使得共同财产减损行为；第二类是拒绝支付医疗费的。第二类情况所说的医疗费，特指对方需要履行法定扶养义务的人患病所需要的医疗费。这类人通常是指需要夫妻一方尽赡养、抚养、扶养义务的人，如夫妻一方的父母。作为子女，父母身患重病，本应负担相应医疗费。对于负担多少，可以视夫妻俩经济情况而定，共同协商。但是，夫妻一方拒绝支付的行为，不仅有碍夫妻关系和睦相处，也不利于双方家庭和谐稳定。

值得注意的是，本案是《民法典》第1066条规定的第一类情形。如果夫妻一方拒绝为对方支付医疗费，可通过诉讼方式要求对方支付，因为夫妻之间本身互有扶养义务。详细分析可参见案例70"夫妻一方身患重病而对方拒绝扶养，可以要求对方支付扶养费吗？"。

法条索引

1.《中华人民共和国民法典》

第一千零六十二条 夫妻在婚姻关系存续期间所得的下列财产，为夫妻的共同财产，归夫妻共同所有：

（一）工资、奖金、劳务报酬；

（二）生产、经营、投资的收益；

（三）知识产权的收益；

（四）继承或者受赠的财产，但是本法第一千零六十三条第三项规定的除外；

（五）其他应当归共同所有的财产。

夫妻对共同财产，有平等的处理权。

第一千零六十六条　婚姻关系存续期间，有下列情形之一的，夫妻一方可以向人民法院请求分割共同财产：

（一）一方有隐藏、转移、变卖、毁损、挥霍夫妻共同财产或者伪造夫妻共同债务等严重损害夫妻共同财产利益的行为；

（二）一方负有法定扶养义务的人患重大疾病需要医治，另一方不同意支付相关医疗费用。

2. 2001 年《中华人民共和国婚姻法》

第十七条　夫妻在婚姻关系存续期间所得的下列财产，归夫妻共同所有：

（一）工资、奖金；

（二）生产、经营的收益；

（三）知识产权的收益；

（四）继承或赠与所得的财产，但本法第十八条第三项规定的除外；

（五）其他应当归共同所有的财产。

夫妻对共同所有的财产，有平等的处理权。

3. 2011 年最高人民法院《关于适用〈中华人民共和国婚姻法〉若干问题的解释（三）》

第四条　婚姻关系存续期间，夫妻一方请求分割共同财产的，人民法院不予支持，但有下列重大理由且不损害债权人利益的除外：

（一）一方有隐藏、转移、变卖、毁损、挥霍夫妻共同财产或者伪造夫妻共同债务等严重损害夫妻共同财产利益行为的；

（二）一方负有法定扶养义务的人患重大疾病需要医治，另一方不同意支付相关医疗费用的。

40 双方离婚后又复婚，离婚时签订的财产分割条款还有效吗？

案情简介

周某与王某在民政部门登记离婚，《离婚协议书》约定：A区1号房屋和一辆大众牌汽车归王某所有。协议中，双方对子女抚养、债权债务等问题一并进行了约定。离婚半年后，周某与王某复婚。现周某主张，其与王某已经复婚，应撤销协议中约定的财产分割条款，房屋和汽车仍为两人共同财产。法院经审理认为，虽然双方离婚后再次结婚，但离婚时签订的离婚协议仍然合法有效，对双方均具有法律约束力，不存在撤销的法定事由。最终，法院驳回了周某的诉讼请求。

法律适用

本案涉及离婚协议的法律效力。根据2017年《婚姻法司法解释（二）》第8条第1款的规定，当事人选择登记离婚，在离婚协议书中达成的财产分割约定对双方具有法律约束力。也就是说，协议中已经约定财产归某一方所有的，另一方不得再主张所有权，除非签订协议时一方作出了欺诈、胁迫等行为，导致离婚协议被撤销。本案中，周某跟王某的离婚协议写明了A区1号房屋和大众牌汽车都归王某所有。现在周某以两人已经复婚为由，要求撤销离婚时约定的财产分割条款。但双方复婚并不是撤销财产分割条款的法定事由。此外，双方复婚时，上述财产已经是王某复婚前的个人财产，不会因双方结婚而转变为共同财产。综上，周某与王某签订的离婚协议中的财产分割条款合法有效，不存在撤销事由。法院驳回了周某的诉讼请求。

2017年修正的《婚姻法司法解释（二）》第8条第1款被编入《民法典》第1076条。《民法典》第1076条明确规定，如果夫妻双方签订离婚协议的，应当在协议中表明双方都是自愿离婚的，同时，对子女抚养、共同财产分割以及债权债务等问题一并协商解决。

法理提示

夫妻双方在民政部门办理离婚手续时，有关部门会要求双方提交针对养育子女、财产归属等问题自愿订立的离婚协议书，以用作备案。已经订立的离婚协议对两人具有同等效力，并在一定条件下具有强制力，双方都应当按照协议约定的内容履行。当然，根据《民法典婚姻家庭编司法解释（一）》第70条的规定，对于离婚协议中分割财产的约定，夫妻一方可以诉请法院变更或撤销。但是，这种变更或撤销并不是随意的，只有存在一方实施了欺诈、胁迫等行为时，另一方才能提出相应请求。并且，提出请求的一方应当提交相应证据。否则，经法院审理查明没有欺诈、胁迫等情况，理应驳回当事人的诉求。

近年来，由于房屋限购令，不少夫妇为了购买第二套甚至第三套房屋，通过协议离婚来规避高额的购房税款。为了尽快办好离婚手续，甚至出现一方在离婚时"分文不取"的情况。而在法律层面，办理了离婚登记，这段婚姻关系就解除了，没有"假离婚"的说法。离婚时，双方一旦在离婚协议上签字并办理离婚登记，那么，离婚协议就生效了，对双方均具有法律约束力。因此，双方签订离婚协议时应注意：一是离婚协议一旦订立生效，双方都得按协议行事，按协议分割财产；二是由于离婚协议已经对共同财产进行了分割，即便双方离婚后复婚，这些财产已经归双方各自的婚前所有，而不是夫妻共同财产。鉴于此，人们应在审慎思考后作出是否离婚的决定，协商子女抚养权归属等一系列问题，想清楚后再在离婚协议书上签字确认，落笔无悔。

法条索引

1.《中华人民共和国民法典》

第一千零七十六条　夫妻双方自愿离婚的，应当签订书面离婚协议，并亲自到婚姻登记机关申请离婚登记。

离婚协议应当载明双方自愿离婚的意思表示和对子女抚养、财产以及债务处理等事项协商一致的意见。

2. 最高人民法院《关于适用〈中华人民共和国民法典〉婚姻家庭编的解释（一）》

第七十条　夫妻双方协议离婚后就财产分割问题反悔，请求撤销财产分割协议的，人民法院应当受理。

人民法院审理后，未发现订立财产分割协议时存在欺诈、胁迫等情形的，应当依法驳回当事人的诉讼请求。

3. 2001 年《中华人民共和国婚姻法》

第三十一条　男女双方自愿离婚的，准予离婚。双方必须到离婚登记机关申请离婚。离婚登记机关查明双方确实是自愿并对子女和财产问题已有适当处理时，发给离婚证。

4. 2017 年最高人民法院《关于适用〈中华人民共和国婚姻法〉若干问题解释（二）》

第八条第一款　离婚协议中关于财产分割的条款或者当事人因离婚就财产分割达成的协议，对男女双方具有法律约束力。

第九条　男女双方协议离婚后一年内就财产分割问题反悔，请求变更或者撤销财产分割协议的，人民法院应当受理。

人民法院审理后，未发现订立财产分割协议时存在欺诈、胁迫等情形的，应当依法驳回当事人的诉讼请求。

41 夫妻之间签订的忠诚协议是否有效?

◆ 案情简介 ◆

　　张某与陈某结婚后签订了《忠诚协议》，协议约定："在婚姻关系存续期间，如果一方有婚外情、与他人发生性关系、同居、重婚等不忠诚行为，过错方自愿将其婚后财产赠与无过错方。"三年后，张某在陈某的社交软件上发现陈某出轨的证据，于是诉至法院要求与陈某离婚，并要求陈某净身出户。陈某辩称，《忠诚协议》是受张某胁迫才签订的，应当撤销。法院认为，张某和陈某均具有完全民事行为能力，陈某没有证据证明是因为受到胁迫才签订《忠诚协议》的，因此，该协议是双方的真实意思表示。此外，协议是双方对夫妻共同财产归属的约定，不存在无效情况。最终，法院认定《忠诚协议》合法有效。

法律适用

本案涉及夫妻间签订的忠诚协议的效力问题。根据2001年《婚姻法》第19条的规定，夫妻可以在婚姻关系存续期间，通过书面形式约定财产归属。忠诚协议属于一种书面形式，但忠诚协议是否有效，需要从三个方面判断：一是双方是否具有相应民事行为能力；二是协议内容是否符合法律规定；三是双方意思表示是否真实。本案中，张某和陈某均为成年人，具备完全民事行为能力。在婚姻关系存续期间，双方可以对共同财产归属进行约定，并通过书面协议的形式记载，未违反法律、行政法规的强制性规定。认定意思表示是不是真实的，需要考虑签订协议的两个人是不是自愿签署。不能存在欺诈、胁迫的情况。在诉讼中，当事人对自己的主张应提出相应证据予以证明。陈某主张签订协议时受到张某胁迫，但并没有提供证据予以证明。因此，法院没有采纳陈某受胁迫签订协议的主张。综合前述各项因素，法院认定张某与陈某签订的《忠诚协议》有效，陈某的婚后财产归张某所有。

2001年《婚姻法》第19条已编入《民法典》第1065条。后者仅对原法条的文字表述进行调整，对内容没有实质修改。

法理提示

忠诚协议是指夫妻双方签订的，在对方违反夫妻忠实义务时，要求对方放弃夫妻共同财产权、诚意道歉等进行的约定，可以在婚前签订，也可以在结婚后签订。[1]夫妻双方签订忠诚协议已经比较常见，但忠诚协议并不是法律明文规定的概念。对于忠诚协议的效力，通常根据协议内容具体分析，可能被认定为有效，但也存在协议无效的风险。在忠诚协议中，关于财产分割的约定，只要是他们的真实意思表示，则合法有效。

但是，忠诚协议不能对身份关系的变更终止进行约定。例如，约定一方如果存在出轨行为，则自动丧失对未成年子女的监护权，或双方自动离婚，这样的约定是无效的。这是因为婚姻关系和监护关系属于身份关系，身份关系的变更必须遵循法定条件和法律程序，离婚和监护权撤销亦如此，属于不

---

〔1〕　刘加良：《夫妻忠诚协议的效力之争与理性应对》，载《法学论坛》2014年第4期。

能由夫妻双方自主约定的变更条件，否则身份关系变更约定就不具有法律效力。此外，探望权是父母对子女享有的法定权利，除非夫妻一方行使探望权不利于子女身心健康，否则，不能通过当事人约定剥夺任意一方的探望权。[1]还要注意的是，忠诚协议中不得约定如果对方违反忠实义务则作出有碍社会秩序、违背公序良俗的行为，这类条款是无效条款。

法条索引

1.《中华人民共和国民法典》

第一千零六十五条　男女双方可以约定婚姻关系存续期间所得的财产以及婚前财产归各自所有、共同所有或者部分各自所有、部分共同所有。约定应当采用书面形式。没有约定或者约定不明确的，适用本法第一千零六十二条、第一千零六十三条的规定。

夫妻对婚姻关系存续期间所得的财产以及婚前财产的约定，对双方具有法律约束力。

夫妻对婚姻关系存续期间所得的财产约定归各自所有，夫或者妻一方对外所负的债务，相对人知道该约定的，以夫或者妻一方的个人财产清偿。

2. 2001 年《中华人民共和国婚姻法》

第十九条　夫妻可以约定婚姻关系存续期间所得的财产以及婚前财产归各自所有、共同所有或部分各自所有、部分共同所有。约定应当采用书面形式。没有约定或约定不明确的，适用本法第十七条、第十八条的规定。

夫妻对婚姻关系存续期间所得的财产约定以及婚前财产的约定，对双方具有约束力。

夫妻对婚姻关系存续期间所得的财产约定归各自所有的，夫或妻一方对外所负的债务，第三人知道该约定的，以夫或妻一方所有的财产清偿。

---

[1]　李明、彭峰：《案例引发的关于忠诚协议的效力问题》，载 https://www.chinacourt.org/article/detail/2017/03/id/2629058.shtml，最后访问日期：2024 年 3 月 12 日。

42 夫妻约定一方赠与对方房屋，但未过户，赠与人能否撤销赠与？

案情简介

汤某婚前有一套位于 A 市的 1 号房屋。汤某与谢某结婚后，打算将 1 号房屋 50% 的产权份额赠与谢某，将房屋登记为夫妻共同所有。婚后几年，谢某多次要求汤某将自己的名字加到房本上，但汤某均拒绝。汤某认为，谢某与自己结婚并非真心实意。于是，汤某诉请法院撤销赠与。法院认为，汤某虽然有将房屋产权份额的一半赠与谢某的打算，但一直没有付诸行动，未经登记则房屋所有权没有发生转移，汤某可以撤回对谢某的赠与。

法律适用

本案涉及夫妻间赠与房屋能否撤销的法律问题。根据 2011 年《婚姻法司法解释（三）》第 6 条的规定，夫妻一方向另一方赠与房产的，但并未办理变更登记，赠与人要求撤销赠与的，按 1999 年《合同法》第 186 条关于撤销赠与的规定处理。根据后者规定，夫妻一方在赠与财产的权利转移之前可以撤销赠与。

1999 年《合同法》第 187 条、2007 年《物权法》第 9 条规定，赠与不动产的，应当在相关部门办理变更登记手续。变更登记是不动产物权变动的法定程序。如果没有登记，房屋所有权不发生法律上的变动，仍然由赠与人享有，赠与人可以行使撤销权。本案中，汤某打算将 1 号房屋的 50% 产权赠与谢某，但是没有办理过户登记手续。这表明，汤某赠与谢某的 50% 房屋产权没有发生转移，仍然属于汤某。按照 1999 年《合同法》第 186 条的规定，汤某享有撤销赠与的权利。就本案而言，谢某因汤某赠与而取得 1 号房屋 50% 产权的关键在于是否办理了产权变更登记手续。如果没有办理变更登记，那么，汤某可以撤销赠与。

应当注意的是，2011 年《婚姻法司法解释（三）》第 6 条编入了《民法典婚姻家庭编司法解释（一）》第 32 条，将原内容中提及的关联法条修改为适配《民法典》的关联法条。

本案适用的 1999 年《合同法》第 186 条、第 187 条已分别编入《民法典》第 658 条和第 659 条。其中，第 658 条新增了具有助残性质的赠与合同不可撤销的规定。2007 年《物权法》第 9 条被编入《民法典》第 209 条，条文内容没有改动。

法理提示

夫妻双方结婚后，可以约定将自己婚前财产赠与对方。如果赠与的是不动产，则需要进行产权变更登记。在变更登记手续未办完前，赠与人有权撤销赠与不再继续履行。因为，赠与人享有任意撤销权。但是，这并不意味着赠与人可以随意撤销赠与。根据《民法典》第 658 条第 2 款的规定，赠与合同经过公证，或具有公益、道德义务性质的赠与合同，是不可以撤销的。除任意撤销权外，根据《民法典》第 663 条的规定，以下三种情形出现时，赠与人也可以行使撤销赠与的权利，这属于赠与人的法定撤销权。例如，受赠人对赠与人或其近亲属造成严重侵害；受赠人本应扶养赠与人，却拒不扶养的；双方订立了赠与协议，而协议中明确为受赠人设定了义务，但受赠人拒不履行约定义务的。

虽然赠与人享有撤销权，但有的赠与是不可撤销的。详情可参见案例 43 "离婚协议中将共有的房产赠与未成年子女的约定，在房产变更登记前，夫妻一方能否撤销？"

法条索引

1. 《中华人民共和国民法典》

第二百零九条第一款 不动产物权的设立、变更、转让和消灭，经依法登记，发生效力；未经登记，不发生效力，但是法律另有规定的除外。

第六百五十八条 赠与人在赠与财产的权利转移之前可以撤销赠与。

经过公证的赠与合同或者依法不得撤销的具有救灾、扶贫、助残等公益、道德义务性质的赠与合同，不适用前款规定。

第六百五十九条 赠与的财产依法需要办理登记或者其他手续的，应当办理有关手续。

第六百六十三条 受赠人有下列情形之一的,赠与人可以撤销赠与:

(1)严重侵害赠与人或者赠与人近亲属的合法权益;

(2)对赠与人有扶养义务而不履行;

(3)不履行赠与合同约定的义务。

赠与人的撤销权,自知道或者应当知道撤销事由之日起一年内行使。

2. 最高人民法院《关于适用〈中华人民共和国民法典〉婚姻家庭编的解释(一)》

第三十二条 婚前或者婚姻关系存续期间,当事人约定将一方所有的房产赠与另一方或者共有,赠与方在赠与房产变更登记之前撤销赠与,另一方请求判令继续履行的,人民法院可以按照民法典第六百五十八条的规定处理。

3.2011年最高人民法院《关于适用〈中华人民共和国婚姻法〉若干问题的解释(三)》

第六条 婚前或者婚姻关系存续期间,当事人约定将一方所有的房产赠与另一方,赠与方在赠与房产变更登记之前撤销赠与,另一方请求判令继续履行的,人民法院可以按照合同法第一百八十六条的规定处理。

4. 1999年《中华人民共和国合同法》

第一百八十六条 赠与人在赠与财产的权利转移之前可以撤销赠与。

具有救灾、扶贫等社会公益、道德义务性质的赠与合同或者经过公证的赠与合同,不适用前款规定。

第一百八十七条 赠与的财产依法需要办理登记等手续的,应当办理有关手续。

第一百九十二条 受赠人有下列情形之一的,赠与人可以撤销赠与:

(一)严重侵害赠与人或者赠与人的近亲属;

(二)对赠与人有扶养义务而不履行;

(三)不履行赠与合同约定的义务。

赠与人的撤销权,自知道或者应当知道撤销原因之日起一年内行使。

5. 2007年《中华人民共和国物权法》

第九条 不动产物权的设立、变更、转让和消灭,经依法登记,发生效力;未经登记,不发生效力,但法律另有规定的除外。

依法属于国家所有的自然资源,所有权可以不登记。

43 离婚协议中将共有的房产赠与未成年子女的约定，在房产变更登记前，夫妻一方能否撤销？

案情简介

　　赵某与姚某婚后生育了两个儿子，姚甲和姚乙。几年后，夫妻俩因感情不和，双方协议离婚。离婚协议中，双方约定将共有的两套房屋分别赠与两个儿子，待两个儿子成年后办理房产变更登记手续。办理离婚登记后，赵某反悔，诉请法院将赠与儿子的两套房产作为夫妻共同财产进行分割。赵某提出，房屋尚未办理过户登记，主张撤销赠与。法院认为，赠与撤销权由赠与人享有。离婚协议是赵某与姚某对夫妻共同财产进行分割的约定，双方共同作出将两套房屋分别赠与两个儿子的意思表示，赠与撤销权由双方共同享有。虽然房屋尚未办理过户登记，但仅有赵某一方提出撤销赠与，不符合法律规定。因此，法院判决驳回了赵某撤销赠与的诉讼请求。

法律适用

　　本案涉及赠与撤销权的法律问题。根据 1999 年《合同法》第 186 条第 1 款的规定，赠与人在赠与财产的权利转移之前可以撤销赠与。赠与人将房屋赠与他人的，在房屋过户登记前，赠与人享有撤销权。本案中，赵某与姚某表示将两套房屋分别赠与两个儿子，如果房屋未办理过户登记，赵某与姚某享有撤销赠与的权利。但是，赠与房屋是赵某与姚某共同作出的意思表示，属于共同赠与。如果撤销赠与，也需要赵某与姚某双方一致同意，并在房屋过户登记之前提出。因此，赵某单方要求撤销赠与，即使房屋未办理过户登记，也不能实现撤销赠与的目的。

　　《民法典》第 658 条第 1 款收编了 1999 年《合同法》第 186 条第 1 款的规定，条文内容没有改动。

法理提示

离婚协议是男女双方在离婚时签订的，可以一并处理子女抚养权归属、抚养费金额及支付方式、共同财产分割、债务承担等问题。离婚协议对双方均具有法律拘束力，不得随意反悔。离婚协议中约定将房屋赠与子女的，除了是对财产的处置之外往往还包含作为父母对子女今后生活的考量，甚至是考虑对子女的补偿。这种赠与是双方共同赠与的意思表示，即便是财产还没有办理权利转移手续，也不得随意撤销。对此，《民法典婚姻家庭编司法解释（二）》第20条已进行明确规定。因此，一旦双方在离婚协议中约定将财产赠与子女，只有在双方都同意撤销的情况下，才可能产生撤销赠与的法律后果。

需要注意的是，有的赠与合同一旦订立，便不可撤销。根据1999年《合同法》第186条第2款的规定，如果赠与财产是用于扶贫、救灾等有社会公益、道德义务性质的，则赠与合同不得撤销。此外，《民法典》收编1999年《合同法》第186条第2款规定时进行了修改，即《民法典》第658条第2款新增规定，具有助残性质的赠与合同不可撤销的规定。经过公证的赠与合同，也不得撤销。

法条索引

1. 《中华人民共和国民法典》

第六百五十八条　赠与人在赠与财产的权利转移之前可以撤销赠与。

经过公证的赠与合同或者依法不得撤销的具有救灾、扶贫、助残等公益、道德义务性质的赠与合同，不适用前款规定。

2. 最高人民法院《关于适用〈中华人民共和国民法典〉婚姻家庭编的解释（二）》

第二十条　离婚协议约定将部分或者全部夫妻共同财产给予子女，离婚后，一方在财产权利转移之前请求撤销该约定的，人民法院不予支持，但另一方同意的除外。

一方不履行前款离婚协议约定的义务，另一方请求其承担继续履行或者因无法履行而赔偿损失等民事责任的，人民法院依法予以支持。

双方在离婚协议中明确约定子女可以就本条第一款中的相关财产直接主张权利，一方不履行离婚协议约定的义务，子女请求参照适用民法典第五百二十二条第二款规定，由该方承担继续履行或者因无法履行而赔偿损失等民事责任的，人民法院依法予以支持。

离婚协议约定将部分或者全部夫妻共同财产给予子女，离婚后，一方有证据证明签订离婚协议时存在欺诈、胁迫等情形，请求撤销该约定的，人民法院依法予以支持；当事人同时请求分割该部分夫妻共同财产的，人民法院依照民法典第一千零八十七条规定处理。

3. 1999 年《中华人民共和国合同法》

第一百八十六条 赠与人在赠与财产的权利转移之前可以撤销赠与。

具有救灾、扶贫等社会公益、道德义务性质的赠与合同或者经过公证的赠与合同，不适用前款规定。

44 赌债是夫妻共同债务吗？

❖ 案情简介

李某婚后沉迷赌博，欠了上百万元巨额债务。为了筹集赌资，李某甚至利用伪造的房产证抵押借款。债台高筑，薛某不堪重压，与李某办理了离婚手续。离婚后，李某利用伪造房产证骗取资金的行为被公安机关立案侦查，法院判决认定李某诈骗罪成立。债权人赵某提起诉讼，要求李某偿还债务，薛某承担连带清偿责任。赵某认为，李某所欠债务发生在婚姻关系存续期间，是夫妻共同债务，由李某和薛某共同偿还。法院认为，李某所借款项全部用于赌博，应认定为李某个人债务，薛某不承担连带偿还责任。

▶ 法律适用

本案涉及夫妻一方所欠赌债是否为夫妻共同债务的法律问题。根据我国2017年《婚姻法司法解释（二）》第 24 条第 3 款的规定，夫妻一方在从事赌博、吸毒等违法犯罪活动中所负的债务，不能被认定为夫妻共同债务。本案中，李某以赌博为目的，利用伪造房产证四处借款，并且所借款项并没有用于夫妻共同生活或从事合法的生产经营活动。因此，李某以赌博为目的欠下的债务不能认定为夫妻共同债务。李某的债权人提出薛某承担连带偿还责任的要求，不符合法律规定。

2017年修正的《婚姻法司法解释（二）》第24条第3款被编入《民法典婚姻家庭编司法解释（一）》第34条第2款，内容没有实质性修改。

法理提示

夫妻共同债务认定的关键在于，债务是否用于夫妻共同生产生活或者是基于夫妻双方的合意所负担。一般来说，在婚姻关系存续期间，夫妻一方为双方共同生活所负债务，或双方共同借款，应认定为夫妻共同债务。但是，如果一方进行了数额较大的借贷，明显超出了日常生活所需，或没有用于共同生产经营活动的，则需考虑借款用途。如果借款用于违法犯罪，则不属于夫妻共同债务。

在我国，赌博是违法行为，赌债不受法律保护，夫妻一方所欠赌债也不得认定为夫妻共同债务。否则，对不知情的另一方来说，无缘无故背负巨额债务，既不合法，也不公平。本案中，欠赌债的当事人牵涉一起诈骗案，在案件审理过程中如实陈述案涉债务用于赌博，因此，法院可依据刑事判决中审理查明的事实，直接认定案涉债务为赌债，不必由另一方当事人另行提供相应证据证明。需要注意的是，如果夫妻一方提出对方的债务是赌债的，除非已有相关判决进行事实认定，否则，主张债务为赌债的一方需要提供相应证据予以证明。鉴于此，在日常生活中应注意留存相关证据，如银行转账凭证、赌博账号、赌博彩票等。

在现实生活中，一些人嗜赌成性，不仅赔光了自己的所有财产，甚至变卖家产，累及家人，最终落得与家人离散的下场。家庭是社会的基础单位，家庭的和谐稳定不仅关系到个人和家人的幸福安定，还影响到社会的繁荣发展。和谐稳定的家庭关系离不开个人的努力维系。我们应当拒绝赌博，使用合法的手段创造家庭财富。

值得注意的是，关于夫妻共同债务认定，《民法典》第1064条确立了夫妻债务共签共债原则。也就是说，如果夫妻双方共同签名的意思表示对外负债，那么，这笔债务属于夫妻共同债务。

法条索引

1.《中华人民共和国民法典》

第一千零六十四条 夫妻双方共同签名或者夫妻一方事后追认等共同意思表示所负的债务，以及夫妻一方在婚姻关系存续期间以个人名义为家庭日常生活需要所负的债务，属于夫妻共同债务。

夫妻一方在婚姻关系存续期间以个人名义超出家庭日常生活需要所负的债务，不属于夫妻共同债务；但是，债权人能够证明该债务用于夫妻共同生活、共同生产经营或者基于夫妻双方共同意思表示的除外。

2. 最高人民法院《关于适用〈中华人民共和国民法典〉婚姻家庭编的解释（一）》

第三十四条 夫妻一方与第三人串通，虚构债务，第三人主张该债务为夫妻共同债务的，人民法院不予支持。

夫妻一方在从事赌博、吸毒等违法犯罪活动中所负债务，第三人主张该债务为夫妻共同债务的，人民法院不予支持。

3. 2017年最高人民法院《关于适用〈中华人民共和国婚姻法〉若干问题的解释（二）》

第二十四条 债权人就婚姻关系存续期间夫妻一方以个人名义所负债务主张权利的，应当按夫妻共同债务处理。但夫妻一方能够证明债权人与债务人明确约定为个人债务，或者能够证明属于婚姻法第十九条第三款规定情形的除外。

夫妻一方与第三人串通，虚构债务，第三人主张权利的，人民法院不予支持。

夫妻一方在从事赌博、吸毒等违法犯罪活动中所负债务，第三人主张权利的，人民法院不予支持。

45 夫妻一方伪造夫妻共同债务，另一方还要偿还吗？

● 案情简介 ●

廖某与石某办理离婚登记后不久，债权人刘某起诉至法院，并提交了借条，主张廖某曾向其借款 50 万元，是廖某和石某的夫妻共同债务，应当由二人共同偿还。石某提出，自己对债务并不知情，是廖某和刘某伪造的。法院经审理查明，廖某婚前为了买房，曾向石某的父亲借了 50 万元。现在廖某和石某已经离婚，廖某便串通自己的好友刘某伪造债务。一旦债务成立，廖某便有理由提出，夫妻共同债务各自承担一半，其中，欠石某父亲的 50 万元由石某偿还，欠刘某的 50 万元由廖某偿还。廖某与刘某伪造债务，意图躲避对石某父亲承担的 50 万元债务。最终，法院认定廖某与刘某串通虚构债务，石某不承担偿还责任。

法律适用

本案涉及虚构夫妻共同债务的法律问题。夫妻一方串通第三人虚构债务，意图损害另一方财产权益的行为，就是虚构夫妻共同债务。根据 2017 年《婚姻法司法解释（二）》第 24 条第 2 款的规定，第三人以虚构债务主张债权的，法院不予支持。是否为虚构债务，需要从借条、出借人的经济状况等综合因素审查借贷关系的真实性，而不能仅凭第三人出具借条就认定债权债务关系成立。本案中，所谓的债权人刘某出具了廖某一方署名的借条，证明廖某曾向其借款 50 万元。但综合其他因素发现，刘某出具的借条仅有廖某一方签名，石某对廖某向刘某借款一事并不知情。况且，刘某自身经济状况不好，根本无钱出借给廖某。此外，借条是某餐厅的收款存单联，虽然借条落款时间是夫妻关系存续期间，但这一版本的存单联在廖某与石某离婚后才开始印刷生产。综合上述多种因素，不能认定廖某与刘某之间存在债权债务关系，石某不承担偿还责任。

2017 年修正的《婚姻法司法解释（二）》第 24 条第 2 款已编入《民法典婚姻家庭编司法解释（一）》第 34 条第 1 款，条文内容没有实质变化。

法理提示

《民法典》生效后，2017 年《婚姻法司法解释（二）》废止。根据《民法典》第 1064 条的规定，如果夫妻双方在借条等凭证上一起签名，或者是一方负债而另一方追认的债务，以及一方因家庭开支负担的债务，属于共同债务。这样的债务需要夫妻两个人一起偿还。但是，共债共偿的前提是债务真实存在，一方伪造的债务自然不能够由夫妻共同偿还。夫妻之间如果已经走到了离婚这一步，能够好聚好散自然是最好的，但是如果双方已经撕破脸皮，非要斗个你死我活，甚至不惜串通他人伪造夫妻共同债务，实属毫无意义。在离婚诉讼中，如果出现这种情况，法院经审理查明一方与第三人串通，虚构夫妻共同债务，是不会支持债权人的诉讼请求的。

如果一方虚构债务，根据具体情况，可以通过以下四种方式维权。第一，一方虚构债务行为发生在婚姻关系存续期间，根据《民法典》第 1066 条的规定，另一方可以诉请法院分割夫妻共同财产。第二，如果离婚时一方虚构债务，另一方可依据《民法典》第 1092 条规定，要求对方不分或少分共同财产。如果在离婚后才发现对方伪造债务的，可以起诉要求再次分割共同财产。第三，如果对方虚构的债务已经通过诉讼程序认定，另一方可以根据《民事诉讼法》第 59 条的规定，向法院提起第三人撤销之诉，请求法院撤销原判决、裁定或调解书。第四，根据《民事诉讼法》第 115 条的规定，针对以诉讼、调解等方式虚构债务的行为，法院可处以罚款或拘留，构成虚假诉讼罪的，应依法追究刑事责任。

法条索引

1.《中华人民共和国民法典》

第一千零六十四条　夫妻双方共同签名或者夫妻一方事后追认等共同意思表示所负的债务，以及夫妻一方在婚姻关系存续期间以个人名义为家庭日常生活需要所负的债务，属于夫妻共同债务。

夫妻一方在婚姻关系存续期间以个人名义超出家庭日常生活需要所负的债务，不属于夫妻共同债务；但是，债权人能够证明该债务用于夫妻共同生活、共同生产经营或者基于夫妻双方共同意思表示的除外。

第一千零六十六条　婚姻关系存续期间，有下列情形之一的，夫妻一方可以向人民法院请求分割共同财产：

（一）一方有隐藏、转移、变卖、毁损、挥霍夫妻共同财产或者伪造夫妻共同债务等严重损害夫妻共同财产利益的行为；

（二）一方负有法定扶养义务的人患重大疾病需要医治，另一方不同意支付相关医疗费用。

第一千零九十二条　夫妻一方隐藏、转移、变卖、毁损、挥霍夫妻共同财产，或者伪造夫妻共同债务企图侵占另一方财产的，在离婚分割夫妻共同财产时，对该方可以少分或者不分。离婚后，另一方发现有上述行为的，可以向人民法院提起诉讼，请求再次分割夫妻共同财产。

2. 最高人民法院《关于适用〈中华人民共和国民法典〉婚姻家庭编的解释（一）》

第三十四条　夫妻一方与第三人串通，虚构债务，第三人主张该债务为夫妻共同债务的，人民法院不予支持。

夫妻一方在从事赌博、吸毒等违法犯罪活动中所负债务，第三人主张该债务为夫妻共同债务的，人民法院不予支持。

3. 2001 年《中华人民共和国婚姻法》

第四十一条　离婚时，原为夫妻共同生活所负的债务，应当共同偿还。共同财产不足清偿的，或财产归各自所有的，由双方协议清偿；协议不成时，由人民法院判决。

第四十七条　离婚时，一方隐藏、转移、变卖、毁损夫妻共同财产，或伪造债务企图侵占另一方财产的，分割夫妻共同财产时，对隐藏、转移、变卖、毁损夫妻共同财产或伪造债务的一方，可以少分或不分。离婚后，另一方发现有上述行为的，可以向人民法院提起诉讼，请求再次分割夫妻共同财产。

人民法院对前款规定的妨害民事诉讼的行为，依照民事诉讼法的规定予以制裁。

4. 2017 年最高人民法院《关于适用〈中华人民共和国婚姻法〉若干问题的解释（二）》

第二十四条　债权人就婚姻关系存续期间夫妻一方以个人名义所负债务主张权利的，应当按夫妻共同债务处理。但夫妻一方能够证明债权人与债务人明确约定为个人债务，或者能够证明属于婚姻法第十九条第三款规定情形的除外。

夫妻一方与第三人串通，虚构债务，第三人主张权利的，人民法院不予支持。

夫妻一方在从事赌博、吸毒等违法犯罪活动中所负债务，第三人主张权利的，人民法院不予支持。

5. 2011年最高人民法院《关于适用〈中华人民共和国婚姻法〉若干问题的解释（三）》

第四条　婚姻关系存续期间，夫妻一方请求分割共同财产的，人民法院不予支持，但有下列重大理由且不损害债权人利益的除外：

（一）一方有隐藏、转移、变卖、毁损、挥霍夫妻共同财产或者伪造夫妻共同债务等严重损害夫妻共同财产利益行为的；

（二）一方负有法定扶养义务的人患重大疾病需要医治，另一方不同意支付相关医疗费用的。

6.《中华人民共和国民事诉讼法》

第五十九条　对当事人双方的诉讼标的，第三人认为有独立请求权的，有权提起诉讼。

对当事人双方的诉讼标的，第三人虽然没有独立请求权，但案件处理结果同他有法律上的利害关系的，可以申请参加诉讼，或者由人民法院通知他参加诉讼。人民法院判决承担民事责任的第三人，有当事人的诉讼权利义务。

前两款规定的第三人，因不能归责于本人的事由未参加诉讼，但有证据证明发生法律效力的判决、裁定、调解书的部分或者全部内容错误，损害其民事权益的，可以自知道或者应当知道其民事权益受到损害之日起六个月内，向作出该判决、裁定、调解书的人民法院提起诉讼。人民法院经审理，诉讼请求成立的，应当改变或者撤销原判决、裁定、调解书；诉讼请求不成立的，驳回诉讼请求。

第一百一十五条　当事人之间恶意串通，企图通过诉讼、调解等方式侵害国家利益、社会公共利益或者他人合法权益的，人民法院应当驳回其请求，并根据情节轻重予以罚款、拘留；构成犯罪的，依法追究刑事责任。

当事人单方捏造民事案件基本事实，向人民法院提起诉讼，企图侵害国家利益、社会公共利益或者他人合法权益的，适用前款规定。

46 夫妻离婚前作出的债务偿还约定，离婚后能否对抗第三人？

▪ 案情简介 ◀

　　在包甲与杜乙婚姻关系存续期间，杜乙为购买家用汽车向李丙借款共计4万元。后杜乙与包甲因感情不和协议离婚，在离婚协议中约定，由包甲承担婚姻关系存续期间发生的债务。杜乙与包甲离婚后，欠款到期，两人都未偿还。李丙起诉杜乙，要求杜乙偿还欠款4万元。杜乙辩称，应由包甲还款，自己对该笔欠款不承担任何责任，因为在离婚协议中明确约定婚姻关系存续期间产生的欠款由包甲偿还。法院经过审理后判决，杜乙向李丙偿还欠款4万元。

法律适用

　　本案涉及离婚协议中约定的债务承担条款对第三人的效力问题。根据2017年修正的《婚姻法司法解释（二）》第24条、2018年最高人民法院《关于审理涉及夫妻债务纠纷案件适用法律有关问题的解释》（以下简称2018年《夫妻债务司法解释》）第2条，婚姻关系存续期间，夫妻一方以个人名义负债，但如果所负债务用于共同生活，则是他们的共同债务。但存在以下两种例外情形：一是夫妻一方与债权人明确约定将债务作为他的个人债务；二是双方订立婚前协议，约定各自财产归各自所有，且债权人知道该协议存在。本案中，杜乙与包甲未婚内财产协议，杜乙向李丙借款时，并没有和李丙约定该笔欠款为杜乙的个人债务。该笔欠款是杜乙在与包甲婚姻关系存续期间向李丙借的，并且由于离婚协议与合同一样具有相对性，只能约束离婚协议的双方当事人包甲与杜乙。因此，李丙有权利要求杜乙还款，法院最终支持了李丙的诉讼请求。但杜乙还款后，可以依据离婚协议向包甲追偿。

　　《民法典》在第1064条吸收了2018年《夫妻债务司法解释》第1条、第2条、第3条关于夫妻共同债务的认定的内容。2017年《婚姻法司法解释（二）》第24条第1款也是关于夫妻共同债务的认定，民法典编纂时，一并整合为《民法典》第1064条。整合后，夫妻一方在婚姻关系存续期间以个人名义所负债务，不再必然按夫妻共同债务处理。关键在于，夫妻一方所负债务是否用于家庭日常生活、夫妻共同生活或共同生产经营，或夫妻双方是否具有共同负债的意思表示。如果是，则即便是夫妻一方负债，仍然可能被法院认定为夫妻共同债务。

法理提示

离婚后债务偿还约定之所以不能对抗第三人，原因在于离婚协议具有合同的性质，而合同具有相对性。也就是说，离婚协议只能约束签订协议的双方当事人，但这种约定并不能对抗第三人。因此，对于夫妻双方或一方在婚姻关系存续期间所负担的债务，如果债权人以属于夫妻共同欠款为由，要求其中一人偿还时，夫妻双方都不能以离婚协议中另有约定为由对抗债权人。已经偿还债务的一方，可以根据离婚协议中的相关条款向对方追偿。

法条索引

1. 《中华人民共和国民法典》

第一千零六十四条 夫妻双方共同签名或者夫妻一方事后追认等共同意思表示所负的债务，以及夫妻一方在婚姻关系存续期间以个人名义为家庭日常生活需要所负的债务，属于夫妻共同债务。

夫妻一方在婚姻关系存续期间以个人名义超出家庭日常生活需要所负的债务，不属于夫妻共同债务；但是，债权人能够证明该债务用于夫妻共同生活、共同生产经营或者基于夫妻双方共同意思表示的除外。

2. 2017年最高人民法院《关于适用〈中华人民共和国婚姻法〉若干问题的解释（二）》

第二十四条第一款 债权人就婚姻关系存续期间夫妻一方以个人名义所负债务主张权利的，应当按夫妻共同债务处理。但夫妻一方能够证明债权人与债务人明确约定为个人债务，或者能够证明属于婚姻法第十九条第三款规定情形的除外。

3. 2018年最高人民法院《关于审理涉及夫妻债务纠纷案件适用法律有关问题的解释》

第一条 夫妻双方共同签字或者夫妻一方事后追认等共同意思表示所负

的债务，应当认定为夫妻共同债务。

第二条　夫妻一方在婚姻关系存续期间以个人名义为家庭日常生活需要所负的债务，债权人以属于夫妻共同债务为由主张权利的，人民法院应予支持。

第三条　夫妻一方在婚姻关系存续期间以个人名义超出家庭日常生活需要所负的债务，债权人以属于夫妻共同债务为由主张权利的，人民法院不予支持，但债权人能够证明该债务用于夫妻共同生活、共同生产经营或者基于夫妻双方共同意思表示的除外。

47 一方不履行离婚协议约定，另一方可以申请法院强制执行吗？

● 案情简介 ●

　　杨某与宋某于 2015 年结婚，由于感情不合，2018 年协议离婚。经友好协商，双方签订了离婚协议书。协议约定，两人共有的一套房屋归宋某所有，杨某应协助宋某办理过户等手续。此外，杨某还应当一次性给予宋某十万元。但离婚协议签订后，杨某一直不履行离婚协议的内容，拒绝办理过户手续和给予宋某十万元。宋某与杨某协商无果后，向法院提出强制执行申请，请求法院强制杨某履行离婚协议的内容。

　　法院认为，杨某与宋某之间签订的离婚协议书不是法律规定的具有强制执行力的文书，不能够据此启动强制执行程序，因此，裁定驳回了宋某提出的强制执行申请，并告知宋某另行提起民事诉讼。

法律适用

　　本案涉及离婚协议是否具有强制执行力的法律问题。根据《民事诉讼法》第 247 条至第 249 条的规定，具有强制执行力的文书包括人民法院作出的发生法律效力的民事判决和裁定、依法设立的仲裁机构出具的仲裁裁决和公证机关依法赋予强制执行效力的债权文书等。由此可见，能够作为当事人向人民法院提出强制执行申请依据的法律文书类型是由法律规定的，除此之外，其他文书不能够直接作为强制执行的依据。但是，按照 2017 年《婚姻法司法解释（二）》第 8 条的规定（修改后编入《民法典婚姻家庭编司法解释（一）》第 69 条），离婚协议中有关财产分配的条款对男女双方都具有约束力。如果双方对离婚协议的履行产生争议，可以向人民法院提起诉讼，待法院判决生效后，对方仍不履行裁判文书内容的，可以向法院申请强制执行。本案中，杨某不履行离婚协议的内容，宋某可以向法院提起诉讼，但是不能直接提出强制执行的申请。

法理提示

夫妻之间签订的关于财产分配等问题的离婚协议，在性质上属于当事人之间的民事合同，只能依赖于当事人之间的自觉履行。如果不履行，只能由双方当事人协商解决或向法院提起诉讼。夫妻双方仅仅签订了离婚协议，并不意味着法律上婚姻关系的终止，也并不意味着该协议就具有法律上的强制执行力。由于强制执行是由国家强制力量来强迫当事人履行一定的义务的行为，因此，作为强制执行依据的文书类型必须由法律明确规定。法律所规定的具有强制执行力的文书主要包括生效的民事判决、裁定、支付令、仲裁裁决、经过确认的调解协议等。

法条索引

1. 《中华人民共和国民事诉讼法》

第二百四十七条 发生法律效力的民事判决、裁定，当事人必须履行。一方拒绝履行的，对方当事人可以向人民法院申请执行，也可以由审判员移送执行员执行。

调解书和其他应当由人民法院执行的法律文书，当事人必须履行。一方拒绝履行的，对方当事人可以向人民法院申请执行。

第二百四十八条 对依法设立的仲裁机构的裁决，一方当事人不履行的，对方当事人可以向有管辖权的人民法院申请执行。受申请的人民法院应当执行。

被申请人提出证据证明仲裁裁决有下列情形之一的，经人民法院组成合议庭审查核实，裁定不予执行：

（一）当事人在合同中没有订有仲裁条款或者事后没有达成书面仲裁协

议的;

（二）裁决的事项不属于仲裁协议的范围或者仲裁机构无权仲裁的;

（三）仲裁庭的组成或者仲裁的程序违反法定程序的;

（四）裁决所根据的证据是伪造的;

（五）对方当事人向仲裁机构隐瞒了足以影响公正裁决的证据的;

（六）仲裁员在仲裁该案时有贪污受贿，徇私舞弊，枉法裁决行为的。

人民法院认定执行该裁决违背社会公共利益的，裁定不予执行。

裁定书应当送达双方当事人和仲裁机构。

仲裁裁决被人民法院裁定不予执行的，当事人可以根据双方达成的书面仲裁协议重新申请仲裁，也可以向人民法院起诉。

第二百四十九条　对公证机关依法赋予强制执行效力的债权文书，一方当事人不履行的，对方当事人可以向有管辖权的人民法院申请执行，受申请的人民法院应当执行。

公证债权文书确有错误的，人民法院裁定不予执行，并将裁定书送达双方当事人和公证机关。

2. 最高人民法院《关于适用〈中华人民共和国民法典〉婚姻家庭编的解释（一）》

第六十九条　当事人达成的以协议离婚或者到人民法院调解离婚为条件的财产以及债务处理协议，如果双方离婚未成，一方在离婚诉讼中反悔的，人民法院应当认定该财产以及债务处理协议没有生效，并根据实际情况依照民法典第一千零八十七条和第一千零八十九条的规定判决。

当事人依照民法典第一千零七十六条签订的离婚协议中关于财产以及债务处理的条款，对男女双方具有法律约束力。登记离婚后当事人因履行上述协议发生纠纷提起诉讼的，人民法院应当受理。

3. 2017 年最高人民法院《关于适用〈中华人民共和国婚姻法〉若干问题的解释（二）》

第八条　离婚协议中关于财产分割的条款或者当事人因离婚就财产分割达成的协议，对男女双方具有法律约束力。

当事人因履行上述财产分割协议发生纠纷提起诉讼的，人民法院应当受理。

第三章　抚养、扶养和赡养纠纷

第一部分　子女抚养纠纷

48 丈夫去世，妻子与代孕子女无血缘关系，还能取得子女监护权吗?

案情简介

杨某与陈某系夫妻，通过第三人代孕育有一对双胞胎子女，杨某提供了精子合成胚胎，与双胞胎之间有血缘联系。三年后，杨某因病去世。杨某的父母认为，由于陈某与双胞胎之间没有血缘关系，没有监护权，于是，向法院起诉，要求陈某将双胞胎交由他们抚养。法院认为，虽然双胞胎与陈某没有血缘关系，但自出生便随陈某共同生活，已与陈某形成有抚养关系的继父母子女关系，陈某具有监护人资格。此外，相较于杨某年迈的父母而言，陈某更有能力抚养双胞胎。最终，从最有利于双胞胎健康成长角度，法院判决双胞胎由陈某监护。

法律适用

本案涉及代孕子女监护权归属的法律问题。代孕是一种人类辅助生殖技术，是有生育能力的女性接受患有不孕不育疾病的他人委托，采用科学技术辅助怀孕生子的行为。根据 2017 年《民法总则》第 27 条的规定，父母是未成年子女的监护人。如果父母已经死亡或者没有监护能力，那么，才考虑祖父母能否成为子女的监护人。

本案中，双胞胎是杨某与陈某通过委托第三人代孕所生的子女。杨某与双胞胎子女有血缘联系，基于这种自然血亲关系，杨某是双胞胎子女的生父，即监护人。然而，陈某既没有怀孕生育双胞胎，和双胞胎之间也没有自然血亲关系，因此，陈某不能认定为双胞胎的生母，没有监护人资格。但是，父母子女之间的关系除自然血亲关系外，还有拟制血亲关系，例如继父母子女关系。本案中，陈某有抚养双胞胎的意愿，并且长期抚养教育双胞胎，陈某与双胞胎之间已经形成了继父母子女关系。根据 2001 年《婚姻法》第 27 条第 2 款的规定，继父母子女关系适用父母子女关系相关规定。陈某作为双胞胎的继母，具有监护人资格，是双胞胎的监护人。此外，杨某的父母年纪较大，而陈某的工作收入稳定，更有时间、精力抚养教育双胞胎。最终，法院综合考量双方的身体状况、经济条件、子女自幼生活环境等因素，判决双胞胎由陈某监护。

值得注意的是，本案分析适用的 2017 年《民法总则》第 27 条和 2001 年《婚姻法》第 27 条已被《民法典》所吸收，分别对应《民法典》第 27 条和第 1072 条，条文内容没有改动。

法理提示

应当清楚认识的是，代孕行为在我国是不合法的。这是由于代孕涉及医学、伦理、法律等诸多复杂因素，容易引发矛盾纠纷。根据《人类辅助生殖技术管理办法》第 3 条的规定，禁止医疗机构和医务人员实施任何形式的代孕技术。尽管我国尚未准予实施代孕，但因代孕滋生的合同纠纷、监护权纠纷并不少。从法律层面而言，关于代孕合同的效力、代孕子女监护权归属等问题，缺乏法律明文规定，不利于确定代孕法律关系，进而保障代孕子女的合法权益。这不仅关乎代孕子女的健康成长，更涉及这些家庭的和谐稳定。因此，立法层面应当进一步回应代孕相关法律问题，将代孕行为纳入法律规制，维持正常生育秩序。

法条索引

1.《中华人民共和国民法典》

第二十七条　父母是未成年子女的监护人。

未成年人的父母已经死亡或者没有监护能力的，由下列有监护能力的人按顺序担任监护人：

（一）祖父母、外祖父母；

（二）兄、姐；

（三）其他愿意担任监护人的个人或者组织，但是须经未成年人住所地的居民委员会、村民委员会或者民政部门同意。

第一千零七十二条　继父母与继子女间，不得虐待或者歧视。

继父或者继母和受其抚养教育的继子女间的权利义务关系，适用本法关于父母子女关系的规定。

2.《人类辅助生殖技术管理办法》

第三条　人类辅助生殖技术的应用应当在医疗机构中进行，以医疗为目的，并符合国家计划生育政策、伦理原则和有关法律规定。禁止以任何形式买卖配子、合子、胚胎。医疗机构和医务人员不得实施任何形式的代孕技术。

3. 2017 年《中华人民共和国民法总则》

第二十七条　父母是未成年子女的监护人。

未成年人的父母已经死亡或者没有监护能力的，由下列有监护能力的人按顺序担任监护人：

（一）祖父母、外祖父母；

（二）兄、姐；

（三）其他愿意担任监护人的个人或者组织，但是须经未成年人住所地的居民委员会、村民委员会或者民政部门同意。

4. 2001 年《中华人民共和国婚姻法》

第二十七条　继父母与继子女间，不得虐待或歧视。

继父或继母和受其抚养教育的继子女间的权利和义务，适用本法对父母子女关系的有关规定。

49 没有依法具有监护资格的人抚养子女时，该子女由谁来监护？

> **案情简介**
>
> 张甲为 9 个月大的婴儿，其近亲属均无监护能力。因此，村民委员会指定张甲的姑姑作为张甲的监护人。然而，张甲的姑姑经济能力有限，不愿担任张甲的监护人，于是，向法院申请撤销指定监护，并请求法院另行指定监护人。法院根据 2017 年《民法总则》第 27 条，第 31 条的规定，撤销了村民委员会的指定监护，并按照最有利于未成年人的原则，指定当地民政局作为张甲的监护人。

法律适用

本案涉及未成年人的指定监护问题。根据 2017 年《民法总则》第 31 条第 2 款的规定，应按照最有利于被监护人的原则在依法具有监护资格的人中指定监护人。本案中，张甲的父母以及 2017 年《民法总则》规定的其他近亲属均无监护能力，且张甲的姑姑作为张甲的其他亲属也不愿担任张甲的监护人。鉴于此，本案没有依法具有监护资格的人。因此，根据 2017 年《民法总则》第 32 条，民政部门可以担任他的监护人，居民委员会或村民委员会也可以担任监护人。但考虑到张甲还是一个不满一岁的婴儿，需要成年人来照顾，更需要资金来满足他的生活、学习开支。张甲所在地的民政局本身承担帮助流浪等人员的职能。此外，民政局下属有儿童福利院，可以照顾弃婴。因此，法院便依法指定由张甲所在地的民政局担任张甲的监护人。

2017 年《民法总则》第 31 条、第 32 条已编入《民法典》第 31 条、第 32 条，法条内容没有实质性修改。

法理提示

根据《民法典》第 31 条第 2 款的规定，人民法院指定监护人时，应以最有利于被监护人为原则，从具有监护资格的人中选择最为合适的。另外，法院通过判决撤销原监护人时，为保护被监护人的合法权益，可以同时为其指定监护人。法院在认定监护人的监护能力时，可以从以下几个层面进行认定，如监护人的健康状况、经济状况、生活关联度等。如果没有依法具有监护资格的人，监护人既可以由民政部门担任，也可以由具备履行监护职责条件的被监护人住所地的居民委员会、村民委员会担任。

《民法典》第 34 条第 4 款新增了紧急情况下保护被监护人的条款。如果监护人因突发事件，如感染传染病被隔离，没有办法保护被监护人，导致被监护人无人照料，那么，被监护人住所地的居民委员会、村民委员会、民政部门，应当安排人员来照顾被监护人。在这种情况下，被监护人仍然是有监护人的，只是无法履行监护职责。这一规定与《民法典》第 31 条规定的临时监护制度存在明显差异。临时监护发生在指定监护人前。此时，监护人处于未确定的空缺状态，需要由有关组织临时担任监护人，保护被监护人的人身、财产等合法权益。

法条索引

1.《中华人民共和国民法典》

第二十七条　父母是未成年子女的监护人。

未成年人的父母已经死亡或者没有监护能力的，由下列有监护能力的人按顺序担任监护人：

（一）祖父母、外祖父母；

（二）兄、姐；

（三）其他愿意担任监护人的个人或者组织，但是须经未成年人住所地的居民委员会、村民委员会或者民政部门同意。

第三十一条　对监护人的确定有争议的，由被监护人住所地的居民委员会、村民委员会或者民政部门指定监护人，有关当事人对指定不服的，可以向人民法院申请指定监护人；有关当事人也可以直接向人民法院申请指定监护人。

居民委员会、村民委员会、民政部门或者人民法院应当尊重被监护人的真实意愿，按照最有利于被监护人的原则在依法具有监护资格的人中指定监护人。

依据本条第一款规定指定监护人前，被监护人的人身权利、财产权利以及其他合法权益处于无人保护状态的，由被监护人住所地的居民委员会、村民委员会、法律规定的有关组织或者民政部门担任临时监护人。

监护人被指定后，不得擅自变更；擅自变更的，不免除被指定的监护人的责任。

第三十二条　没有依法具有监护资格的人的，监护人由民政部门担任，也可以由具备履行监护职责条件的被监护人住所地的居民委员会、村民委员会担任。

第三十四条　监护人的职责是代理被监护人实施民事法律行为，保护被监护人的人身权利、财产权利以及其他合法权益等。

监护人依法履行监护职责产生的权利，受法律保护。

监护人不履行监护职责或者侵害被监护人合法权益的，应当承担法律责任。

因发生突发事件等紧急情况，监护人暂时无法履行监护职责，被监护人的生活处于无人照料状态的，被监护人住所地的居民委员会、村民委员会或者民政部门应当为被监护人安排必要的临时生活照料措施。

2. 2017 年《中华人民共和国民法总则》

第二十七条　父母是未成年子女的监护人。

未成年人的父母已经死亡或者没有监护能力的，由下列有监护能力的人按顺序担任监护人：

（一）祖父母、外祖父母；

（二）兄、姐；

（三）其他愿意担任监护人的个人或者组织，但是须经未成年人住所地的居民委员会、村民委员会或者民政部门同意。

第三十一条　对监护人的确定有争议的，由被监护人住所地的居民委员会、村民委员会或者民政部门指定监护人，有关当事人对指定不服的，可以向人民法院申请指定监护人；有关当事人也可以直接向人民法院申请指定监护人。

居民委员会、村民委员会、民政部门或者人民法院应当尊重被监护人的真实意愿，按照最有利于被监护人的原则在依法具有监护资格的人中指定监护人。

依照本条第一款规定指定监护人前，被监护人的人身权利、财产权利以及其他合法权益处于无人保护状态的，由被监护人住所地的居民委员会、村民委员会、法律规定的有关组织或者民政部门担任临时监护人。

监护人被指定后，不得擅自变更；擅自变更的，不免除被指定的监护人的责任。

第三十二条　没有依法具有监护资格的人的，监护人由民政部门担任，也可以由具备履行监护职责条件的被监护人住所地的居民委员会、村民委员会担任。

第三十四条　监护人的职责是代理被监护人实施民事法律行为，保护被监护人的人身权利、财产权利以及其他合法权益等。

监护人依法履行监护职责产生的权利，受法律保护。

监护人不履行监护职责或者侵害被监护人合法权益的，应当承担法律责任。

50 父母一方可以通过协议变更未成年子女的监护权吗?

◢ 案情简介 ◣

　　赵甲与吴乙通过网络认识后，以夫妻名义共同生活，但一直未办理结婚登记。双方在同居期间生下一对儿女吴丙和吴丁。赵甲诞下儿女不到5个月，吴乙因病去世。后来，吴乙的父母与赵甲商议签订变更监护权协议，由吴乙的父母抚养吴乙的一对儿女。赵甲考虑到自己的经济条件，随即答应了吴乙父母的要求。吴乙父母与赵甲签订变更监护权协议后，强行将赵甲与儿女隔离，不让母亲与子女见面。赵甲遂向法院提起诉讼，请求子女归自己抚养。法院经审理认为，赵甲作为吴丙和吴丁的生母，系二人的法定监护人、法定抚养权利义务人，赵甲为完全民事行为能力人且有能力履行自己的抚养义务，最终法院审理后判决，子女由赵甲抚养。

法律适用

　　本案涉及的法律问题是协议监护的效力。首先，根据2017年《民法总则》第27条的规定，未成年人的监护人首先由其父母担任，在其父母死亡或者没有监护能力的情况下，才可由2017年《民法总则》规定的其他人担任监护人。本案中，赵甲仅是经济条件不好，并没有丧失监护能力，因此赵甲是其子女的当然法定监护人。其次，根据《妇女权益保障法》第70条的规定，父亲死亡后，任何人不得干涉母亲的监护权。本案中，吴乙的父母在吴乙死亡后，采取将赵甲与其子女隔离的方式，意图干涉赵甲行使对子女的监护权。这种行为已经严重侵犯了赵甲的监护权，因此，赵甲有权要求吴乙父母将孩子交付给自己抚养。最后，父母在没有死亡或者丧失民事行为能力的条件下，不能通过协议将监护权转让给其他人。本案中，赵甲与吴乙父母签订的监护权变更协议由于不符合法律规定，应认定为无效。鉴于此，最终法院判决赵甲与吴乙的子女仍然归赵甲抚养。

　　本案中适用的2017年《民法总则》第27条已被《民法典》第27条所吸收，但法条内容没有发生改动。

法理提示

　　监护，既是一项法定的权利，也是法定的义务。"父母"这一称呼既意味着行使权利，也意味着承担责任。因此，父母作为未成年子女的监护人既有权对未成年子女进行监护，也有义务对其未成年子女进行监护。为切实保障未成年子女的合法权益，未成年子女的监护权不可随意更换。根据《民法典》第 27 条的规定，只有在未成年人的父母确已死亡或者确实没有监护能力的情形下，才能够由祖父母、外祖父母或其他人担任监护人。同时，其他人也不得侵犯父母对子女的监护权。父母对子女的抚养教育义务通常情况下不得免除，但如果父母确实有特殊困难无力抚养子女，法律才允许生父母将子女送养他人。其中，生父母有特殊困难是指：有重大疾病；有重度残疾；被人民法院判处有期徒刑、无期徒刑或者死刑。因此，出于对子女身心的关爱与权益的维护，法律不允许父母随意变更子女的监护权。

法条索引

1.《中华人民共和国民法典》

第二十七条　父母是未成年子女的监护人。

未成年人的父母已经死亡或者没有监护能力的，由下列有监护能力的人按顺序担任监护人：

（一）祖父母、外祖父母；

（二）兄、姐；

（三）其他愿意担任监护人的个人或者组织，但是须经未成年人住所地的居民委员会、村民委员会或者民政部门同意。

2. 2017 年《中华人民共和国民法总则》

第二十七条　父母是未成年子女的监护人。

未成年人的父母已经死亡或者没有监护能力的，由下列有监护能力的人按顺序担任监护人：

（一）祖父母、外祖父母；

（二）兄、姐；

（三）其他愿意担任监护人的个人或者组织，但是须经未成年人住所地的居民委员会、村民委员会或者民政部门同意。

3.《中华人民共和国妇女权益保障法》

第七十条 父母双方对未成年子女享有平等的监护权。

父亲死亡、无监护能力或者有其他情形不能担任未成年子女的监护人的，母亲的监护权任何组织和个人不得干涉。

51 父母虐待未成年子女会被撤销监护资格吗？

案情简介

林甲多次使用菜刀割伤年仅9岁的亲生儿子龙乙的后背、双臂，用火钳鞭打龙乙双腿，经常让龙乙挨饿。当地村民委员会干部及派出所民警多次对林甲进行批评教育，但林甲拒不悔改。共青团市委、市妇联等部门联合对林甲进行劝解教育，林甲虽然书面保证不再殴打其子龙乙，但事后林甲依然没有改过。同年，林甲再次以同样方法伤害其子龙乙。

于是村民委员会以被申请人林甲长期对龙乙实施的虐待行为已严重影响龙乙的身心健康为由，向法院请求依法撤销林甲对龙乙的监护人资格，指定村民委员会作为龙乙的监护人。法院经审理后，判决撤销被申请人林甲对龙乙的监护人资格，指定申请人村民委员会担任龙乙的监护人。

法律适用

本案涉及父母虐待子女是否会被撤销监护资格的法律问题。根据2017年《民法总则》第36条的规定，如果监护人实施严重损害被监护人身心健康的行为，人民法院可以根据有关组织的申请，撤销其监护人资格。本案中，林甲作为龙乙的母亲，应当履行保障被监护人的身心健康、照顾被监护人日常生活、教育被监护人的监护职责。但林甲却未采取正确的方法对龙乙进行教育引导，反而是采取打骂等手段长期虐待龙乙，其行为已经严重损害了龙乙的身心健康，因此，按照前述法条规定，林甲不宜继续担任龙乙的监护人，应撤销其监护资格。同时，根据2017年《民法总则》第37条的规定，父母被撤销监护资格后，仍应当继续履行支付抚养费的义务。

根据 2017 年《民法总则》第 36 条的规定，有权向法院提出撤销监护人资格的主体不限于村民委员会，还包括其他有监护资格的人、居民委员会、残疾人联合会、未成年保护组织、民政部门等，若前述个人或组织未及时申请撤销的，民政部门应当向法院提出申请。2017 年《民法总则》第 36 条、第 37 条已被《民法典》第 36 条、第 37 条吸收，条文内容没有发生改动。

法理提示

除本案中虐待被监护人的情形外，父母还可能因下述法定情形而被撤销监护人资格：一是采用不法手段侵害未成年人，造成未成年人身心健康严重受损的；二是怠于行使监护职责，致使未成年人处于困顿状态的；三是因自身恶习无法履行监护职责导致未成年人生活无着落的；四是利用未成年人乞讨，屡教不改的；五是利用未成年人犯罪的。

根据最高人民法院、最高人民检察院、公安部、民政部《关于依法处理监护人侵害未成年人权益行为若干问题的意见》的有关规定，撤销父母监护资格应当按照一定的程序进行。首先，发现未成年人受到监护人的不法侵害后，应及时向村（居）民委员会、民政部门、公安机关等相关单位举报并组织相应的调解、劝诫或批评教育。其次，若经调查发现确有侵害事实，公安机关应当将未成年人带离监护人，并交由其他监护人或有关救助机构进行临时监护。再次，若经过调查论证发现监护人已经不能继续履行其监护职责的，可以由未成年人的其他监护人、住所地的村（居）民委员会、民政部门或者是共青团、妇联、学校等团体选择向未成年人住所地、监护人住所地或侵害行为地法院申请撤销监护人的监护资格。最后，法院判决撤销监护人的监护资格时，若未成年人还有其他符合监护资格条件的人，人民法院应当依据《民法典》第 27 条规定的顺序，按照最有利于被监护人的原则，指定新的监护人。

另外，监护资格被撤销之后，被撤销的人可以申请恢复监护人资格。但是，根据《民法典》第 38 条、《关于依法处理监护人侵害未成年人权益行为若干问题的意见》第 40 条的规定，如果被撤销的人对未成年人实施故意犯罪，或虐待、遗弃等侵害未成年人的，一般不得恢复监护人资格。

法条索引

1. 《中华人民共和国民法典》

第二十七条 父母是未成年子女的监护人。

未成年人的父母已经死亡或者没有监护能力的，由下列有监护能力的人按顺序担任监护人：

（一）祖父母、外祖父母；

（二）兄、姐；

（三）其他愿意担任监护人的个人或者组织，但是须经未成年人住所地的居民委员会、村民委员会或者民政部门同意。

第三十六条 监护人有下列情形之一的，人民法院根据有关个人或者组织的申请，撤销其监护人资格，安排必要的临时监护措施，并按照最有利于被监护人的原则依法指定监护人：

（一）实施严重损害被监护人身心健康的行为；

（二）怠于履行监护职责，或者无法履行监护职责且拒绝将监护职责部分或者全部委托给他人，导致被监护人处于危困状态；

（三）实施严重侵害被监护人合法权益的其他行为。

本条规定的有关个人、组织包括：其他依法具有监护资格的人，居民委员会、村民委员会、学校、医疗机构、妇女联合会、残疾人联合会、未成年人保护组织、依法设立的老年人组织、民政部门等。

前款规定的个人和民政部门以外的组织未及时向人民法院申请撤销监护人资格的，民政部门应当向人民法院申请。

第三十七条 依法负担被监护人抚养费、赡养费、扶养费的父母、子女、配偶等，被人民法院撤销监护人资格后，应当继续履行负担的义务。

第三十八条 被监护人的父母或者子女被人民法院撤销监护人资格后，除对被监护人实施故意犯罪的外，确有悔改表现的，经其申请，人民法院可以在尊重被监护人真实意愿的前提下，视情况恢复其监护人资格，人民法院指定的监护人与被监护人的监护关系同时终止。

2. 最高人民法院、最高人民检察院、公安部、民政部《关于依法处理监护人侵害未成年人权益行为若干问题的意见》

第三十五条 被申请人有下列情形之一的，人民法院可以判决撤销其监护人资格：

（一）性侵害、出卖、遗弃、虐待、暴力伤害未成年人，严重损害未成年人身心健康的；

（二）将未成年人置于无人监管和照看的状态，导致未成年人面临死亡或者严重伤害危险，经教育不改的；

（三）拒不履行监护职责长达六个月以上，导致未成年人流离失所或者生活无着的；

（四）有吸毒、赌博、长期酗酒等恶习无法正确履行监护职责或者因服刑等原因无法履行监护职责，且拒绝将监护职责部分或者全部委托给他人，致使未成年人处于困境或者危险状态的；

（五）胁迫、诱骗、利用未成年人乞讨，经公安机关和未成年人救助保护机构等部门三次以上批评教育拒不改正，严重影响未成年人正常生活和学习的；

（六）教唆、利用未成年人实施违法犯罪行为，情节恶劣的；

（七）有其他严重侵害未成年人合法权益行为的。

第四十条 人民法院经审理认为申请人确有悔改表现并且适宜担任监护人的，可以判决恢复其监护人资格，原指定监护人的监护人资格终止。

申请人具有下列情形之一的，一般不得判决恢复其监护人资格：

（一）性侵害、出卖未成年人的；

（二）虐待、遗弃未成年人六个月以上、多次遗弃未成年人，并且造成重伤以上严重后果的；

（三）因监护侵害行为被判处五年有期徒刑以上刑罚的。

3. 2017 年《中华人民共和国民法总则》

第三十六条 监护人有下列情形之一的，人民法院根据有关个人或者组织的申请，撤销其监护人资格，安排必要的临时监护措施，并按照最有利于被监护人的原则依法指定监护人：

（一）实施严重损害被监护人身心健康行为的；

（二）怠于履行监护职责，或者无法履行监护职责并且拒绝将监护职责部分或者全部委托给他人，导致被监护人处于危困状态的；

（三）实施严重侵害被监护人合法权益的其他行为的。

本条规定的有关个人和组织包括：其他依法具有监护资格的人、居民委员会、村民委员会、学校、医疗机构、妇女联合会、残疾人联合会、未成年人保护组织、依法设立的老年人组织、民政部门等。

前款规定的个人和民政部门以外的组织未及时向人民法院申请撤销监护人资格的，民政部门应当向人民法院申请。

第三十七条　依法负担被监护人抚养费、赡养费、扶养费的父母、子女、配偶等，被人民法院撤销监护人资格后，应当继续履行负担的义务。

第三十八条　被监护人的父母或者子女被人民法院撤销监护人资格后，除对被监护人实施故意犯罪的外，确有悔改表现的，经其申请，人民法院可以在尊重被监护人真实意愿的前提下，视情况恢复其监护人资格，人民法院指定的监护人与被监护人的监护关系同时终止。

52 父母遗弃未成年子女会被撤销监护人资格吗？

▪ 案情简介 ▪

张某夫妇将自己刚出生三天的孩子小张遗弃在某商场附近。民警将小张送至社会福利院代养，后来查寻到张某夫妇，但二人仍然拒绝履行抚养义务。小张的祖父母、外祖父母均表示无力承担监护职责。鉴于此，民政局向法院提起诉讼，申请撤销小张父母的监护人资格。法院认为，张某夫妇将没有独立生活能力的小张遗弃在商场附近，是严重损害小张身心健康的行为，经民警教育仍然拒绝承担监护责任。因此，法院判决撤销张某夫妇的监护人资格，并指定民政局担任小张的监护人。

法律适用

本案涉及父母因遗弃子女被撤销监护人资格的法律问题。虽然父母是未成年子女的法定监护人，但是，如果父母非但不履行监护职责反而遗弃子女的，依法会被撤销监护人资格。根据《未成年人保护法》第 108 条，以及

《关于依法处理监护人侵害未成年人权益行为若干问题的意见》第 35 条的规定，父母遗弃未成年子女，导致子女身心健康严重损害的，依法会被法院判决撤销其监护人资格。本案中，张某夫妇是小张的监护人，但张某夫妇不履行抚养义务，将尚在襁褓中的婴儿遗弃在商场附近，严重损害了小张的合法权益，应依法撤销其监护人资格。由于小张父母的监护人资格被撤销，祖父母、外祖父母均无力承担监护职责，为确保小张得到悉心照顾，法院根据 2017 年《民法总则》第 36 条的规定，指定民政局为小张的监护人，保障小张身心健康。

《民法典》第 36 条吸收 2017 年《民法总则》第 36 条，条文内容没有改动。

法理提示

父母是未成年子女的监护人，应当尽到监护职责，照顾未成年子女的生活，保障子女的身心健康。然而，现实生活中却有很多不称职的父母，不仅放任未成年子女不管不顾，甚至遗弃子女，暴力相向。鉴于此，对于不履行抚养义务，不承担监护责任的父母应当撤销其监护人资格，让有意愿和能力的个人或组织抚养，确保未成年人健康成长。如果公民在生活中发现有父母虐待子女、故意伤害子女的情况，可及时向当地派出所、未成年人保护组织等机构报告，避免子女再次受到伤害。如果经审查后认定父母的监护人资格应当被撤销，除民政部门可以进行申请撤销外，根据《民法典》第 36 条的规定，未成年人的兄姐、祖父母、外祖父母，或者其他有抚养意愿和能力的组织，也可以向法院提出撤销申请。

必须提醒的是，尽管父母被撤销监护人资格，但仍应承担子女抚养费，《民法典》第 37 条对此进行了明确规定。可参考案例 55 "父母被撤销监护人资格后，仍需支付子女抚养费吗？"。

法条索引

1.《中华人民共和国民法典》

第三十六条 监护人有下列情形之一的，人民法院根据有关个人或者组织的申请，撤销其监护人资格，安排必要的临时监护措施，并按照最有利于被监护人的原则依法指定监护人：

（一）实施严重损害被监护人身心健康的行为；

（二）怠于履行监护职责，或者无法履行监护职责且拒绝将监护职责部分或者全部委托给他人，导致被监护人处于危困状态；

（三）实施严重侵害被监护人合法权益的其他行为。

本条规定的有关个人、组织包括：其他依法具有监护资格的人，居民委员会、村民委员会、学校、医疗机构、妇女联合会、残疾人联合会、未成年人保护组织、依法设立的老年人组织、民政部门等。

前款规定的个人和民政部门以外的组织未及时向人民法院申请撤销监护人资格的，民政部门应当向人民法院申请。

第三十七条　依法负担被监护人抚养费、赡养费、扶养费的父母、子女、配偶等，被人民法院撤销监护人资格后，应当继续履行负担的义务。

2. 2017 年《中华人民共和国民法总则》

第三十六条　监护人有下列情形之一的，人民法院根据有关个人或者组织的申请，撤销其监护人资格，安排必要的临时监护措施，并按照最有利于被监护人的原则依法指定监护人：

（一）实施严重损害被监护人身心健康行为的；

（二）怠于履行监护职责，或者无法履行监护职责并且拒绝将监护职责部分或者全部委托给他人，导致被监护人处于危困状态的；

（三）实施严重侵害被监护人合法权益的其他行为的。

本条规定的有关个人和组织包括：其他依法具有监护资格的人，居民委员会、村民委员会、学校、医疗机构、妇女联合会、残疾人联合会、未成年人保护组织、依法设立的老年人组织、民政部门等。

前款规定的个人和民政部门以外的组织未及时向人民法院申请撤销监护人资格的，民政部门应当向人民法院申请。

第三十七条　依法负担被监护人抚养费、赡养费、扶养费的父母、子女、配偶等，被人民法院撤销监护人资格后，应当继续履行负担的义务。

53 离婚时，双方可以要求共同抚养子女吗？

▪ 案情简介 ▪

　　王甲与李乙经人介绍认识，恋爱十个月后登记结婚并举行婚礼，婚后一年二人生育一子小王。在最近两年的婚姻生活中，王甲与李乙因家庭琐事发生矛盾，二人一直分居生活。后来，王甲向法院起诉要求离婚，被法院驳回。六个月后，王甲又向法院提起离婚诉讼并要求判令小王由自己抚养，法院经审理认为二人夫妻感情确已破裂，准予二人离婚。小王是二人的婚生子女，双方虽离婚但均应承担抚养教育小王的义务，因此，法院判决小王由二人各自抚养五年半直至成年。

法律适用

　　本案涉及离婚时能否约定由双方共同抚养子女的问题。根据 2001 年《婚姻法》第 36 条第 1 款的规定，父母离婚并不会导致父母子女关系的消除。父母离婚后，无论是否直接抚养子女，父母子女关系仍保持不变。因此，在夫妻关系确已破裂判决离婚的情况下，父母与子女之间的亲子关系并未发生改变，法律上的权利义务关系也未发生改变，依然对子女负有抚养的法定义务。本案中，法院查明的事实是，小王在王甲与李乙分居期间，虽然一直跟随李乙生活，但是李乙患有疾病，结合王甲与李乙之间的经济状况、父母对子女履行关怀义务的必要性，以及子女对父母情感的需要，本案中法院经审理认为父母对子女的抚养教育义务，不因双方婚姻关系的终止而发生变化，因此，结合双方意愿、经济状况等因素，法院作出双方轮流抚养至子女成年的判决具有其合理性，并不违反法律的强制性规定。

　　2001 年《婚姻法》第 36 条第 1 款被《民法典》吸收为第 1084 条第 1 款，条文内容没有改动。

法理提示

　　《民法典》规定了父母对子女的抚养、探望条款，但是对于具体的抚养方式并没有进行更加明确的规定。根据《民法典》第 1084 条第 1 款，父母离婚后，无论子女随父母任一方共同生活，子女仍然是双方的子女。但从实际情况来看，父母离婚必然会导致父母与子女之间的关系发生重大变化，此处的变化不仅指生活环境、物质经济等方面的不同，更多的是父母子女之间相处方式、心理状态之间的变化，而共同监护一方面能够减少父母之间为争夺监护权的激烈争斗对子女心灵的伤害；另一方面子女也能够得到父母双方的照顾与关爱，减少因父母离婚对子女生活或者心理产生的巨大冲击，避免因父爱或母爱缺失而对子女心理状态的伤害，尽可能营造一种相对积极健康的成长环境。当然，共同抚养模式并非适用于所有的离异家庭，若要采取此种抚养方式需要具备以下三个条件：一是父母之间没有严重矛盾，不存在危害子女成长的暴力、吸毒、赌博等恶习，双方之间具有合作能力；二是双方之间在抚养能力、财力方面较为接近，没有明显不足，如此方能共同履行好抚养义务；三是从父母双方以及子女的意愿来看，共同抚养符合子女的实际状况。

轮流抚养是当前共同抚养中适用较多的一种方式，现已编入《民法典婚姻家庭编司法解释（一）》第 48 条。具体抚养期限可以由双方根据子女实际情况协商确定，按学期、学龄阶段或按年度轮流抚养。另外，还有一方支付多数抚养费、另一方照顾子女等模式。共同抚养，能更好地对子女进行保护、照顾、教育，更有利于子女身心健康的发展。如果共同抚养符合子女最佳利益保护原则，选择共同抚养对子女的保护来说具有重要意义。

法条索引

1. 《中华人民共和国民法典》

第一千零八十四条　父母与子女间的关系，不因父母离婚而消除。离婚后，子女无论由父或者母直接抚养，仍是父母双方的子女。

离婚后，父母对于子女仍有抚养、教育、保护的权利和义务。

离婚后，不满两周岁的子女，以由母亲直接抚养为原则。已满两周岁的子女，父母双方对抚养问题协议不成的，由人民法院根据双方的具体情况，按照最有利于未成年子女的原则判决。子女已满八周岁的，应当尊重其真实意愿。

2. 最高人民法院《关于适用〈中华人民共和国民法典〉婚姻家庭编的解释（一）》

第四十八条 在有利于保护子女利益的前提下，父母双方协议轮流直接抚养子女的，人民法院应予支持。

54 离婚时孩子未满两周岁，是否一定归女方抚养？

案情简介

张甲、王乙登记结婚一年后生育一女小张。后因感情不和二人开始分居，小张随父亲张甲共同生活。小张一岁半时，母亲王乙向法院提起离婚诉讼，并要求判决小张由自己抚养。王乙表示，两周岁以下的子女应由母亲抚养，自己名下有一套住房，每月收入稳定，家庭条件明显优于张甲。张甲辩称，与王乙分居后，女儿小张一直由自己抚养，父母也帮助他悉心抚育女儿，为她营造了温馨的生活环境并给予了充分的关爱。而王乙却对女儿的成长不闻不问，未尽抚养义务。法院认为，未成年子女身心健康成长不仅依赖于物质条件，还要结合子女的成长环境等因素综合考量。最终，法院判决小张由张甲抚养，王乙每月给付相应抚养费。

法律适用

本案涉及确定两周岁以下子女抚养权归属的判定问题。夫妻双方离婚后，仍应履行对子女抚养教育的法定义务。根据 2001 年《婚姻法》第 36 条的规定，离婚后对尚在哺乳期内的子女以随哺乳的母亲抚养为原则。另，根据 1993 年最高人民法院《关于人民法院审理离婚案件处理子女抚养问题的若干具体意见》（以下简称 1993 年《子女抚养意见》）第 1 条规定，如果子女不满两周岁，一般随母亲生活。王乙据此主张要求不满两周岁的小张随自己共同生活。然而，这一原则还规定了例外情况，其中包括如果母亲有抚养条件但不尽抚养义务，而父亲要求子女随自己生活的，即使子女未满两周岁，也可以随父亲生活。本案中，王乙有较好的抚养条件，但并未实际抚养孩子，也没有尽到为人母亲应尽的责任。从双方分居至王乙起诉的较长时间里，小张一直随父亲张甲和爷爷、奶奶生活，彼此已经建立起较深厚的感情。况且，张甲也有条件和能力抚养小张。虽然物质生活条件是法院判定抚养权归属的一个重要标准，但并不是唯一的标准。因此，法院从有利于子女身心健康角度出发，维持子女现有的生活状态，判决小张继续随张甲共同生活。

应当注意的是，2001 年《婚姻法》第 36 条表述的是"哺乳期内的子女"，而 1993 年《子女抚养意见》第 1 条表述的是"两周岁以下的子女"。2001 年《婚姻法》和 1993 年《子女抚养意见》相关条款经修改后编入《民法典》第 1084 条、《民法典婚姻家庭编司法解释（一）》第 44 条，即夫妻双方离婚后"不满两周岁的子女"以由母亲直接抚养为原则。但是该原则的适用前提也是在母亲对子女能够尽到应尽的抚养义务。因此，在司法实务中，还是应当从最有利于子女成长的角度考虑子女抚养权归属。

法理提示

考虑到两周岁以下的子女尚处于婴幼儿时期，更需要母亲的哺乳、照顾和关爱。从为孩子营造更温暖有爱的成长环境角度考虑，为照顾孩子心理情绪，这个时期的孩子更适合与母亲生活，更有利于孩子安全感的形成和性格、情绪等人格特征的培养。这也是规定不满两周岁子女一般随母亲生活的考量。但是，也有例外情况。如果母亲不尽职责、无法给予孩子更多关爱与陪伴，子女的父亲也可以尽自己的努力去争取孩子的抚养权。当然，男方要获得抚养权需要举证证明女方存在不适宜与子女一同生活的证据，例如，女方存在吸毒、赌博、患有严重传染性疾病，或者有抚养能力未尽抚养义务等不利于孩子成长的情形，一般情况下法院会综合考查双方过错程度、对子女的照顾关爱情形、抚养孩子的经济条件、老人协助照看的能力等，以有利于子女的成长为主旨综合考量。

法条索引

1.《中华人民共和国民法典》

第一千零八十四条　父母与子女间的关系，不因父母离婚而消除。离婚后，子女无论由父或者母直接抚养，仍是父母双方的子女。

……

离婚后，不满两周岁的子女，以由母亲直接抚养为原则。

……

2. 最高人民法院《关于适用〈中华人民共和国民法典〉婚姻家庭编的解释（一）》

第四十四条　离婚案件涉及未成年子女抚养的，对不满两周岁的子女，按照民法典第一千零八十四条第三款规定的原则处理。母亲有下列情形之一，父亲请求直接抚养的，人民法院应予支持：

（一）患有久治不愈的传染性疾病或者其他严重疾病，子女不宜与其共同生活；

（二）有抚养条件不尽抚养义务，而父亲要求子女随其生活；

（三）因其他原因，子女确不宜随母亲生活。

3. 1993 年最高人民法院《关于人民法院审理离婚案件处理子女抚养问题的若干具体意见》

1. 两周岁以下的子女，一般随母方生活。母方有下列情形之一的，可随父方生活：

（1）患有久治不愈的传染性疾病或其他严重疾病，子女不宜与其共同生活的；

（2）有抚养条件不尽抚养义务，而父方要求子女随其生活的；

（3）因其他原因，子女确无法随母方生活的。

4. 2001 年《中华人民共和国婚姻法》

第三十六条　父母与子女间的关系，不因父母离婚而消除。离婚后，子女无论由父或母直接抚养，仍是父母双方的子女。

离婚后，父母对于子女仍有抚养和教育的权利和义务。

离婚后，哺乳期内的子女，以随哺乳的母亲抚养为原则。哺乳期后的子女，如双方因抚养问题发生争执不能达成协议时，由人民法院根据子女的权益和双方的具体情况判决。

55 父母被撤销监护人资格后，仍需支付子女抚养费吗？

案情简介

宋甲作为未成年人武乙的母亲，不履行抚养武乙的义务，也不支付武乙的生活、教育、医疗等费用。民政局委托律师向法院申请撤销宋甲的监护资格。宋甲监护资格被撤销后，民政局再次以武乙名义，委托律师向法院提起诉讼，要求其母宋甲支付未成年子女武乙的抚养费。法院认为，宋甲被撤销了监护资格，但仍应负担抚养费。经审理后，法院判决宋甲支付拖欠武乙的抚养费 2100 元；每月向武乙支付 400 元生活费，直至武乙满 18 周岁。

法律适用

本案涉及父母能否以监护资格被撤销为由拒绝承担未成年子女抚养费的法律问题。根据 2017 年《民法总则》第 27 条、第 37 条的规定，如果子女还没有成年，他们的父母就是法定的监护人。即使他们的父母失去了监护人资格，还是应该承担子女的抚养费。本案中，武乙的母亲宋甲因怠于履行抚养义务，已经被法院撤销监护资格。但撤销监护资格并不代表免除其对宋甲的抚养义务。因此，在撤销监护资格后，武乙依旧有权要求母亲宋甲支付抚养费。按照 2001 年《婚姻法》第 21 条的规定，未成年子女有权要求父母付给抚养费。最终法院依法支持了武乙要求母亲支付抚养费的诉讼请求。

《民法典》第 27 条、第 37 条完全吸收 2017 年《民法总则》第 27 条、第 37 条，没有修改。《民法典》第 1067 条吸收了 2001 年《婚姻法》第 21 条，同时，在第 1 款进一步明确了要求父母支付抚养费的主体。也就是说，如果子女还未成年，而父母拒绝抚养的话，子女可以诉请父母履行支付义务。此外，即便是子女已经成人，但却不能独立生活的，也可以起诉要求父母负担抚养费。

法理提示

本案中所涉及的抚养费案件与撤销监护人资格案件分别涉及两种不同的法律关系。父母对未成年子女以及不能独立生活的子女负有抚养教育义务，这种义务并不会因为父母被撤销监护资格而免除。此外，在诉讼程序方面，撤销监护人资格与索求抚养费分别适用不同的诉讼程序。子女要求父母支付抚养费的适用民事诉讼程序，而撤销监护人资格适用特别程序。

法条索引

1.《中华人民共和国民法典》

第二十七条第一款　父母是未成年子女的监护人。

第三十七条　依法负担被监护人抚养费、赡养费、扶养费的父母、子女、配偶等，被人民法院撤销监护人资格后，应当继续履行负担的义务。

第一千零六十七条　父母不履行抚养义务的，未成年子女或者不能独立生活的成年子女，有要求父母给付抚养费的权利。

成年子女不履行赡养义务的，缺乏劳动能力或者生活困难的父母，有要求成年子女给付赡养费的权利。

2. 2017 年《中华人民共和国民法总则》

第二十七条第一款　父母是未成年子女的监护人。

第三十七条　依法负担被监护人抚养费、赡养费、扶养费的父母、子女、配偶等，被人民法院撤销监护人资格后，应当继续履行负担的义务。

3. 2001 年《中华人民共和国婚姻法》

第二十一条　父母对子女有抚养教育的义务；子女对父母有赡养扶助的义务。父母不履行抚养义务时，未成年的或不能独立生活的子女，有要求父母付给抚养费的权利。

子女不履行赡养义务时，无劳动能力的或生活困难的父母，有要求子女付给赡养费的权利。

禁止溺婴、弃婴和其他残害婴儿的行为。

56 抚养费超出子女正常学习生活需求，能否要求减少抚养费？

案情简介

　　胡甲与徐乙婚后生育一女，取名为小胡，小胡一岁半时胡甲向法院起诉离婚，法院经审理判决准予二人离婚，因婚生女小胡尚未满两周岁，判给徐乙抚养较为适宜，胡甲承诺每月支付占自己工资50%的抚养费3000元，直至小胡18周岁。离婚后，胡甲一直按期支付抚养费，10年后，因胡甲年岁渐高，每月领取的退休金仅为4000元，因此，胡甲向法院起诉请求减少一定数额的抚养费。庭审中，胡甲向法院提交了医院出具的诊断单以及就医记录和养老金的领取证明。法院认为，子女抚养费可以根据子女的实际需要、当地生活水平，以及抚养人负担能力等综合确定。最终，法院在保证小胡成长所需抚养费的前提下支持了胡甲要求减少部分抚养费的请求。

法律适用

　　本案涉及减少子女抚养费的法律问题。抚养费包括子女生活费用、学费，以及看病就医的费用。2001年《婚姻法》第37条、2001年《婚姻法司法解释（一）》第21条规定，夫妻两人即使已经离婚，没有与子女一起生活的一方，仍然应当负担子女的抚养费。至于承担多少，以及支付的方式、期限，可以由双方协商或法院判决。另，1993年《子女抚养意见》第7条规定，抚养费的数额应结合子女的实际需要、父母负担能力和当地的生活水平进行确定。有固定收入的，抚育费一般按其月收入的20%至30%确定。本案中，胡甲每月工资6000余元，每月给小胡3000元，占工资比例50%。从小胡所在地的生活水平来看，每月3000元抚养费已经超过了小胡日常生活学习所需。现胡甲已经退休，收入比之前发生了较大幅度减少，并且患有慢性疾病需长期治疗。因此，法院综合考虑小胡的学习生活需求、胡甲的收入及身体情况等，支持了胡甲要求减少部分抚养费的请求。

　　2001年《婚姻法司法解释（一）》第21条编入《民法典婚姻家庭编司法解释（一）》第42条，没有修改。2001年《婚姻法》第37条规定，夫妻两人离婚以后，没有直接抚养子女的一方仍然应当承担子女必要的生活费和教育费。这一条款已经被《民法典》第1085条吸收，同时，进行了实质性修改。修改后，《民法典》删除了"必要的"3个字，并将"生活费和教育费"修改为"抚养费"，与《民法典婚姻家庭编司法解释（一）》第42条关于抚养费的规定保持一致。此外，1993年《子女抚养意见》第7条编入《民法典婚姻家庭编司法解释（一）》第49条，没有发生实质性修改。

法理提示

《民法典》第1085条明确规定，夫妻一方未直接抚养子女的，仍然应当负担子女抚养费。随着社会经济水平提高和子女成长需求变化，子女抚养费一般会逐年增多，实务中会出现部分父母因自身经济条件限制请求减少抚养费的案件。在抚养费案件中，法院会综合考虑当事人提出增加或减少抚养费的理由、负担人的收入状况和负担能力，以及是否存在影响其生活的特殊情况和减少可能会对子女造成的影响等进行综合考虑，最终作出支持或者不予支持的裁判。对于当事人提出减少抚养费的诉讼请求，法院大多会从最有利于子女身心健康、保障子女的合法权益的角度考虑，不予支持其要求减少支付的诉讼请求。只有在支付抚养费一方的当事人对子女支付了明显超过其生活所需的抚养费，后又出现了影响支付抚养费一方的生产生活的特殊状况的时候，法院才会考虑适当降低子女抚养费。无论如何，即使父母离婚，也应当从最有利于子女的角度考虑，保证子女能够在健康舒适的环境中茁壮成长。

法条索引

1.《中华人民共和国民法典》

第一千零八十五条 离婚后，子女由一方直接抚养的，另一方应当负担部分或者全部抚养费。负担费用的多少和期限的长短，由双方协议；协议不成的，由人民法院判决。

前款规定的协议或者判决，不妨碍子女在必要时向父母任何一方提出超过协议或者判决原定数额的合理要求。

2. 最高人民法院《关于适用〈中华人民共和国民法典〉婚姻家庭编的解释（一）》

第四十二条　民法典第一千零六十七条所称"抚养费"，包括子女生活费、教育费、医疗费等费用。

第四十九条　抚养费的数额，可以根据子女的实际需要、父母双方的负担能力和当地的实际生活水平确定。

有固定收入的，抚养费一般可以按其月总收入的百分之二十至三十的比例给付。负担两个以上子女抚养费的，比例可以适当提高，但一般不得超过月总收入的百分之五十。

无固定收入的，抚养费的数额可以依据当年总收入或者同行业平均收入，参照上述比例确定。

有特殊情况的，可以适当提高或者降低上述比例。

3. 2001 年《中华人民共和国婚姻法》

第三十七条　离婚后，一方抚养的子女，另一方应负担必要的生活费和教育费的一部或全部，负担费用的多少和期限的长短，由双方协议；协议不成时，由人民法院判决。

关于子女生活费和教育费的协议或判决，不妨碍子女在必要时向父母任何一方提出超过协议或判决原定数额的合理要求。

4. 1993 年最高人民法院《关于人民法院审理离婚案件处理子女抚养问题的若干具体意见》

第七条　子女抚育费的数额，可根据子女的实际需要、父母双方的负担能力和当地的实际生活水平确定。

有固定收入的，抚育费一般可按其月总收入的百分之二十至三十的比例给付。负担两个以上子女抚育费的，比例可适当提高，但一般不得超过月总收入的百分之五十。

无固定收入的，抚育费的数额可依据当年总收入或同行业平均收入，参照上述比例确定。

有特殊情况的，可适当提高或降低上述比例。

5. 2001 年最高人民法院《关于适用〈中华人民共和国婚姻法〉若干问题的解释（一）》

第二十一条　婚姻法第二十一条所称"抚养费"，包括子女生活费、教育费、医疗费等费用。

57 抚养子女的一方能否因生活水平提高，要求另一方增加抚养费？

案情简介

吕甲与徐乙恋爱一年后登记结婚，婚后育有一女小吕。四年后，双方矛盾不断，吕甲与徐乙经法院判决离婚，小吕由吕甲抚养，徐乙每月支付抚养费 600 元。几年后，由于小吕已经在当地中学就读初中，每月 600 元的抚养费已经不能够满足小吕的日常生活、学习的需要。小吕作为原告向法院提起诉讼，吕甲为其法定代理人，要求徐乙每月支付抚养费 1500 元。法院经审理后支持了小吕的诉讼请求。

法律适用

本案涉及增加子女抚养费的法律问题。根据 2001 年《婚姻法》第 37 条第 2 款的规定，子女在必要时有权在合理范围内向父母提出超出原定抚养费数额。另外，根据 1993 年《子女抚养意见》第 18 条的规定，如果原来确定的抚养费数额不能够使子女维持当地生活，或者因子女患病、就学等原因，导致他实际需要的费用已经超出原来确定的抚养费数额时，子女要求有支付能力的父母增加抚养费的，法院应当支持其诉讼请求。本案中，由于小吕所在地的经济水平提高，小吕就读初中后日常开支逐渐增多，根据法律规定，当原法院判决确定的抚养费金额已经不能满足和保障未成年子女基本生活和学习时，未成年子女有权要求抚养义务人增加抚养费。最终，法院支持了小吕的请求。司法实践中，法院应当根据案件的具体情况，着眼于未成年人的合理需求，在合情合理的范围内尽可能地保障其生活学习的需要。

法理提示

司法实务中，在处理抚养费纠纷时应着眼于未成年人的合理需求，既要避免奢侈性的抚养费，又要保证能满足子女学习、生活的正常需求。对于子女要求增加抚养费的请求并非一经主张就能够得到法院的支持，还需要考虑以下三个因素：一是增加抚养费的理由是否符合1993年《子女抚养意见》第18条的规定；二是是否属于因未成年人合理需求产生的支出，法律不鼓励超前消费或者奢侈性支出；三是支付抚养费一方的经济能力、给付能力和生活负担，避免因增加费用造成抚养人生活负担过大。四是夫妻双方离婚后，有权要求增加抚养费的诉讼主体只能是自己的子女，而直接抚养子女的一方只能够作为子女的法定代理人代为行使部分权利。

2001年《婚姻法》第37条第2款已被《民法典》第1085条第2款吸收编入，对应为《民法典》第1085条第2款，仅将原"关于子女生活费和教育费的协议或判决"规范表述为"前款规定的协议或者判决"。1993年《子女抚养意见》第18条也被编入《民法典婚姻家庭编司法解释（一）》第58条。前述条文编入后的内容没有实质性变更。

法条索引

1.《中华人民共和国民法典》

第一千零八十五条 离婚后，子女由一方直接抚养的，另一方应当负担部分或者全部抚养费。负担费用的多少和期限的长短，由双方协议；协议不成的，由人民法院判决。

前款规定的协议或者判决，不妨碍子女在必要时向父母任何一方提出超过协议或者判决原定数额的合理要求。

2. 最高人民法院《关于适用〈中华人民共和国民法典〉婚姻家庭编的解释（一）》

第五十八条 具有下列情形之一，子女要求有负担能力的父或者母增加抚养费的，人民法院应予支持：

（一）原定抚养费数额不足以维持当地实际生活水平；

（二）因子女患病、上学，实际需要已超过原定数额；

（三）有其他正当理由应当增加。

3. 1993 年最高人民法院《关于人民法院审理离婚案件处理子女抚养问题的若干具体意见》

第十八条　子女要求增加抚育费有下列情形之一，父或母有给付能力的，应予支持。

（1）原定抚育费数额不足以维持当地实际生活水平的；

（2）因子女患病、上学，实际需要已超过原定数额的；

（3）有其他正当理由应当增加的。

4. 2001 年《中华人民共和国婚姻法》

第三十七条　离婚后，一方抚养的子女，另一方应负担必要的生活费和教育费的一部或全部，负担费用的多少和期限的长短，由双方协议；协议不成时，由人民法院判决。

关于子女生活费和教育费的协议或判决，不妨碍子女在必要时向父母任何一方提出超过协议或判决原定数额的合理要求。

58 成年子女上大学期间，能否要求父母支付抚养费？

◆ 案情简介 ◆

　　林甲与陈乙结婚后生育一女小陈，六年后二人在当地民政局办理离婚登记。双方在离婚协议中约定，婚生女小陈由陈乙抚养，林甲每月支付抚养费 300 元，林甲每年分两次支付。小陈考上大学后，父母当年离婚时约定的抚养费已不能支付高昂的学费，因此，小陈、陈乙向法院起诉要求林甲每月支付 1000 元抚养费直至小陈大学毕业。法院经审理后认为，小陈已经年满 18 周岁，具有完全民事行为能力，虽然其在大学就读期间的学杂费、生活费较高，但小陈接受的是高等教育，也并未因丧失劳动能力等原因无法维持正常生活。因此，法院驳回了小陈的诉讼请求。

法律适用

本案涉及成年子女上大学期间父母是否必须支付抚养费的问题。根据2001年《婚姻法》第21条的规定，未成年的或不能独立生活的子女，有权要求父母付给抚养费。另，根据2001年《婚姻法司法解释（一）》第20条的规定，如果是无法独立生活的子女要求父母履行支付抚养费的义务，还需要满足其他任一条件。其一，该子女还处于求学阶段，正在接受高中及以下教育。其二，该子女已经成年，但是因某些客观原因导致其无法像其他成年人一样工作，无力维持正常生活。因此，对于已经成年但尚在读大学的子女，父母没有承担支付抚养费的法定义务。本案中，小陈已经年满18周岁，且在接受大学教育，不符合上述规定中有权要求父母给付抚养费的情形。因此，原告提出的小陈在大学期间的费用由林甲负担部分的主张理由不充分，法院最终驳回了原告的诉讼请求。小陈在大学期间的费用可以另行与父母协商，也可以通过助学贷款、勤工俭学的方式解决。

2001年《婚姻法》第21条已经被《民法典》第1067条吸收，2001年《婚姻法司法解释（一）》第20条已被编入《民法典婚姻家庭编司法解释（一）》第41条，条文内容略有修改，用语更为规范。

法理提示

《民法典婚姻家庭编司法解释（一）》第41条制定时是考虑到大学教育并非义务教育，进入大学学习的成年子女可以通过勤工俭学、凭借自己的劳动收入或者申请助学贷款等方式完成大学教育，负担大学费用不应成为父母的法定义务，以免出现成年子女过度依赖父母的情形。然而，理论界和实务界都对此提出质疑，认为该规定不符合现如今中国国情，因为当前多数大学生都是依靠父母完成学业，但对于某些父母离异、分居或者父母不尽职责的家庭的孩子而言，本身就较难以获得父母足够的经济帮助，若仅靠勤工俭学的收入可能难以支撑整个大学生涯中的学习与生活。

《民法典》第1067条规定，成年子女有权要求父母给付抚养费，但前提是在不能独立生活的情况下。在司法实务中，已经成年的大学生是否属于不能独立生活的成年子女需要结合个案的具体情况来判断。

虽然当前立法上没有作出新的规定，但实践中是可以采取协商的举措，尽可能地保障子女能够在较为稳定、充实的环境中完成学业。相信理论界和实务界也会展开相关调研，广泛听取社会意见，进一步推动相关立法完善。

法条索引

1.《中华人民共和国民法典》

第一千零六十七条第一款　父母不履行抚养义务的，未成年子女或者不能独立生活的成年子女，有要求父母给付抚养费的权利。

2. 最高人民法院《关于适用〈中华人民共和国民法典〉婚姻家庭编的解释（一）》

第四十一条　尚在校接受高中及其以下学历教育，或者丧失、部分丧失劳动能力等非因主观原因而无法维持正常生活的成年子女，可以认定为民法典第一千零六十七条规定的"不能独立生活的成年子女"。

3. 2001 年《中华人民共和国婚姻法》

第二十一条　父母对子女有抚养教育的义务；子女对父母有赡养扶助的义务。父母不履行抚养义务时，未成年的或不能独立生活的子女，有要求父母付给抚养费的权利。

……

4. 2001 年最高人民法院《关于适用〈中华人民共和国婚姻法〉若干问题的解释（一）》

第二十条　婚姻法第二十一条规定的"不能独立生活的子女"，是指尚在校接受高中及其以下学历教育，或者丧失或未完全丧失劳动能力等非因主观原因而无法维持正常生活的成年子女。

59 离婚后，一方能否以对方禁止自己探望子女为由拒绝支付抚养费?

案情简介

　　张甲与胡乙婚后生育一子小张。五年后因性格不合，双方在当地民政局协议离婚，约定小张由胡乙抚养，张甲每月支付800元抚养费直至儿子参加工作和独立生活为止，教育与医疗费用双方各自承担一半。然而，张甲仅支付了第一个月的抚养费后就再未支付任何费用。为此，胡乙以小张名义向法院起诉要求张甲支付拖欠的抚养费。张甲辩称，胡乙没有按照离婚协议约定协助其探望小张，因此不愿意支付抚养费。如果从本月开始胡乙愿意协助自己探望子女，则愿意承担相应的抚养费。法院经审理认为，探望权的行使与抚养义务的承担不存在相互抵消的关系，遂判决张甲向胡乙支付拖欠小张的抚养费。

法律适用

　　本案涉及抚养费给付与探望权行使的相关问题。根据2001年《婚姻法》第36条至第38条的规定，即便夫妻离婚，但他们与孩子之间的亲子关系还存在。没有和孩子共同生活的一方，可以探望孩子，而另一方有协助的义务。抚养费的支付与探望权的行使属于两种不同的法律关系。本案中，虽然张甲与胡乙解除了婚姻关系，并未与小张共同生活，但是作为孩子的父亲，张甲对小张负有抚养、教育、关爱的权利与义务。而胡乙因与张甲之间的婚姻矛盾，阻止张甲与小张之间的会见、沟通，这不利于小张的成长。对于张甲而言，在胡乙不准探望小张的情况下，张甲可以通过协商、调解或者申请法院强制执行等方式解决，但绝不能以不支付抚养费的方式来进行对抗。

　　需要注意的是，2001年《婚姻法》第36条至第38条已经被《民法典》第1084条、第1085条、第1086条吸收，其中《民法典》第1085条将2001年《婚姻法》规定的"生活费和教育费"直接归纳为"抚养费"，抚养费包括生活费、教育费、医疗费。《民法典》调整后，明确了除生活费和教育费外，没有直接抚养子女的一方，还应当支付子女的医疗费，从而保障子女物质生活、受教育权和身心健康。

法理提示

《民法典》对子女抚养与探望分别作出了规定，在第 1085 条中明确，离婚后，没有直接抚养子女的一方应当负担全部或部分抚养费，而在第 1086 条中也明确规定了不直接抚养子女的一方有权探望子女。从法条的安排与具体的条文内容可以看出探望子女与给付抚养费二者之间并没有必然的联系，并非互为前提。在现实生活中，直接抚养孩子一方拒绝协助对方探望子女，不直接抚养子女一方往往以此为由，甚至进行要挟，拒绝支付子女的抚养费。这种成年人之间极为不负责任的对抗，只会对子女造成更深的伤害。抚养费的支付与探望子女属于两种不同的法律关系，即使直接抚养子女的一方阻挠对方探望子女，受阻挠一方也不能以此为由拒绝支付抚养费。不直接抚养子女一方可以依法寻求其他的途径要求对子女进行探望。针对探望权受到阻碍的救济途径，《民法典婚姻家庭编司法解释（二）》第 12 条给出了较明确的指引。具体可参考案例 63 "离婚后，一方不允许对方探望子女，对方该如何实现探望权？"。

父母离婚、家庭破裂对于孩子而言已然是一种莫大的伤害。很多父母甚至为了争夺抚养权反目成仇。实际上，对于子女而言，父母一方人为割裂、阻断另一方的关爱，也可能是一种伤害。在当前离婚率逐年上升的时代，或许我们没有更多的办法去干预父母感情的走向，但仍希望所有父母能够尽自己所能履行好作为父母的职责，多从"子女本位"出发，将子女最佳利益原则作为为人父母时言行举止的出发点与最终落脚点，给予子女加倍关怀。

法条索引

1.《中华人民共和国民法典》

第一千零八十四条 父母与子女间的关系，不因父母离婚而消除。离婚后，子女无论由父或者母直接抚养，仍是父母双方的子女。

离婚后，父母对于子女仍有抚养、教育、保护的权利和义务。

……

第一千零八十五条 离婚后，子女由一方直接抚养的，另一方应当负担部分或者全部抚养费。负担费用的多少和期限的长短，由双方协议；协议不成的，由人民法院判决。

前款规定的协议或者判决，不妨碍子女在必要时向父母任何一方提出过协议或者判决原定数额的合理要求。

第一千零八十六条　离婚后，不直接抚养子女的父或者母，有探望子女的权利，另一方有协助的义务。

行使探望权利的方式、时间由当事人协议；协议不成的，由人民法院判决。

父或者母探望子女，不利于子女身心健康的，由人民法院依法中止探望；中止的事由消失后，应当恢复探望。

2. 最高人民法院《关于适用〈中华人民共和国民法典〉婚姻家庭编的解释（一）》

第四十二条　民法典第一千零六十七条所称"抚养费"，包括子女生活费、教育费、医疗费等费用。

3. 2001 年《中华人民共和国婚姻法》

第三十六条　父母与子女间的关系，不因父母离婚而消除。离婚后，子女无论由父或母直接抚养，仍是父母双方的子女。

离婚后，父母对于子女仍有抚养和教育的权利和义务。

……

第三十七条　离婚后，一方抚养的子女，另一方应负担必要的生活费和教育费的一部或全部，负担费用的多少和期限的长短，由双方协议；协议不成时，由人民法院判决。

关于子女生活费和教育费的协议或判决，不妨碍子女在必要时向父母任何一方提出超过协议或判决原定数额的合理要求。

第三十八条　离婚后，不直接抚养子女的父或母，有探望子女的权利，另一方有协助的义务。

行使探望权利的方式、时间由当事人协议；协议不成时，由人民法院判决。

父或母探望子女，不利于子女身心健康的，由人民法院依法中止探望的权利；中止的事由消失后，应当恢复探望的权利。

60 成立收养关系应办理登记手续吗？

案情简介

梁某独自抚养一女小梁，但因特殊困难无力继续抚养。1999 年，梁某将小梁送养给没有子女的路某和张某。不久，路某因车祸去世，小梁向法院提起诉讼，想确认与路某夫妇的亲子关系成立。法院认为，已婚夫妇可以收养子女，但依法须到民政部门进行相关收养登记。然而，路某夫妇收养小梁并没有登记，收养行为无法得到法律上的承认，小梁与路某夫妇不存在父母子女关系。

法律适用

本案涉及的法律问题是收养关系成立的条件。收养是指通过领养行为，在没有基因联系的收养人和被收养人之间，确立一种法律认可的父母子女关系。根据 1999 年《收养法》第 15 条的规定，登记是收养生效的法律条件。意思就是，当事人必须在县级以上相应行政机关进行收养登记，经登记后才能成立法律认可的收养关系。本案中，虽然小梁随路某夫妇生活了一段时间，但路某夫妇收养小梁时并没有办理收养登记，不符合收养关系成立条件。因此，小梁并没有与路某夫妇形成法律上承认的收养关系。

法理提示

收养关系是在法律上拟定成立血缘亲属联系。如果收养人与被收养人之间确立了收养关系，那么，双方就成了法律上认可的父母与子女关系。公民收养子女，必须到民政部门进行登记，这样才会成立被法律上承认的收养关系。同时，养子女与生父母之间，虽然仍存在血浓于水的血缘联系，但已经不再有法律上的父母子女关系的约束力。除此以外，选择收养子女应当满足《民法典》第 1093 条、第 1094 条、第 1098 条等列明的相应条件，包括对被收养人、送养人、收养人的各类限制，单身男性收养女性的限制等。

值得注意的是，要求办理收养登记手续是我国 1999 年《收养法》实施后规定的。在 1992 年《收养法》实施之前，已经收养子女的，可以认定存在事实上的收养，收养关系依然能够成立。1992 年《收养法》仅对公民收养弃婴或孤儿提出了登记要求，收养其他的未成年人，有书面的收养协议即可。此外，为进一步规范收养行为，1999 年《收养法》规定，从 1999 年起公民收养子女，无论子女是否为弃婴、孤儿，所有的收养行为一律应办理收养登记，否则，不能得到法律的认可和保护。

《民法典》收编 1999 年《收养法》时进行了相应修改。第一，《民法典》第 1093 条扩大了 1999 年《收养法》第 4 条所规定的被收养人的范围，凡是满足条件的未成年人均可以被收养，不再限于未满 14 周岁。第二，1999 年《收养法》第 6 条规定的收养人的条件被编入《民法典》第 1098 条，并增加了"无不利于被收养人健康成长的违法犯罪记录"的规定。新增这一规定的出发点是保障被收养人拥有健康的成长环境。第三，《民法典》第 1105 条在 1999 年《收养法》第 15 条规定的收养关系成立基础上新增了评估制度。也就是说，收养关系的成立除应在民政部门登记外，还应通过收养评估。这种评估是对收养行为的实质审查，更有利于被收养人的健康成长。以上三点显现了我国在关心未成年人成长上所作出的努力，同时也体现出我国不断加强对未成年人人权的保障，不断落实联合国《儿童权利公约》中儿童利益最大化原则。

法条索引

1.《中华人民共和国民法典》

第一千零九十三条　下列未成年人，可以被收养：

（一）丧失父母的孤儿；

（二）查找不到生父母的未成年人；

（三）生父母有特殊困难无力抚养的子女。

第一千零九十四条　下列个人、组织可以作送养人：

（一）孤儿的监护人；

（二）儿童福利机构；

（三）有特殊困难无力抚养子女的生父母。

第一千零九十八条　收养人应当同时具备下列条件：

（一）无子女或者只有一名子女；

（二）有抚养、教育和保护被收养人的能力；

（三）未患有在医学上认为不应当收养子女的疾病；

（四）无不利于被收养人健康成长的违法犯罪记录；

（五）年满三十周岁。

第一千一百零五条　收养应当向县级以上人民政府民政部门登记。收养关系自登记之日起成立。

收养查找不到生父母的未成年人的，办理登记的民政部门应当在登记前予以公告。

收养关系当事人愿意签订收养协议的，可以签订收养协议。

收养关系当事人各方或者一方要求办理收养公证的，应当办理收养公证。

县级以上人民政府民政部门应当依法进行收养评估。

2. 1999 年《中华人民共和国收养法》

第四条　下列不满十四周岁的未成年人可以被收养：

（一）丧失父母的孤儿；

（二）查找不到生父母的弃婴和儿童；

（三）生父母有特殊困难无力抚养的子女。

第六条　收养人应当同时具备下列条件：

（一）无子女；

（二）有抚养教育被收养人的能力；

（三）未患有在医学上认为不应当收养子女的疾病；

（四）年满三十周岁。

第十五条　收养应当向县级以上人民政府民政部门登记。收养关系自登记之日起成立。

收养查找不到生父母的弃婴和儿童的，办理登记的民政部门应当在登记前予以公告。收养关系当事人愿意订立收养协议的，可以订立收养协议。

收养关系当事人各方或者一方要求办理收养公证的，应当办理收养公证。

61 养子女已成年，养父母还能解除收养关系吗？

案情简介

　　1974年，陈某夫妇收养了小陈，小陈的户口也迁到了陈某名下。从此，小陈与生父母再无联系。陈某夫妇一直抚养小陈直至成年、出嫁。然而，小陈出嫁后却对陈某夫妇不闻不问。养母邹某去世，小陈也不尽丧葬义务。为此，陈某起诉小陈，要求解除收养关系。法院认为，陈某夫妇一直抚养小陈直至成年出嫁，双方确立了事实收养关系。现双方交恶，小陈已经成年，并且同意解除收养。因此，法院判决解除陈某夫妇和小陈之间的收养关系。

法律适用

　　本案涉及的法律问题是事实收养关系的成立与解除。解除收养关系的前提是收养关系已经成立。公民收养子女，依法须在民政部门办理登记，方可成立收养关系。但是，这一规定自1999年《收养法》生效后才开始施行。本案中，陈某在1974年便收养了小陈，根据当时的法律规定，虽然陈某夫妇收养小陈时没有办理收养登记，但小陈的户口已经迁至陈某名下，并且，陈某夫妇一直抚养小陈成人，因此应认为陈某与小陈之间存在事实上的收养关系。陈某因与小陈的交恶打算解除收养关系，根据1999年《收养法》第27条的规定提起了民事诉讼。法院查明，陈某与小陈的关系确已恶化，并且小陈也同意解除收养关系，于是，法院支持了陈某的诉讼请求。

　　1999年《收养法》第27条已被编入《民法典》第1115条，内容没有修改。

法理提示

　　公民与未成年人之间建立起收养关系后，能否再解除，则需要根据子女是否已经成年适用不同的法律依据。根据《民法典》第1114条的规定，如果收养的子女尚未成年，养父母不得提出解除收养关系。但存在两种例外情况。

第一，养父母和生父母协商一致，可以解除收养，让生父母把子女接回来，但子女满 10 周岁的，还应当听听子女的意见。第二，如果收养了子女，却又虐待、遗弃子女，对子女造成生理和心理上的伤害，生父母可以要求解除收养关系，协商不成的，送养人还可以通过司法途径保护子女，让子女能够健康成长。如果收养人已经将子女抚养成人，双方可以自行协商解除收养关系。无法协商一致的，同样可以通过民事诉讼的方式对收养关系进行解除。此外，无论公民之间是基于何种情况解除收养关系，都需要进行相应的行政登记，正式解除收养关系。

值得注意的是，根据《民法典》第 1114 条的规定，解除收养关系时，如果养子女已经年满 8 周岁的，应当征询子女的意见，而不再是 1999 年《收养法》第 26 条规定的年满 10 周岁。这一规定是《民法典》在收编 1999 年《收养法》第 26 条时作出的改动。根据《民法典》第 19 条的规定，8 周岁以上的未成年人已经是限制民事行为能力人。这意味着，他们能够表达是否喜欢养父母，有能力基本判断是否与养父母继续共同生活。

法条索引

1.《中华人民共和国民法典》

第十九条 八周岁以上的未成年人为限制民事行为能力人，实施民事法律行为由其法定代理人代理或者经其法定代理人同意、追认；但是，可以独立实施纯获利益的民事法律行为或者与其年龄、智力相适应的民事法律行为。

第一千一百一十四条 收养人在被收养人成年以前，不得解除收养关系，但是收养人、送养人双方协议解除的除外。养子女八周岁以上的，应当征得本人同意。

收养人不履行抚养义务，有虐待、遗弃等侵害未成年养子女合法权益行为的，送养人有权要求解除养父母与养子女间的收养关系。送养人、收养人不能达成解除收养关系协议的，可以向人民法院提起诉讼。

第一千一百一十五条 养父母与成年养子女关系恶化、无法共同生活的，可以协议解除收养关系。不能达成协议的，可以向人民法院提起诉讼。

第一千一百一十六条 当事人协议解除收养关系的，应当到民政部门办理解除收养关系登记。

2. 1999 年《中华人民共和国收养法》

第二十六条　收养人在被收养人成年以前，不得解除收养关系，但收养人、送养人双方协议解除的除外，养子女年满十周岁以上的，应当征得本人同意。

收养人不履行抚养义务，有虐待、遗弃等侵害未成年养子女合法权益行为的，送养人有权要求解除养父母与养子女间的收养关系。送养人、收养人不能达成解除收养关系协议的，可以向人民法院起诉。

第二十七条　养父母与成年养子女关系恶化、无法共同生活的，可以协议解除收养关系。不能达成协议的，可以向人民法院起诉。

第二十八条　当事人协议解除收养关系的，应当到民政部门办理解除收养关系的登记。

62 解除收养关系后，养父母能要求养子女补偿抚养费吗？

案情简介

郭某与龚某收养小郭后将其抚养成人。后龚某去世，郭某与小郭的矛盾日益凸显，关系恶化。于是，郭某以小郭不赡养自己为由，提请法院解除收养关系，并要求小郭补偿自己约 27 万元的抚养费用。庭审中，小郭也愿意解除收养，但表明自己并没有不赡养郭某。法院认为，郭某并没有提供证据证明小郭存在虐待、遗弃郭某的情况，因此，郭某要求小郭支付补偿费，不符合法律规定。

法律适用

本案涉及解除收养后子女支付补偿费用的法律问题。根据 1999 年《收养法》第 30 条第 1 款的规定，收养关系可以在被收养人成年后解除，如果解除的原因是被收养人虐待、遗弃收养人，那么，收养人便可以要求被收养人补偿相应的生活、教育费用。本案中，郭某主张小郭拒绝赡养自己，并因此提出要与小郭断绝养父母子女关系，要求小郭支付补偿费。然而，郭某在法庭上并没有出示充分的证据证明自己的主张。经法院查明，小郭履行了赡养义务，并不存在虐待、遗弃郭某的行为。因此，郭某要求小郭补偿自己抚养费用，事实不充分，于法无据，无法得到法院的支持。最终，法官组织双方进行调解，双方自愿解除收养关系，小郭也出于报恩，自愿补偿郭某10万元。

法理提示

　　收养子女后，当父母的便肩负起了抚养子女的义务。如果子女成年后，不仅没有知恩图报，反而虐待、遗弃养父母，那么，养父母也有权要求养子女补偿自己养育多年的付出。同时，养父母受到养子女虐待、遗弃的，应当注意保存证据，如自己因受到虐待受伤的照片、医院的诊断证明等，以便证明自己的主张，并及时寻求帮助。如果双方仅是因为产生分歧，不能继续以父母子女的身份共同生活，养父母请求养子女支付补偿费，则没有法律依据。《民法典》第1118条收编了1999年《收养法》第30条第1款，并将后者表述的补偿养父母支出的"生活费和教育费"统一修改为补偿"抚养费"。因为，随着社会不断发展，父母为抚育子女所支付的费用已经远不仅限于生活和教育。这一修改也体现了立法随时代发展不断完善。

　　值得注意的是，尽管收养关系解除了，养父母子女之间已经不再是法律上认可的直系亲属，但当养父母无法劳作，老无所依，生活困顿的时候，养子女仍然应当在经济上帮扶父母。老话说得好，生身之恩大于人，养育之恩大于天。即使没有血缘关系，多年的养育恩情，也不是说断就能断的。因此，即便解除了收养关系，养子女照顾养育自己成人的养父母，也是人之常情、人之常理。

法条索引

1. 《中华人民共和国民法典》

　　第一千一百一十四条　收养人在被收养人成年以前，不得解除收养关系，但是收养人、送养人双方协议解除的除外。养子女八周岁以上的，应当征得本人同意。

　　收养人不履行抚养义务，有虐待、遗弃等侵害未成年养子女合法权益行为的，送养人有权要求解除养父母与养子女间的收养关系。送养人、收养人不能达成解除收养关系协议的，可以向人民法院提起诉讼。

第一千一百一十五条　养父母与成年养子女关系恶化、无法共同生活的，可以协议解除收养关系。不能达成协议的，可以向人民法院提起诉讼。

第一千一百一十八条　收养关系解除后，经养父母抚养的成年养子女，对缺乏劳动能力又缺乏生活来源的养父母，应当给付生活费。因养子女成年后虐待、遗弃养父母而解除收养关系的，养父母可以要求养子女补偿收养期间支出的抚养费。

生父母要求解除收养关系的，养父母可以要求生父母适当补偿收养期间支出的抚养费；但是，因养父母虐待、遗弃养子女而解除收养关系的除外。

2. 1999 年《中华人民共和国收养法》

第二十六条　收养人在被收养人成年以前，不得解除收养关系，但收养人、送养人双方协议解除的除外，养子女年满十周岁以上的，应当征得本人同意。

收养人不履行抚养义务，有虐待、遗弃等侵害未成年养子女合法权益行为的，送养人有权要求解除养父母与养子女间的收养关系。送养人、收养人不能达成解除收养关系协议的，可以向人民法院起诉。

第二十七条　养父母与成年养子女关系恶化、无法共同生活的，可以协议解除收养关系。不能达成协议的，可以向人民法院起诉。

第三十条　收养关系解除后，经养父母抚养的成年养子女，对缺乏劳动能力又缺乏生活来源的养父母，应当给付生活费。因养子女成年后虐待、遗弃养父母而解除收养关系的，养父母可以要求养子女补偿收养期间支出的生活费和教育费。

生父母要求解除收养关系的，养父母可以要求生父母适当补偿收养期间支出的生活费和教育费，但因养父母虐待、遗弃养子女而解除收养关系的除外。

63 离婚后，一方不允许对方探望子女，对方该如何实现探望权？

案情简介

张甲与杨乙结婚后生育一子小张，后两人因感情不和诉讼离婚。在案件审理过程中，双方就子女抚养问题达成调解，约定小张由杨乙直接抚养。张甲按月支付小张抚养费600元，可以每十日探望一次小张。但在此后的五年中，杨乙多次编造借口，阻止张甲探望子女，张甲从未真正实现探望小张的权利。无奈之下，张甲将杨乙诉至法院，请求判决变更探望时间和方式。法院认为，张甲享有探望权，杨乙应当配合。法院判决每周周日张甲可探望小张一次，上午九时张甲从杨乙处接走小张，下午六时将小张送回，杨乙应予配合。

法律适用

本案涉及离婚后探望子女受阻时如何救济的问题。根据2001年《婚姻法》第38条的规定，夫妻双方离婚后，没有直接抚养子女的一方有权探望子女，可以与子女相见、相处等，而另一方应提供必要帮助。此外，双方还可以对探望时间、次数、方式等相关内容进行协商，协商不成的可诉请法院判决。本案中，原告、被告在当初离婚时约定男方可以每十日探望孩子一次，但在实际履行过程中，杨乙多次阻挠张甲探望子女，使对方无法与子女见面、沟通交流。张甲因多年来无法实现对子女探望、关爱的权利，便向法院提起民事诉讼，并举证证明了对方不配合原告行使探望权的事实。因此，法院支持了张甲要求探望子女的诉讼请求，并在判决中明确了探望频次、方式，便于杨乙配合张甲行使探望权。需要注意的是，2001年《婚姻法》第38条已经被《民法典》收编在第1086条，条文内容没有改动。

法理提示

对于子女而言，父母中任何一方能够给予自己的关爱、陪伴，是另一方无法轻易替代的。因此，离婚后的父母双方均应当重视子女健康成长，正确行使探望权利，恰当地履行抚养、协助探望的义务，为子女创造一个良好、舒适、温暖的成长环境。父母中任何一方均不得剥夺子女与另一方相处的机会。针对阻碍探望权行使的情况，被阻碍的一方可以向法院起诉，要求对方协助自己形式探望权。应当注意的是，探望权纠纷案件进行执行阶段后，按照《民法典婚姻家庭编司法解释（一）》第68条的规定，法院也只能采取排除妨碍的措施尽可能地督促对方配合、履行相关的协助义务。这里的措施是指法院将拒绝履行协助义务的人列入失信名单，或对其进行罚款、拘留等。但是，法院不能对子女的人身、探望行为本身进行强制执行。如果发生父母一方或其近亲属抢夺子女，或将子女藏匿到外省等紧急情况，根据《民法典婚姻家庭编司法解释（二）》第12条规定，另一方向法院申请人身安全保护令或人格权侵害禁令，要求对方将子女送回原来的住所，并禁止抢夺、藏匿子女。

如果发生无法探望子女的情况，受阻碍一方寻求司法救济本是无奈之举，当然期待尽快见到子女。但必须意识到，无论是向法院起诉，还是申请人身安全保护令、人格权侵害禁令，起诉或申请一方必须向法院提供充足证据。因此，当发生前述情况时，应注意留存证据，例如微信聊天记录、通话录音、现场照片等，否则，面临不被法院支持的风险。

法条索引

1.《中华人民共和国民法典》

第一千零八十六条 离婚后，不直接抚养子女的父或者母，有探望子女的权利，另一方有协助的义务。

行使探望权利的方式、时间由当事人协议；协议不成的，由人民法院判决。

父或者母探望子女，不利于子女身心健康的，由人民法院依法中止探望；中止的事由消失后，应当恢复探望。

2. 最高人民法院《关于适用〈中华人民共和国民法典〉婚姻家庭编的解释（一）》

第六十八条 对于拒不协助另一方行使探望权的有关个人或者组织，可以由人民法院依法采取拘留、罚款等强制措施，但是不能对子女的人身、探望行为进行强制执行。

3. 最高人民法院《关于适用〈中华人民共和国民法典〉婚姻家庭编的解释（二）》

第十二条 父母一方或者其近亲属等抢夺、藏匿未成年子女，另一方向人民法院申请人身安全保护令或者参照适用民法典第九百九十七条规定申请人格权侵害禁令的，人民法院依法予以支持。

抢夺、藏匿未成年子女一方以另一方存在赌博、吸毒、家庭暴力等严重侵害未成年子女合法权益情形，主张其抢夺、藏匿行为有合理事由的，人民法院应当告知其依法通过撤销监护人资格、中止探望或者变更抚养关系等途径解决。当事人对其上述主张未提供证据证明且未在合理期限内提出相关请求的，人民法院依照前款规定处理。

4. 2001 年《中华人民共和国婚姻法》

第三十八条 离婚后，不直接抚养子女的父或母，有探望子女的权利，另一方有协助的义务。

行使探望权利的方式、时间由当事人协议；协议不成时，由人民法院判决。

父或母探望子女，不利于子女身心健康的，由人民法院依法中止探望的权利；中止的事由消失后，应当恢复探望的权利。

64 离婚时，对于子女抚养权的归属问题，需要征求子女的意见吗？

案情简介

王甲与李乙二人系夫妻关系，婚后二人先后生育一儿一女。婚后十余年，王甲与李乙因感情破裂分居。分居期间，儿子随王甲共同生活，女儿随李乙共同生活。因协议离婚未果，王甲向法院起诉要求离婚，两名子女均随其共同生活，并提交了女儿（已满十周岁）表明愿意的意见。法院准予二人离婚，但法院认为，十周岁以上子女的意见只是作为解决抚养权问题的参考因素之一，并不是决定性因素。确定子女抚养权归属，应从最有利于子女身心健康的角度考虑。经过审慎考虑，法院判决儿子由王甲抚养，女儿由李乙抚养。

法律适用

本案涉及父母离婚时，子女对父母哪一方有抚养权的意愿是否是确定抚养权归属决定性因素的问题。从 1999 年《婚姻法》第 36 条的规定来看，如果夫妻双方在子女哺乳期离婚，那么，子女究竟随哪一方共同生活，双方可以进行商量。商量没有达成一致的，法院将按照维护子女权益的原则，结合双方实际情况来判决。另外，根据 1993 年《子女抚养意见》第 5 条的规定，如果夫妻双方离婚时子女已经满十周岁，法院确定抚养权归属时，应考虑子女的意见。本案中，王甲依据上述规定提交了女儿的书面意见，诉请法院判决女儿也随其共同生活。但是，法院认为，处理子女抚养权纠纷，最根本的是要保障子女的身心健康。因此，应当从子女的合法权益保护角度出发，结合父母的条件等各项因素进行综合分析。具体到本案，从法院查明的事实来看，虽然女儿表明愿意随父亲一起生活，但初衷是为了照顾弟弟、监督父亲的生活，并没有考虑如何更有利于自己的身心健康。此外，在双方分居期间，女儿一直随母亲李乙共同生活，不宜改变现有的生活状态。综合考虑各方面因素后，法院认为双方各自抚养一名子女较为合理。最终法院判决儿子由王甲抚养，女儿由李乙抚养。

值得注意的是，1993 年《子女抚养意见》第 5 条修改后编入《民法典》第 1084 条。根据《民法典》的规定，子女仍然可以表达跟随父亲或母亲共同生活的意愿，但年龄从十周岁降为八周岁。换言之，如果子女已满八周岁，父母离婚时对抚养权有争执的，应当尊重子女的意愿。这也表明，对于子女的意愿应当尊重，但并非必须完全依照该意愿。2001 年《婚姻法》第 36 条经修改后也编入《民法典》第 1084 条，修改分析可参考案例 54 "离婚时孩子未满两周岁，是否一定归女方抚养？"

法理提示

法院在审理未成年人抚养权纠纷的案件中，时常会遇到双方或者一方为获得子女抚养权进行激烈争夺的情形，甚至出现诱导八周岁以上的子女发表选择意见的情况。对此，法院在审理该类案件的过程中，对是否采纳子女的意见应当采取审慎考虑的态度。归根结底，未成年子女抚养问题关乎孩子成长的方方面面，始终坚持儿童利益最大化，为孩子提供一个良好、舒适的成长环境应是首要考量因素。在抚养权纠纷案件中，不仅要从经济条件上考虑监护人的抚养能力以及抚养人是否具备陪伴的时间、精力，还应当考虑父或母能否在精神上予以子女充分的关怀，最后综合子女的个人意见、共同居住人（如祖父母、外祖父母）的态度等判定抚养权归属。

法条索引

1.《中华人民共和国民法典》

第一千零八十四条 父母与子女间的关系，不因父母离婚而消除。离婚后，子女无论由父或者母直接抚养，仍是父母双方的子女。

离婚后，父母对于子女仍有抚养、教育、保护的权利和义务。

离婚后，不满两周岁的子女，以由母亲直接抚养为原则。已满两周岁的子女，父母双方对抚养问题协议不成的，由人民法院根据双方的具体情况，按照最有利于未成年子女的原则判决。子女已满八周岁的，应当尊重其真实意愿。

2.1993年最高人民法院《关于人民法院审理离婚案件处理子女抚养问题的若干具体意见》

第五条 父母双方对十周岁以上的未成年子女随父或随母生活发生争执的，应考虑该子女的意见。

3.2001年《中华人民共和国婚姻法》

第三十六条 父母与子女间的关系，不因父母离婚而消除。离婚后，子女无论由父或母直接抚养，仍是父母双方的子女。

离婚后，父母对于子女仍有抚养和教育的权利和义务。

离婚后，哺乳期内的子女，以随哺乳的母亲抚养为原则。哺乳期后的子女，如双方因抚养问题发生争执不能达成协议时，由人民法院根据子女的权益和双方的具体情况判决。

65 成年精神病人造成他人损害，父母作为监护人需承担赔偿责任吗？

案情简介

小刘是完全不能辨认自己行为能力的成年精神病人，未婚未生育子女。某日，严丙在某棋牌室娱乐时，突然遭到小刘殴打，被打成十级伤残。彭乙、刘甲为小刘父母，是小刘的监护人。严丙起诉了小刘以及小刘的父母，要求他们三人赔偿自己医疗费、误工费、护理费、精神抚慰金等费用。小刘的父母辩称，小刘患精神病十几年了，如今家庭困难，属于低保家庭，无法赔偿损失，希望法院判小刘自行承担责任。法院认为，小刘的父母是小刘的监护人，应承担侵权责任。

法律适用

本案涉及成年精神病人的监护人责任问题。首先，根据 2010 年《侵权责任法》第 32 条的规定，因无民事行为能力人侵害他人而致使他人受到人身损害的，相应的侵权责任由其监护人承担。本案中，小刘为无民事行为能力的精神病人，小刘的监护人应当对小刘侵害他人的行为承担侵权责任。其次，根据 2017 年《民法总则》第 28 条的规定，无民事行为能力或者限制民事行为能力的成年人的监护人担任规则有顺序限制：配偶为第一顺位；父母、子女为第二顺位；其他近亲属为第三顺位。最后，经被监护人居所地的村民委员会或者居民委员会或民政部门同意的其他有意愿的个人或组织也可作为监护人。本案中，小刘既没有结婚也没有生育子女，因此，小刘的父母是其法定监护人。作为法定监护人的父母应当充分履行监护职责，防止小刘作出损害他人的行为。然而，小刘的父母纵容小刘脱离自己的控制范围，造成小刘伤害严丙的危害结果发生，并未尽到监护义务，因此，二人应当承担侵权责任。况且，家庭困难并不是免除责任的理由。

法理提示

精神病人大多丧失自控能力，若不加以严格看管很容易对他人实施伤害行为并造成较严重的损害结果。从民事责任层面而言，若因精神病人的行为给他人产生损害后果的，根据替代责任原理，由监护人承担相应的民事责任。若监护人尽到监护职责的，可以减轻责任。涉及赔偿费用的，应先从精神病人的财产中支付，不足部分再由监护人承担。精神病人的监护人应当随时关注精神病人的病情变化，掌握精神病人动向。除民事责任外，精神病人造成他人人身财产损害的，是否承担刑事责任，则需要鉴定精神病人实施危害行为时的状态。如果精神病人经鉴定实施危害行为时处于完全不能辨认或者不能控制自己的状态，那么，根据《刑法》第 18 条的规定，精神病人不需要承担刑事责任，但家属或监护人应当加强看管和医疗，必要时可以由政府强制医疗。如果间歇性发病的精神病人在精神正常时犯罪或尚未完全丧失辨认或控制自己行为能力的精神病人犯罪的，其均要承担刑事责任。

《民法典》第 1188 条吸收了 2010 年《侵权责任法》第 32 条，将第 1 款"监护责任"的表述修改为"监护职责"，区分监护人的监护职责以及未尽到监护职责时应承担的监护责任。另外，2017 年《民法总则》第 28 条也被《民法典》第 28 条吸收，条文内容没有改动。

法条索引

1. 《中华人民共和国民法典》

第二十八条 无民事行为能力或者限制民事行为能力的成年人，由下列有监护能力的人按顺序担任监护人：

（一）配偶；

（二）父母、子女；

（三）其他近亲属；

（四）其他愿意担任监护人的个人或者组织，但是须经被监护人住所地的居民委员会、村民委员会或者民政部门同意。

第一千一百八十八条 无民事行为能力人、限制民事行为能力人造成他人损害的，由监护人承担侵权责任。监护人尽到监护职责的，可以减轻其侵权责任。

有财产的无民事行为能力人、限制民事行为能力人造成他人损害的，从本人财产中支付赔偿费用；不足部分，由监护人赔偿。

2. 2017 年《中华人民共和国民法总则》

第二十八条　无民事行为能力或者限制民事行为能力的成年人，由下列有监护能力的人按顺序担任监护人：

（一）配偶；

（二）父母、子女；

（三）其他近亲属；

（四）其他愿意担任监护人的个人或者组织，但是须经被监护人住所地的居民委员会、村民委员会或者民政部门同意。

3. 2010 年《中华人民共和国侵权责任法》

第三十二条　无民事行为能力人、限制民事行为能力人造成他人损害的，由监护人承担侵权责任。监护人尽到监护责任的，可以减轻其侵权责任。

有财产的无民事行为能力人、限制民事行为能力人造成他人损害的，从本人财产中支付赔偿费用。不足部分，由监护人赔偿。

4.《中华人民共和国刑法》

第十八条　精神病人在不能辨认或者不能控制自己行为的时候造成危害结果，经法定程序鉴定确认的，不负刑事责任，但是应当责令他的家属或者监护人严加看管和医疗；在必要的时候，由政府强制医疗。

间歇性的精神病人在精神正常的时候犯罪，应当负刑事责任。

尚未完全丧失辨认或者控制自己行为能力的精神病人犯罪的，应当负刑事责任，但是可以从轻或者减轻处罚。

醉酒的人犯罪，应当负刑事责任。

66 未成年子女造成他人损害，父母需承担侵权责任吗？

案情简介

翼甲是小翼的父亲。某日，六岁的小翼坐在自家电动车上玩耍，由于翼甲监护不当，小翼随意操作，启动了电动车，撞倒了站在电动车前的周乙，造成周乙多部位粉碎性骨折。周乙多次要求翼甲赔偿，但翼甲均表示拒绝。随后，周乙诉至法院，要求翼甲赔偿医疗费、护理费、营养费等损失。翼甲辩称，不是自己撞倒了周乙，不应承担赔偿责任。法院认为，翼甲作为小翼的父亲，是小翼的监护人，应承担侵权责任。最终，法院支持了周乙的诉讼请求。

法律适用

本案涉及未成年人侵权责任承担的法律问题。根据 2010 年《侵权责任法》第 32 条的规定，八周岁以下的未成年人或者不能辨认自己行为能力的成年人，也就是法律规定的无民事行为能力人，造成他人损害的，监护人应承担侵权责任。本案中，小翼年仅六岁，如果他造成别人的财产损害，他的监护人要承担责任。根据 2017 年《民法总则》第 27 条的规定，父母是未成年子女的监护人。同时，根据 2001 年《婚姻法》第 23 条的规定，未成年子女造成他人损害的，父母有承担民事责任的义务。翼甲作为小翼的父亲，是小翼的监护人，但监护不力，造成小翼操作停止的电动车将周乙撞伤，且翼甲并无证据证明其对小翼尽到监护责任，也无证据证明周乙在本次事故中存在过错。因此，翼甲应对周乙的损失承担全部侵权责任。

《民法典》第 1188 条吸收了 2010 年《侵权责任法》第 32 条，将第 1 款"监护责任"的表述修改为"监护职责"，区分了监护人的监护职责和未尽到监护职责时应承担的监护责任。2017 年《民法总则》第 27 条也被《民法典》第 27 条吸收，条文内容无改动。另外，《民法典》第 1068 条吸收了 2001 年《婚姻法》第 23 条规定，直接把父母对未成年子女侵害他人应承担民事责任的规定写进《民法典》，强调父母对未成年子女的监护责任。

法理提示

无民事行为能力人主要有两类：一是不满八周岁的未成年人；二是已经成年但无法辨认自己行为的人。在日常生活中，无民事行为能力人需要监护人照顾，保护其人身、财产不受侵害。然而，监护权既是权利也是义务。监护人除要保护被监护人以外，还要监督他，不能让他对他人的人身或财产造成侵权后果。如果监督没有到位，监护人就要承担侵权责任，只有符合《民法典》第1188条所规定的情形，才可以减轻这种责任。因此，监护人在履行监护职责时，应尽到谨慎义务。

法条索引

1. 《中华人民共和国民法典》

第二十七条第一款　父母是未成年子女的监护人。

第一千零六十八条　父母有教育、保护未成年子女的权利和义务。未成年子女造成他人损害的，父母应当依法承担民事责任。

第一千一百八十八条　无民事行为能力人、限制民事行为能力人造成他人损害的，由监护人承担侵权责任。监护人尽到监护职责的，可以减轻其侵权责任。

有财产的无民事行为能力人、限制民事行为能力人造成他人损害的，从本人财产中支付赔偿费用；不足部分，由监护人赔偿。

2. 2010年《中华人民共和国侵权责任法》

第三十二条　无民事行为能力人、限制民事行为能力人造成他人损害的，由监护人承担侵权责任。监护人尽到监护责任的，可以减轻其侵权责任。

有财产的无民事行为能力人、限制民事行为能力人造成他人损害的，从本人财产中支付赔偿费用。不足部分，由监护人赔偿。

3. 2001年《中华人民共和国婚姻法》

第二十三条　父母有保护和教育未成年子女的权利和义务。在未成年子女对国家、集体或他人造成损害时，父母有承担民事责任的义务。

4. 2017年《中华人民共和国民法总则》

第二十七条第一款　父母是未成年子女的监护人。

第二部分 夫妻间扶养纠纷

67 认定成年人为无民事行为能力人的司法程序是什么?

案情简介

经精神卫生中心诊断,艾甲患有脑损害和功能障碍及躯体疾病,生活无法自理。庄丙为保护母亲艾甲的合法权益,向法院提出申请,要求宣告母亲艾甲为无民事行为能力人。庭审中,舅舅艾乙担任母亲的代理人,法院依法适用特别程序进行审理。经审理,法院确认艾甲为无民事行为能力人,并指定庄丙为监护人。

法律适用

本案涉及认定成年人为无民事行为能力人的司法程序问题。申请认定成年人为无民事行为能力人的,应注意申请人资格、管辖法院、申请形式等条件。根据 2017 年《民法总则》第 24 条,以及 2017 年《民事诉讼法》第 187 条、第 189 条的规定,只有公民的近亲属或者与其有利害关系的人(如债权人、债务人)才有权提出认定申请。同时,公民需要一名近亲属担任代理人,但是,如果近亲属是提出认定申请的人,不能同时担任代理人。如果有事实根据,则法院宣告该公民为无民事行为能力人或限制民事行为能力人。

本案中,庄丙是艾甲的女儿,有资格向法院申请认定艾甲为无民事行为能力人。由于庄丙为本案的申请人,不能同时担任艾甲的代理人,而艾乙是艾甲的近亲属,因此,可以由艾乙担任艾甲的代理人。庄丙申请确认母亲艾甲为无民事行为能力人符合法律规定,法院依法予以确认。

本案中适用的 2017 年《民法总则》第 24 条已被《民法典》第 24 条吸收,条文内容没有改动。

法理提示

确认无民事行为能力人需适用《民事诉讼法》规定的特别程序。如果公民提出申请，要注意以下几点：第一，有权提出申请的人是无民事行为能力人的利害关系人，主要包括：（1）公民的配偶或者其他近亲属；（2）该公民的债权人、债务人等。此外，居民委员会、村民委员会、妇女联合会、残疾人联合会、民政部门等组织也有权提出申请。如果没有个人或组织提出申请，那么法院不能依职权主动认定某人为无民事行为能力人。第二，管辖法院是该公民住所地的法院，而且是基层人民法院，如某区人民法院。申请人应当向该法院提出申请，申请形式为书面材料，不能口头提出申请。第三，由于无民事行为能力人无法进行诉讼活动，应当由近亲属作为代理人。但是，提出申请的人不得同时担任代理人，并且，若近亲属都不愿作为被申请人的代理人的，则由法院从近亲属中指定。若该公民的健康状况良好，并非完全不具备辨认自己行为的能力，此时法院应当询问并且尊重其本人意见。提出申请的同时，为保护无民事行为能力人的合法权益，可以请求法院为其指定监护人。对于无民事行为能力人的监护人认定可参考案例68"无民事行为能力成年人的监护权如何变更？"。

公民被法院认定为无民事行为能力人后，如果认为自身已经恢复了行为能力，可以依法向法院提出申请。公民没有提出恢复申请的，其近亲属或其他利害关系人也可以提出申请。

法条索引

1.《中华人民共和国民法典》

第二十四条　不能辨认或者不能完全辨认自己行为的成年人，其利害关系人或者有关组织，可以向人民法院申请认定该成年人为无民事行为能力人或者限制民事行为能力人。

被人民法院认定为无民事行为能力人或者限制民事行为能力人的，经本人、利害关系人或者有关组织申请，人民法院可以根据其智力、精神健康恢复的状况，认定该成年人恢复为限制民事行为能力人或者完全民事行为能力人。

本条规定的有关组织包括：居民委员会、村民委员会、学校、医疗机构、妇女联合会、残疾人联合会、依法设立的老年人组织、民政部门等。

2. 2017 年《中华人民共和国民法总则》

第二十一条 不能辨认自己行为的成年人为无民事行为能力人，由其法定代理人代理实施民事法律行为。

八周岁以上的未成年人不能辨认自己行为的，适用前款规定。

第二十四条 不能辨认或者不能完全辨认自己行为的成年人，其利害关系人或者有关组织，可以向人民法院申请认定该成年人为无民事行为能力人或者限制民事行为能力人。

被人民法院认定为无民事行为能力人或者限制民事行为能力人的，经本人、利害关系人或者有关组织申请，人民法院可以根据其智力、精神健康恢复的状况，认定该成年人恢复为限制民事行为能力人或者完全民事行为能力人。

本条规定的有关组织包括：居民委员会、村民委员会、学校、医疗机构、妇女联合会、残疾人联合会、依法设立的老年人组织、民政部门等。

3.《中华人民共和国民事诉讼法》

第一百九十八条 申请认定公民无民事行为能力或者限制民事行为能力，由利害关系人或者有关组织向该公民住所地基层人民法院提出。

申请书应当写明该公民无民事行为能力或者限制民事行为能力的事实和根据。

第二百条 人民法院审理认定公民无民事行为能力或者限制民事行为能力的案件，应当由该公民的近亲属为代理人，但申请人除外。近亲属互相推诿的，由人民法院指定其中一人为代理人。该公民健康情况许可的，还应当询问本人的意见。

人民法院经审理认定申请有事实根据的，判决该公民为无民事行为能力或者限制民事行为能力人；认定申请没有事实根据的，应当判决予以驳回。

第二百零一条 人民法院根据被认定为无民事行为能力人、限制民事行为能力人本人、利害关系人或者有关组织的申请，证实该公民无民事行为能力或者限制民事行为能力的原因已经消除的，应当作出新判决，撤销原判决。

68 无民事行为能力成年人的监护权如何变更?

案情简介

　　徐某和路某相恋后登记结婚。婚后，路某在医院确诊为精神分裂。在此之后，路某向中国残疾人联合会申请，取得残疾人证，残疾等级为精神残疾二级。徐某向婚后两人共同居住所在地的基层法院提出了申请，请求确认路某为无民事行为能力人，并担任路某的监护人。然而，徐某在外忙于工作，无暇顾及路某。路某的病情加重，情绪越来越不稳定，发病时出现自伤、自残行为。在此情况下，徐某仍然不将路某送往医院治疗。路某的父亲得知情况后，诉请法院，不让徐某继续担任路某的监护人，要求自己成为路某新的监护人。

法律适用

　　本案涉及无民事行为能力成年人的监护人变更的法律问题。一般而言，对于已婚的无民事行为能力人，由于与配偶的生活最紧密，因此，通常由配偶作为监护人。如果配偶怠于履行义务，那么，根据 2017 年《民法总则》第 36 条的规定，被监护人的其他近亲属，具有相应民事能力，能够提供监护的，便可以请求法院撤销原先配偶的监护资格，变更为合适的监护人。本案中，徐某是路某的配偶，但一直忙于工作，没有履行监护职责。因此，路某的父亲享有提请法院变更路某监护人的权利。此外，根据法律规定，路某的父亲是路某仅次于徐某的第二顺序监护人，具有监护路某的条件，法院可以指定他为路某的监护人。

　　2017 年《民法总则》第 36 条被编入了《民法典》总则编第 36 条。

法理提示

　　监护人制度的设置，就是为了保障无民事行为能力人的合法权益，包括人身安全与财产安全。与其说监护权是一种权利，倒不如说监护权更像是一种义务，身为监护人就应当肩负起相应责任。在民事活动中，监护人

你不可不知的家事纠纷解决法与理

通常作为被监护人的法定代理人，被监护人实施的行为需要经过监护人的确认，这使得被监护人对监护人有很强的依赖性。为避免监护人损害被监护人的权利，制定变更监护制度，便于对监护人履职状况进行监督。日常生活中，如果其他能够提供监护的人或民政部门等，发现现任监护人有怠于履职情形，可以向法院诉请变更监护人。提出申请后，法院应对监护人的履职情况进行审查，如果监护人确实存在《民法典》第36条规定的情形之一，则法院可以撤销其监护人资格。同时，根据最有利于被监护利益保护的原则，应在其他能够提供监护或愿意主动承担监护职责的人或组织中，重新安排监护人。

法条索引

1. 《中华人民共和国民法典》

第二十四条 不能辨认或者不能完全辨认自己行为的成年人，其利害关系人或者有关组织，可以向人民法院申请认定该成年人为无民事行为能力人或者限制民事行为能力人。

被人民法院认定为无民事行为能力人或者限制民事行为能力人的，经本人、利害关系人或者有关组织申请，人民法院可以根据其智力、精神健康恢复的状况，认定该成年人恢复为限制民事行为能力人或者完全民事行为能力人。

本条规定的有关组织包括：居民委员会、村民委员会、学校、医疗机构、妇女联合会、残疾人联合会、依法设立的老年人组织、民政部门等。

第二十八条 无民事行为能力或者限制民事行为能力的成年人，由下列有监护能力的人按顺序担任监护人：

（一）配偶；

（二）父母、子女；

（三）其他近亲属；

（四）其他愿意担任监护人的个人或者组织，但是须经被监护人住所地的居民委员会、村民委员会或者民政部门同意。

第三十四条 监护人的职责是代理被监护人实施民事法律行为，保护被监护人的人身权利、财产权利以及其他合法权益等。

监护人依法履行监护职责产生的权利，受法律保护。

监护人不履行监护职责或者侵害被监护人合法权益的，应当承担法律责任。

第三十六条 监护人有下列情形之一的，人民法院根据有关个人或者组织的申请，撤销其监护人资格，安排必要的临时监护措施，并按照最有利于被监护人的原则依法指定监护人：

（一）实施严重损害被监护人身心健康行为的；

（二）怠于履行监护职责，或者无法履行监护职责并且拒绝将监护职责部分或者全部委托给他人，导致被监护人处于危困状态的；

（三）实施严重侵害被监护人合法权益的其他行为的。

本条规定的有关个人、组织包括：其他依法具有监护资格的人，居民委员会、村民委员会、学校、医疗机构、妇女联合会、残疾人联合会、未成年人保护组织、依法设立的老年人组织、民政部门等。

前款规定的个人和民政部门以外的组织未及时向人民法院申请撤销监护人资格的，民政部门应当向人民法院申请。

2. 2017年《中华人民共和国民法总则》

第二十四条第一款 不能辨认或者不能完全辨认自己行为的成年人，其利害关系人或者有关组织，可以向人民法院申请认定该成年人为无民事行为能力人或者限制民事行为能力人。

第二十八条 无民事行为能力或者限制民事行为能力的成年人，由下列有监护能力的人按顺序担任监护人：

（一）配偶；

（二）父母、子女；

（三）其他近亲属；

（四）其他愿意担任监护人的个人或者组织，但是须经被监护人住所地的居民委员会、村民委员会或者民政部门同意。

第三十四条 监护人的职责是代理被监护人实施民事法律行为，保护被监护人的人身权利、财产权利以及其他合法权益等。监护人依法履行监护职责产生的权利，受法律保护。监护人不履行监护职责或者侵害被监护人合法权益的，应当承担法律责任。

第三十六条 监护人有下列情形之一的，人民法院根据有关个人或者组织的申请，撤销其监护人资格，安排必要的临时监护措施，并按照最有利于被监护人的原则依法指定监护人：

（一）实施严重损害被监护人身心健康行为的；

（二）怠于履行监护职责，或者无法履行监护职责并且拒绝将监护职责部分或者全部委托给他人，导致被监护人处于危困状态的；

（三）实施严重侵害被监护人合法权益的其他行为的。

本条规定的有关个人和组织包括：其他依法具有监护资格的人，居民委员会、村民委员会、学校、医疗机构、妇女联合会、残疾人联合会、未成年人保护组织、依法设立的老年人组织、民政部门等。

前款规定的个人和民政部门以外的组织未及时向人民法院申请撤销监护人资格的，民政部门应当向人民法院申请。

69 夫妻一方身染重病成为无民事行为能力人，另一方拒绝扶养时，可以要求分割夫妻共同财产吗？

案情简介

李甲因工受重伤成为无民事行为能力人，其妻子杨乙不仅不照顾丈夫，还拒绝支付丈夫的医疗费。由于杨乙不履行对李甲的扶养义务，李甲的父母向法院提起诉讼，请求撤销杨乙的监护人资格，并指定自己为监护人。随后，李甲的父母以李甲名义请求法院分割夫妻共同所有房屋，用以支付李甲住院期间的医疗费。法院最终判决支持了李甲父母的诉讼请求。

法律适用

本案涉及夫妻关系存续期间能否分割夫妻共同财产的法律问题。首先，根据2017年《民法总则》第28条、第36条的规定，无民事行为能力的成年人的配偶为第一顺位监护人，父母、子女为第二顺位的监护人。当监护人不履行监护职责而使被监护人处于危困状态的，其他具有监护资格的人可以向法院申请撤销原监护人资格，法院按照有利于被监护人的原则为其指定监护人。本案中，因杨乙怠于履行其监护职责，李甲的父母有权申请法院撤销其监护资格，并指定自己为李甲的监护人。其次，夫妻双方相互负有法定扶养义务。根据2011年《婚姻法司法解释（三）》第4条的规定，若夫妻一方不同意另一方为自己负有法定扶养义务且身患重病的人支付医疗费时，可以要求分割夫妻共同财产。同时，根据 2001 年《婚姻法》第 20 条的规定，夫妻双方有相互扶养的义务。本案中，李甲因工受重伤成为无民事行为能力人，妻子杨乙本应是第一顺位监护人，履行扶养义务。然而，杨乙不仅拒绝扶养照顾，甚至拒绝支付李甲的医疗费。因此，在变更李甲的监护人后，李甲父母以李甲的名义要求分割夫妻共同财产支付医疗费，符合法律规定。

2017 年《民法总则》第 28 条已被编入《民法典》第 28 条，没有修改。2011 年《婚姻法司法解释（三）》第 4 条也被编入《民法典》第 1066 条，但删除了分割夫妻共同财产以"不损害债权人利益"为前提的限制条件。此外，《民法典》第 1059 条吸收了 2001 年《婚姻法》第 20 条规定，语序和语言表述有一定调整，但法条含义未发生实质变化。

法理提示

根据我国法律规定，在婚姻关系存续期间，夫妻可以请求分割夫妻共有财产的有两种情形：一是夫妻一方不顾对方合法权益而实施严重损害夫妻共同财产行为的。二是夫妻一方负有法定扶养义务的人患有重大疾病需治疗，另一方不同意支付医疗费的。

还应注意的是，根据 2017 年《民法总则》第 37 条的规定，作为父母、子女、配偶被撤销监护人资格后，仍然应当履行对被监护人支付抚养费、赡养费、扶养费的义务。这一规定已被编入《民法典》第 37 条。除夫妻外，父母被撤销监护人资格的，仍然应负担子女抚养费，具体分析可参见案例 55"父母被撤销监护人资格后，仍需支付子女抚养费吗？"。

法条索引

1.《中华人民共和国民法典》

第二十八条 无民事行为能力或者限制民事行为能力的成年人，由下列有监护能力的人按顺序担任监护人：

（一）配偶；

（二）父母、子女；

……

第三十六条 监护人有下列情形之一的，人民法院根据有关个人或者组织的申请，撤销其监护人资格，安排必要的临时监护措施，并按照最有利于被监护人的原则依法指定监护人：

（一）实施严重损害被监护人身心健康的行为；

（二）怠于履行监护职责，或者无法履行监护职责且拒绝将监护职责部分或者全部委托给他人，导致被监护人处于危困状态；

（三）实施严重侵害被监护人合法权益的其他行为。

……

第三十七条 依法负担被监护人抚养费、赡养费、扶养费的父母、子女、配偶等，被人民法院撤销监护人资格后，应当继续履行负担的义务。

第一千零五十九条 夫妻有相互扶养的义务。需要扶养的一方，在另一方不履行扶养义务时，有要求其给付扶养费的权利。

第一千零六十六条 婚姻关系存续期间，有下列情形之一的，夫妻一方可以向人民法院请求分割共同财产：

（一）一方有隐藏、转移、变卖、毁损、挥霍夫妻共同财产或者伪造夫妻共同债务等严重损害夫妻共同财产利益的行为；

（二）一方负有法定扶养义务的人患重大疾病需要医治，另一方不同意支付相关医疗费用。

2. 2017 年《中华人民共和国民法总则》

第三十七条 依法负担被监护人抚养费、赡养费、扶养费的父母、子女、配偶等，被人民法院撤销监护人资格后，应当继续履行负担的义务。

3. 2001 年《中华人民共和国婚姻法》

第二十条 夫妻有互相扶养的义务。

一方不履行扶养义务时，需要扶养的一方，有要求对方付给扶养费的权利。

4. 2011 年最高人民法院《关于适用〈中华人民共和国婚姻法〉若干问题的解释（三）》

第四条 婚姻关系存续期间，夫妻一方请求分割共同财产的，人民法院不予支持，但有下列重大理由且不损害债权人利益的除外：

（一）一方有隐藏、转移、变卖、毁损、挥霍夫妻共同财产或者伪造夫妻共同债务等严重损害夫妻共同财产利益行为的；

（二）一方负有法定扶养义务的人患重大疾病需要医治，另一方不同意支付相关医疗费用的。

70 夫妻一方身患重病而对方拒绝扶养，可以要求对方支付扶养费吗？

● 案情简介 ●

张某和马某结婚后，家里的财政大权交给了马某。因张某生病，马某将工资卡退还给了张某，便于支付医疗费。后来，马某被确诊为肺癌晚期。但马某每月只有几百元退休金，还要承担日益高昂的医疗费用，连维持正常生活都越来越困难。然而，张某一直以自己治病需要钱为由，不愿再拿钱给马某治病。于是，马某诉至法院，请求张某按月支付自己2000元扶养费，以满足基本生活。法院经审理查明，马某无力支付医疗费用，生活困难，张某虽然医疗开销大，但享受医疗保险待遇，能够提供马某必要经济帮助。最终，法院判决张某每月向马某支付1000元扶养费。

法律适用

本案涉及的法律问题是夫妻之间的扶养义务。2001年《婚姻法》第20条明文规定夫妻之间相互承担扶养义务。如果一方拒绝履行法定的扶养义务，而对方确实出现了生活困难的情况，那么，生活困难一方可以请求对方提供经济帮助。本案中，张某和马某已经结为合法夫妻，应相互扶持。马某的退休金较少，加之医疗费用开销，加重了马某的生活负担。虽然张某也患病需要治疗，但张某医疗费可经社保报销，且退休金较高。除生活开支外，张某还能承担马某一定的扶养费。然而，自马某将工资卡交还张某后，张某再也没有向马某支付过任何费用，没有履行夫妻间的扶养义务。因此，马某诉请张某支付扶养费，合理合法，法院依法支持了马某的请求。

2001年《婚姻法》第20条已被编入《民法典》第1059条，保留了夫妻之间有相互扶养义务的规定，只是对语序和语言表述进行了相应调整。

法理提示

司法实践中，法院在认定是否需要支付扶养费时，通常会参考以下几种情况：一是请求扶养费一方的现实身体状况；二是请求扶养费一方是否能够继续劳动，现实生活情况如何；三是被请求一方的经济负担能力。应当注意的是，夫妻间扶养义务是法律明文规定的，贯穿整段婚姻的始终，夫妻双方均不得无理由拒绝履行。

此外，根据《民事诉讼法》第109条的规定，如果夫妻一方急需扶养费，否则将对生活产生重大影响的，可以申请先予执行，由法院裁定对方先行支付扶养费。但是，根据实际情形，法院可能会让请求先予执行的人提供一定担保，同时，法院也会考虑对方的履行能力。

法条索引

1.《中华人民共和国民法典》

第一千零五十九条 夫妻有相互扶养的义务。

需要扶养的一方，在另一方不履行扶养义务时，有要求其给付扶养费的权利。

2. 2001年《中华人民共和国婚姻法》

第二十条 夫妻有互相扶养的义务。

一方不履行扶养义务时，需要扶养的一方，有要求对方付给扶养费的权利。

3.《中华人民共和国民事诉讼法》

第一百零九条 人民法院对下列案件，根据当事人的申请，可以裁定先予执行：

（一）追索赡养费、扶养费、抚养费、抚恤金、医疗费用的；

（二）追索劳动报酬的；

（三）因情况紧急需要先予执行的。

第一百一十条 人民法院裁定先予执行的，应当符合下列条件：

（一）当事人之间权利义务关系明确，不先予执行将严重影响申请人的生活或者生产经营的；

（二）被申请人有履行能力。

人民法院可以责令申请人提供担保，申请人不提供担保的，驳回申请。申请人败诉的，应当赔偿被申请人因先予执行遭受的财产损失。

第三部分 赡养纠纷

71 父母有多个子女，可以只要求其中一个给付赡养费吗？

● 案情简介 ●

赵老育有子女三人赵甲、赵乙和赵丙。因赵老年事已高并患有多种疾病，遂与赵乙一同生活，但因赵老每月的退休金不足以支付自己的日常生活与医药费用，而赵甲条件较好却很少探望、关照赵老，赵丙为残疾人，赡养老人的能力不足。赵老因每月的退休金不足以支付自己的日常生活与医药费用，遂向法院起诉要求赵甲向自己每月支付赡养费6000元。赵甲辩称赡养作为公民的义务，需要赡养老人的所有子女都应该平等地履行相关义务。因此，申请追加赵乙和赵丙为共同被告，法院经审理认为子女对父母有赡养扶助的义务，赵老有要求子女给付赡养费的权利。现赵老年事已高，需要子女履行赡养义务。赵甲作为赵老之子，应按月支付赵老赡养费，具体数额法院综合考虑赵老的自身需要等客观情况酌定。关于赵甲要求追加赵老其他两个子女共同参加诉讼，赵老已明确表示赵乙与其共同生活，照料生活起居，而赵丙能力不足，因此，不向其二人主张支付赡养费，据此，法院认定不予追加二人为共同被告的裁定，判决赵甲每月向赵老支付赡养费900元。

法律适用

本案涉及赡养纠纷中被告的确定问题。根据《宪法》第49条、《老年人权益保障法》第14条以及2001年《婚姻法》第21条的规定，赡养扶助父母是成年子女的法定义务。对于有能力履行而拒不履行的成年子女，被赡养人享有要求子女履行赡养义务的权利。法院在向当事人进行释明其享有对全体子女主张的权利，而该被赡养人仅主张部分子女的情况下，应当尊重当事人对其权益的自由处分行为。本案中，法院认为，子女应当赡养扶助父母。经法院释明，赵老作为被赡养人已经知道他有权向子女中的任一位主张权利，并已经明确表示不予追加其他子女为共同被告。因为，赵乙与赵老共同生活并照料其起居，赵丙因残疾能力不足无法履行赡养义务，而赵甲完全有能力履行自己的赡养义务而未履行。因此，法院在充分尊重原告的处分权的情况下，对于赵甲要求追加赵老其他子女为共同被告的要求不予认可。需要注意的是，《民法典》第 1067 条对 2001 年《婚姻法》第 21 条部分内容进行了修改，明确规定父母缺乏劳动能力或者生活困难的，其索要赡养费的对象只能是已经成年的子女。

法理提示

赡养纠纷中被告的确定在审判实务和理论研讨中主要有两种意见：大多数意见认为，子女对父母有赡养扶助的法定义务，当老人育有多个子女时，有权根据自己的意思表示要求其中的一人、数人或者全部子女履行对自己的赡养义务，法院在向当事人释明其享有的赡养权后应当尊重当事人的处分权，该观点认为赡养纠纷不属于必要共同诉讼；另一种处理意见认为，赡养老人是所有子女不可分割的义务，对有多名子女的被赡养人提起的赡养纠纷诉讼，每个子女均应当共同履行赡养义务，即该争议的赡养法律关系是一个多数人共同的权利义务关系，该类诉讼属于必要共同诉讼，按照《民事诉讼法》第 135 条"必须共同进行诉讼的当事人没有参加诉讼的，人民法院应当通知其参加诉讼"的规定，追索赡养费的案件中应当将所有的子女列为共同被告。但是，根据人民法院案例库中多数法院的判例，在此类诉讼中，法院在向当事人释明其权利后应尊重当事人的处分权，对被赡养人不予追加其他子女为共同被告的意见予以尊重。赡养义务不仅发生在生父母子女之间，还存在于形成了扶养关系的继父母子女之间。具体分析可参考案例 72 "继父母可以要求继子女支付赡养费吗?"。

法条索引

1.《中华人民共和国宪法》

第四十九条第三款　父母有抚养教育未成年子女的义务，成年子女有赡养扶助父母的义务。

2.《中华人民共和国老年人权益保障法》

第十四条　赡养人应当履行对老年人经济上供养、生活上照料和精神上慰藉的义务，照顾老年人的特殊需要。

赡养人是指老年人的子女以及其他依法负有赡养义务的人。

赡养人的配偶应当协助赡养人履行赡养义务。

3.《中华人民共和国民法典》

第一千零六十七条　成年子女不履行赡养义务的，缺乏劳动能力或者生活困难的父母，有要求成年子女给付赡养费的权利。

4.《中华人民共和国民事诉讼法》

第一百三十五条　必须共同进行诉讼的当事人没有参加诉讼的，人民法院应当通知其参加诉讼。

5. 2001 年《中华人民共和国婚姻法》

第二十一条　父母对子女有抚养教育的义务；子女对父母有赡养扶助的义务。父母不履行抚养义务时，未成年的或不能独立生活的子女，有要求父母付给抚养费的权利。

子女不履行赡养义务时，无劳动能力的或生活困难的父母，有要求子女付给赡养费的权利。

禁止溺婴、弃婴和其他残害婴儿的行为。

72 继父母可以要求继子女支付赡养费吗?

案情简介

俞某与前妻离婚后,带着尚且年幼的小俞与曹某结婚。小俞随父亲俞某和继母曹某共同生活了十余年,小俞已经长大成人。后俞某去世,小俞拒绝赡养曹某,并将其赶走。为此,曹某一纸诉状将小俞告上法庭,诉请小俞每月支付自己 2000 元赡养费,直至终老。小俞表示曹某有养老保险,拒绝支付赡养费。法院认为,曹某把小俞抚育成人,已经实际履行了抚养义务,两人之间扶养关系已经得到法律的确认,因此,小俞应当赡养曹某。庭审之后,法院宣判小俞每月付给曹某 1000 元。

法律适用

本案涉及的法律问题是继子女对继父母的赡养义务。根据 2001 年《婚姻法》第 27 条的规定,如果继子女接受继父母的抚育成长,双方建立了抚养关系,那么,继子女也应当赡养照顾继父母。就本案而言,小俞自幼与曹某共同生活,受到曹某的抚育、帮助,符合 2001 年《婚姻法》第 27 条的规定。因此,小俞赡养曹某是不可规避、必须承担的义务。现曹某需要租房生活,且体弱多病,生活较为困难。小俞作为子女,应当在其所能承担的范围内负担曹某的赡养费。最终,法院综合考虑曹某与小俞各自情况,判决小俞按月付给曹某 1000 元赡养费。

2001 年《婚姻法》第 27 条已被《民法典》第 1072 条吸收,条文内容没有改动。

法理提示

如果继子女受到了继父母抚育,双方建立了抚养关系,那么,双方就转化适用父母子女关系相关法律规定。具体到本案而言,按照权利义务相一致的原则,继父母尽了养育义务,也应享有接受赡养的权利。因此,小俞应承担赡养曹某的义务,曹某享有让小俞支付赡养费的权利。

　　赡养父母既是法定义务，也是我们血脉中代代传承的孝道品德。父母含辛茹苦将子女抚养成人，当父母年迈时，子女也应当孝敬父母，不能认为父母有一定生活来源就免除了自己的赡养义务。赡养父母不仅限于给父母赡养费，还应当在日常生活中多照顾父母，关注他们的精神需求，照料他们安度晚年。即便是没有血缘关系的继父母，他们为了教养继子女也付出了心血，继子女于情于理也应孝敬老人，不能让他们生活困难，老无所依。

　　值得注意的是，《民法典》在收编 2001 年《婚姻法》第 21 条时进行了修改，一方面，特别强调成年子女对父母的赡养义务。另一方面，《民法典》未保留 2001 年《婚姻法》第 21 条第 4 款"禁止溺婴、弃婴和其他残害婴儿的行为"。这类行为涉嫌犯罪，可能追究行为人的刑事责任。

法条索引

1.《中华人民共和国民法典》

第一千零六十七条　父母不履行抚养义务的，未成年子女或者不能独立生活的成年子女，有要求父母给付抚养费的权利。

成年子女不履行赡养义务的，缺乏劳动能力或者生活困难的父母，有要求成年子女给付赡养费的权利。

第一千零七十二条　继父母与继子女间，不得虐待或者歧视。

继父或者继母和受其抚养教育的继子女间的权利义务关系，适用本法关于父母子女关系的规定。

2. 2001 年《中华人民共和国婚姻法》

第二十一条　父母对子女有抚养教育的义务；子女对父母有赡养扶助的义务。

父母不履行抚养义务时，未成年的或不能独立生活的子女，有要求父母付给抚养费的权利。

子女不履行赡养义务时，无劳动能力的或生活困难的父母，有要求子女付给赡养费的权利。

禁止溺婴、弃婴和其他残害婴儿的行为。

第二十七条　继父母与继子女间，不得虐待或歧视。继父或继母和受其抚养教育的继子女间的权利和义务，适用本法对父母子女关系的有关规定。

你不可不知的家事纠纷解决法与理

3.《中华人民共和国老年人权益保护法》

第十四条　赡养人应当履行对老年人经济上供养、生活上照料和精神上慰藉的义务，照顾老年人的特殊需要。

赡养人是指老年人的子女以及其他依法负有赡养义务的人。

赡养人的配偶应当协助赡养人履行赡养义务。

第十八条　家庭成员应当关心老年人的精神需求，不得忽视、冷落老年人。

与老年人分开居住的家庭成员，应当经常看望或者问候老年人。

用人单位应当按照国家有关规定保障赡养人探亲休假的权利。

第十九条　赡养人不得以放弃继承权或者其他理由，拒绝履行赡养义务。

赡养人不履行赡养义务，老年人有要求赡养人付给赡养费等权利。

赡养人不得要求老年人承担力不能及的劳动。

73 认定赡养费金额应考虑哪些因素？

案情简介

刘某育有三个子女，各自成家，离开刘某生活。刘某现已70岁高龄，一个人独居生活。刘某患有疾病，需定期检查和服药，但自己无力承担医疗费，便与三个子女协商，要求他们分担赡养费。然而，三个子女相互推脱。于是，刘某将三个子女一起告上法庭，要求他们每月各付800元以作赡养费。在法庭上，长子表示，自己曾经带刘某去医院看病，并承担了医疗费。长女称，自己一直为刘某缴纳水电气费。次子平时没有照顾刘某。法院经审理认定，三个子女都对刘某负有赡养义务，均应当负担一定的赡养费。最终，法院综合考虑刘某现有的生活来源以及三个子女各自的经济状况，判决三个子女每月各承担500元的赡养费。

法律适用

本案涉及认定赡养费金额应考虑的相关因素。根据2001年《婚姻法》第21条第3款的规定，子女赡养父母是法定的责任，包括经济供养、生活照料等。认定赡养费金额时，需综合考量父母及子女各方的经济情况、生活现状等因素。本案中，虽然刘某没有劳动能力，每月医疗费开支较大，但是刘某有一套房屋自住，另有一套房屋每月可收取租金。刘某的三个子女都各自有了小家庭，但收入并不稳定，生活开支也比较大。综合以上情况，法院仅判决三个子女每人每月各承担 500 元的赡养费。

2001 年《婚姻法》第 21 条第 3 款已被《民法典》第 1067 条第 2 款吸收，并且，《民法典》明确了负有赡养义务的子女应是成年子女，语言表述更为精确。

法理提示

子女赡养父母是一种法律规定义务。如果子女拒绝履行这种义务，而父母已经无法再通过劳动获取报酬，或生活已经陷入困顿，可以要求子女给予经济帮扶。然而，对于赡养费如何确定的问题，还缺乏法律明文规定。但司法实践中，通常会从以下几个方面综合考量：父母所在地的经济发展水平、消费水平；父母正常生活的实际需求；父母本身的经济能力，如收入来源、社保情况等；子女自身的经济能力；能够承担赡养费的赡养人人数。一般认为，如果赡养人每月收入低于本地区最低生活标准时，应视为无赡养能力，也就是说，该赡养人无力承担赡养费，但赡养人仍应在日常生活中照料、关怀被赡养人；赡养人每月收入情况超出本地最低生活标准的，在保障家庭生活的范围内，按照超出情况，综合有赡养能力的赡养人人数计算赡养费。

除基本赡养费外，法院在认定赡养费时，以下费用也可以考虑在内，如被赡养人看病吃药、租房、购买必要的保险、必要的精神消费等支出。也就是说，当被赡养人出现患病等特殊情况时，赡养费的具体金额可能随之变化。

根据我国《老年人权益保障法》第 14 条、第 15 条的规定，赡养除经济上的帮扶、日常生活起居的照顾以外，还有精神层面的关怀。此外，子女不得以老人有生活来源、还有其他赡养人等任何缘由拒绝承担赡养义务，每个子女的赡养义务都是平等的。

法条索引

1.《中华人民共和国民法典》

第一千零六十七条 父母不履行抚养义务的，未成年子女或者不能独立生活的成年子女，有要求父母给付抚养费的权利。

成年子女不履行赡养义务的，缺乏劳动能力或者生活困难的父母，有要求成年子女给付赡养费的权利。

2. 2001 年《中华人民共和国婚姻法》

第二十一条　父母对子女有抚养教育的义务；子女对父母有赡养扶助的义务。

父母不履行抚养义务时，未成年的或不能独立生活的子女，有要求父母付给抚养费的权利。

子女不履行赡养义务时，无劳动能力的或生活困难的父母，有要求子女付给赡养费的权利。

3.《中华人民共和国老年人权益保障法》

第十四条　赡养人应当履行对老年人经济上供养、生活上照料和精神上慰藉的义务，照顾老年人的特殊需要。

赡养人是指老年人的子女以及其他依法负有赡养义务的人。

赡养人的配偶应当协助赡养人履行赡养义务。

第十五条　赡养人应当使患病的老年人及时得到治疗和护理；对经济困难的老年人，应当提供医疗费用。

对生活不能自理的老年人，赡养人应当承担照料责任；不能亲自照料的，可以按照老年人的意愿委托他人或者养老机构等照料。

第四章　继承纠纷

第一部分 继承程序

74 遗产继承的几个继承人居住在不同地方，应当向哪个法院起诉？

● 案情简介 ●

肖某去世时，银行卡内有存款 50 万元左右。其妻子周某体弱多病，想尽快取得存款支付医疗费。然而，两个女儿各执己见，不同意周某提出的款项分割方案。于是，周某想通过诉讼途径分割肖某遗留的 50 万元。周某与两个女儿分别居住在三个不同的城市，周某不知道该向哪个法院提起诉讼。后来，周某向距离自己较近的长女住所地 B 区人民法院提起诉讼。法院受理后认为，继承案件应当由肖某死亡时住所地或主要遗产所在地法院管辖，因此，裁定案件移送至肖某死亡时住所地的 A 区人民法院审理。

法律适用

本案涉及遗产继承纠纷的管辖问题。民事诉讼管辖是指各级人民法院之间和同级人民法院之间受理第一审民事案件的分工和权限。管辖制度解决的是公民之间的民事纠纷应当由哪个地域和哪一级别法院来审理的问题。根据《民事诉讼法》第 34 条第 3 项的规定，遗产继承纠纷，既可以由死者去世时的住所地法院审理，也可以由死者的主要遗产所在地法院审理。这一条款解决的是地域问题。此外，人民法院共分为四个级别，分别是基层、中级、高级以及最高人民法院。基层人民法院包括县、自治县、市辖区等人民法院。《民事诉讼法》第 18 条规定，遗产继承纠纷第一审由基层人民法院管辖。本案中，被继承人是肖某，肖某死亡时住所地是 A 地，该案应当由 A 地基层人民法院审理，也就是 A 区人民法院。

法理提示

《民事诉讼法》第 22 条第 1 款规定，民事诉讼是由被告住所地的人民法院审理。这一条款是关于一般地域管辖的规定。但是，遗产继承纠纷适用《民事诉讼法》第 34 条第 3 项规定，由被继承人死亡时住所地或主要遗产所在地人民法院专属管辖。因此，遗产继承案件，无论被告是否在同一个地方，均适用专属管辖的法律规定。周某根据《民事诉讼法》第 22 条第 1 款向 B 区人民法院提起诉讼时，B 区人民法院对该案并没有管辖权，因此，才裁定移送至 A 区人民法院管辖。

遗产继承纠纷，除被继承人死亡时住所地法院管辖外，被继承人的主要遗产所在地法院也有管辖权，继承人可以向其中一个法院提起诉讼。如果继承人向上述两地法院都提起了诉讼，则由最先立案的人民法院审理。随着经济社会发展，人们的遗产从存款、房屋等传统财产类型扩大至股票、基金等有价证券，甚至在多个地方留有遗产，主要遗产所在地的认定产生一定困难。实务中，通常以财产价值作为确定管辖的标准。例如，被继承人在 A 地和 B 地各有遗产，此时，则由遗产价值更高的所在地法院管辖。

法条索引

1.《中华人民共和国民事诉讼法》

第十八条 基层人民法院管辖第一审民事案件，但本法另有规定的除外。

第二十二条 对公民提起的民事诉讼，由被告住所地人民法院管辖；被告住所地与经常居住地不一致的，由经常居住地人民法院管辖。

对法人或者其他组织提起的民事诉讼，由被告住所地人民法院管辖。

同一诉讼的几个被告住所地、经常居住地在两个以上人民法院辖区的，各该人民法院都有管辖权。

第三十四条 下列案件，由本条规定的人民法院专属管辖：

（一）因不动产纠纷提起的诉讼，由不动产所在地人民法院管辖；

（二）因港口作业中发生纠纷提起的诉讼，由港口所在地人民法院管辖；

（三）因继承遗产纠纷提起的诉讼，由被继承人死亡时住所地或者主要遗产所在地人民法院管辖。

第三十六条　两个以上人民法院都有管辖权的诉讼，原告可以向其中一个人民法院起诉；原告向两个以上有管辖权的人民法院起诉的，由最先立案的人民法院管辖。

75 如何办理遗嘱公证？

● 案情简介 ●

丁某夫妇名下有一套房屋，市值上百万元。夫妻俩年事已高，担心百年后两个儿子丁甲和丁乙为争夺房屋发生争执，于是，两人一同到公证处申请办理遗嘱公证。遗嘱内容为："我们夫妻俩现在居住的 A 房屋是我们的共同财产，购买时是以丁某的名义，但购房款是大儿子丁甲支付的。我们夫妻俩去世后，A 房屋由大儿子丁甲一人继承，丁乙不得跟大哥争。"公证处审查后出具了公证书。不久，丁某夫妇相继去世。丁乙认为，父母没有到公证处办理遗嘱公证，况且，他们没有在遗嘱上签字，公证遗嘱不是父母的真实意愿，于是起诉要求分割 A 房屋。法院认为，丁某夫妇行动不便，公证员可以到他们的家中办理公证。此外，丁某夫妇订立遗嘱时签名确有困难，以盖章方式代替签名的，符合《遗嘱公证细则》第 18 条规定。因此，丁某夫妇办理遗嘱公证的程序合法。

法律适用

本案涉及办理遗嘱公证的程序问题。公证遗嘱是指经过公证机构公证证明的遗嘱。公民办理遗嘱公证的，需要到公证机构办理相关手续。为照顾不方便行动的人办理遗嘱公证，根据《遗嘱公证细则》第 5 条的规定，公证员可以到他们的住所办理。另，根据该细则第 18 条第 1 款、第 2 款的规定，公证遗嘱应以打印的形式作出，遗嘱人应当在公证遗嘱上签名。但是，如果立遗嘱人签名存在困难的，可以通过盖章或按手印的方式代替。本案中，丁某夫妇年纪较大，不方便亲自到公证处办理公证遗嘱。因此，公证员在了解详情后上门办理，是符合办理公证遗嘱程序的。此外，丁某夫妇没有足够力量握笔签字。因此，公证员引导丁某夫妇在遗嘱上盖章，表明丁某夫妇确认遗嘱上记载的 A 房屋由大儿子丁甲一人继承是他们的真实意愿。丁某夫妇以盖章代替签字的方式符合《遗嘱公证细则》第 18 条的规定。综上，丁某夫妇办理遗嘱公证的程序不存在违法情况。

法理提示

除自书遗嘱外，公证遗嘱也是百姓表达遗产分割意愿的常见形式。为办理遗嘱公证，需要向自己住所地或者立遗嘱时的公证处提出公证申请。提出申请时，应向公证处提交一张申请表。公证处受理申请的，需要向申请人咨询个人精神状态、家庭成员、个人财产等情况，并制作一份谈话笔录。申请人可以向公证处提交一份已经写好的自书遗嘱或者代书遗嘱，如果书写有困难的申请人，可以要求公证员在谈话笔录中记录遗产分配的意愿，由公证员代为草拟遗嘱，申请人应当仔细核对。上述提及的公证申请表、谈话笔录、遗嘱文本，都需要立遗嘱人签字。但是，如果立遗嘱人签字有困难的，可以通过盖章或者按手印的方式来代替。还要注意的是，办理遗嘱公证是法律行为，应当遵循诚实信用原则，禁止使用伪造、变造身份证，使用与自己身份信息不符合的证件办理公证。此外，提交的所有证明材料，包括房屋产权信息、车辆车位信息等，必须是真实的，不得造假。

1985 年《继承法》第 20 条已经被《民法典》第 1142 条吸收，但删除了公证遗嘱优先效力规定。也就是说，如果被继承人生前订立了多份遗嘱，则以最后所立遗嘱为准，不再实行公证遗嘱优先适用制度。被继承人生前所立的最后一份遗嘱是自书、录音录像等非公证遗嘱形式，并且所立遗嘱合法有效的，则按最后一份遗嘱分配遗产。《民法典》作出这一修改目的在于尊重被继承人生前最后的遗产分配愿望。具体可参见案例 80 "立遗嘱后，还可以撤销吗？"。

法条索引

1.《中华人民共和国民法典》

第一千一百四十二条 遗嘱人可以撤回、变更自己所立的遗嘱。

立遗嘱后，遗嘱人实施与遗嘱内容相反的民事法律行为的，视为对遗嘱相关内容的撤回。

立有数份遗嘱，内容相抵触的，以最后的遗嘱为准。

2. 《遗嘱公证细则》

第三条　遗嘱公证是公证处按法定程序证明遗嘱人设立遗嘱行为真实、合法的活动。经公证证明的遗嘱为公证遗嘱。

第四条　遗嘱公证由遗嘱人住所地或者遗嘱行为发生地公证处管辖。

第五条　遗嘱人申办遗嘱公证应当亲自到公证处提出申请。

遗嘱人亲自到公证处有困难的，可以书面或者口头形式请求有管辖权的公证处指派公证人员到其住所或者临时处所办理。

第七条　申办遗嘱公证，遗嘱人应当填写公证申请表，并提交下列证件和材料：

（一）居民身份证或者其他身份证件；

（二）遗嘱涉及的不动产、交通工具或者其他有产权凭证的财产的产权证明；

（三）公证人员认为应当提交的其他材料。

遗嘱人填写申请表确有困难的，可由公证人员代为填写，遗嘱人应当在申请表上签名。

第十八条　公证遗嘱采用打印形式。遗嘱人根据遗嘱原稿核对后，应当在打印的公证遗嘱上签名。

遗嘱人不会签名或者签名有困难的，可以盖章方式代替在申请表、笔录和遗嘱上的签名；遗嘱人既不能签字又无印章的，应当以按手印方式代替签名或者盖章。

有前款规定情形的，公证人员应当在笔录中注明。以按手印代替签名或者盖章的，公证人员应当提取遗嘱人全部的指纹存档。

第二部分 继承方式

76 遗赠人可以解除遗赠扶养协议吗?

案情简介

李某与张某婚后生育了四个女儿。四个女儿出嫁后,李某夫妇担心自己的养老问题,经人介绍,李某夫妇与赵某夫妇签订了遗赠扶养协议,载明由赵某夫妇为李某夫妇养老送终,等两位老人故去后,赵某夫妇接受遗赠,获得李某夫妇的全部财产。随后,赵某夫妇搬入李某夫妇家中一起生活。多年后,李某夫妇与赵某夫妇因经济问题产生矛盾,李某夫妇以未尽扶养义务为由起诉赵某夫妇,要求解除遗赠扶养协议。庭审中,赵某夫妇表示,并不存在不履行扶养义务的情况,并且,赵某夫妇承诺会继续扶养两位老人,不同意解除协议。法院认为,赵某夫妇履行了扶养义务,李某夫妇诉请解除协议的理由不充分。最终,法院驳回了李某夫妇的诉讼请求。

法律适用

本案涉及遗赠人解除遗赠扶养协议的法律问题。遗赠扶养协议是遗赠人与继承人以外的人或组织之间订立的协议,由遗赠人承诺赠与扶养人或组织遗产,扶养人或组织对遗赠人履行养老送终义务。根据1985年《继承法》第31条的规定,遗赠人可以通过订立遗赠扶养协议的方式,让其他公民或集体担当自己的扶养人,给老人养老送终,然后再由扶养人接受遗赠取得遗赠。但是,如果扶养人无正当理由不履行抚养义务的,依照1985年最高人民法院《关于贯彻执行〈中华人民共和国继承法〉若干问题的意见》(以下简称1985年《继承法司法解释》)第56条的规定,双方可以通过协商解除遗赠扶养协议,同时遗赠人收回扶养人接受遗赠的权利。本案中,李某夫妇与赵某夫妇基于双方合意订立了一份遗赠扶养协议,并且两家人已经住到了一起,赵某夫妇也肩负起照顾二老的责任与义务,遗赠扶养协议已经开始履行。此外,李某夫妇也没有出示证据证明赵某夫妇拒不履行扶养义务。双方在共同生活中，因生活琐碎发生摩擦实难避免，可是这并不影响遗赠扶养协议继续履行。因此，法院驳回了李某夫妇提出解除协议的诉讼请求。

1985 年《继承法》第 31 条被收编入《民法典》第 1158 条。1985 年《继承法司法解释》第 56 条修改后则被收编入最高人民法院《关于适用〈中华人民共和国民法典〉继承编的解释（一）》（以下简称《民法典继承编司法解释（一）》）第 40 条。编纂时，原法条规定的"扶养人或集体组织"被调整为"继承人以外的组织或个人"，进一步明确了扶养人的范围。

法理提示

遗赠扶养协议是公民自行处分个人财产的意思表示，一旦签订，不得任意解除。以遗赠为扶养条件，公民可自由选择扶养人。遗赠扶养协议在履行上有两层要件。第一层是扶养人扶养、照顾遗赠人直至终老，并且安排好丧葬事务。第二层是遗赠人接受遗赠，获得约定的遗产。遗赠扶养协议是双务有偿的，从时间顺序上看，扶养人照顾老人在前，在老人去世后才能接受遗赠。

值得注意的是，并不是任何人都能与遗赠人订立遗赠扶养协议。扶养人所承担的扶养照顾义务是源于遗赠扶养协议中的约定。《民法典》第 1158 条明确了扶养人的范围是继承人以外的人。因此，扶养人应排除对遗赠人本就负有法律规定的扶养义务的人。若不对遗赠扶养协议中的扶养人身份进行限制，则可能使负有法定扶养义务的人，以没有遗产继承为由，拒绝履行义务，有违公序良俗。遗赠扶养协议的效力及于遗赠人跟扶养人，是遗赠人处置财产的体现，即便遗赠人有法定继承人，也不影响他为自己寻找扶养人。应当注意的是，遗赠扶养协议不能免除法定扶养人的扶养照顾义务。遗赠人的法定扶养人仍然应当继续履行法定扶养义务，不得因为遗赠人已经与他人签订了遗赠扶养协议而不履行法定扶养义务。在本案中，虽然协议约定李某夫妇的全部遗产均由赵某夫妇受遗赠，但四个女儿仍应承担作为子女对父母的赡养义务。

法条索引

1.《中华人民共和国民法典》

第一千一百二十三条 继承开始后，按照法定继承办理；有遗嘱的，按照遗嘱继承或者遗赠办理；有遗赠扶养协议的，按照协议办理。

第一千一百五十八条 自然人可以与继承人以外的组织或者个人签订遗赠扶养协议。按照协议，该组织或者个人承担该自然人生养死葬的义务，享有受遗赠的权利。

2. 最高人民法院《关于适用〈中华人民共和国民法典〉继承编的解释（一）》

第四十条 继承人以外的组织或者个人与自然人签订遗赠扶养协议后，无正当理由不履行，导致协议解除的，不能享有受遗赠的权利，其支付的供养费用一般不予补偿；遗赠人无正当理由不履行，导致协议解除的，则应当偿还继承人以外的组织或者个人已支付的供养费用。

3. 1985 年《中华人民共和国继承法》

第五条 继承开始后，按照法定继承办理；有遗嘱的，按照遗嘱继承或者遗赠办理；有遗赠扶养协议的，按照协议办理。

第三十一条 公民可以与扶养人签订遗赠扶养协议。按照协议，扶养人承担该公民生养死葬的义务，享有受遗赠的权利。

公民可以与集体所有制组织签订遗赠扶养协议。按照协议，集体所有制组织承担该公民生养死葬的义务，享有受遗赠的权利。

4. 1985 年最高人民法院《关于贯彻执行〈中华人民共和国继承法〉若干问题的意见》

56. 扶养人或集体组织与公民订有遗赠扶养协议，扶养人或集体组织无正当理由不履行，致协议解除的，不能享有受遗赠的权利，其支付的供养费用一般不予补偿；遗赠人无正当理由不履行，致协议解除的，则应偿还扶养人或集体组织已支付的供养费用。

77 遗赠人解除遗赠扶养协议的，要向扶养人偿还供养费吗？

案情简介

谭某与江某婚后未生育子女，便与侄子小江签订了一份《遗赠扶养协议》，预先支付小江10万元作为扶养费，由小江负责扶养谭某夫妇直至终老，在谭某夫妇过世后，小江继承谭某夫妇的全部遗产。小江与谭某夫妇共同生活一年后，因生活琐事发生争执，矛盾激化。于是，谭某夫妇向法院起诉小江，要求解除《遗赠扶养协议》，并且退还之前预支的10万元扶养费。小江表示同意解除协议，但10万元已全部支付医疗费，以及水电气等各项生活开支，并且自己还额外承担了2万余元。法院认为，双方协商一致，可以解除《遗赠扶养协议》。但是，谭某夫妇不能举证证明小江存在不履行扶养义务的行为，应偿还小江已支付的供养费。

法律适用

本案涉及遗赠人偿还供养费的法律问题。根据我国1985年《继承法》第31条的规定，遗赠扶养协议是公民与愿意扶养自己的自然人或者组织订立的协议。协议订立后，该自然人或组织负责公民的生养死葬，并在公民去世后接受遗赠。遗赠前，双方可以通过协商解除协议。如果是扶养人无正当理由拒绝履行义务的，解除协议后，遗赠人一般不会向扶养人补偿供养费。但是，如果遗赠人无正当理由解除协议的，则应向扶养人偿还供养费。本案中，谭某夫妇提出解除协议，小江表示同意，因此，经双方协商可解除遗赠扶养协议。小江提供了医疗费票据、缴纳的水电气费凭证等证据，证明自己履行了扶养义务。然而，谭某夫妇并没有举证证明小江不履行扶养义务。因此，根据1985年《继承法司法解释》第56条的规定，谭某夫妇应偿还小江支付的供养费2万元。

值得注意的是，1985年《继承法》第31条已经被《民法典》第1158条吸收、修改。1985年《继承法司法解释》第56条被编入《民法典继承编司法解释（一）》第40条，扶养人的范围修改为继承人以外的组织或个人，扩大了1985年《继承法》及司法解释规定的扶养人范围，但保留了遗赠人应当偿还扶养人已经支付的供养费用的相关规定。

法理提示

遗赠扶养协议是当事人忠于自我意识，自行与他人订立的，因此，作为协议双方的遗赠人和扶养人也可以通过协商来解除，但前提是遗赠人尚未去世，协议未履行完毕。

关于如果遗赠人和扶养人协商解除协议是否需要补偿相应费用的问题，则应依照《民法典继承编司法解释（一）》第40条的规定，分为两种情况：一种是因扶养人自己不愿继续照顾扶养老人，自然就丧失接受遗赠的权利，而且，花费在老人身上的供养费用也不予补偿；另一种是遗赠人不愿让扶养人继续扶养，并且没有正当理由而不履行协议，导致协议解除，此时遗赠人就应补偿扶养人已支付的供养费用。实践中，通常是扶养人先行支出遗赠人的供养费用，而后通过遗赠得到回报。因此，法院在裁判此类案件时，一般要求扶养人提供相应的支付凭证，以此计算供养期间的相关费用，并综合解除原因，判断是否对扶养人进行补偿。

法条索引

1. 《中华人民共和国民法典》

第一千一百五十八条　自然人可以与继承人以外的组织或者个人签订遗赠扶养协议。按照协议，该组织或者个人承担该自然人生养死葬的义务，享有受遗赠的权利。

2. 最高人民法院《关于适用〈中华人民共和国民法典〉继承编的解释（一）》

第四十条　继承人以外的组织或者个人与自然人签订遗赠扶养协议后，无正当理由不履行，导致协议解除的，不能享有受遗赠的权利，其支付的供养费用一般不予补偿；遗赠人无正当理由不履行，导致协议解除的，则应当偿还继承人以外的组织或者个人已支付的供养费用。

3. 1985年《中华人民共和国继承法》

第三十一条　公民可以与扶养人签订遗赠扶养协议。按照协议，扶养人承担该公民生养死葬的义务，享有受遗赠的权利。

公民可以与集体所有制组织签订遗赠扶养协议。按照协议，集体所有制组织承担该公民生养死葬的义务，享有受遗赠的权利。

4. 1985年最高人民法院《关于贯彻执行〈中华人民共和国继承法〉若干问题的意见》

56. 扶养人或集体组织与公民订有遗赠扶养协议，扶养人或集体组织无正当理由不履行，致协议解除的，不能享有受遗赠的权利，其支付的供养费用一般不予补偿；遗赠人无正当理由不履行，致协议解除的，则应偿还扶养人或集体组织已支付的供养费用。

78 本人口述，他人执笔代写的遗嘱有效吗？

案情简介

　　杨某与曾某夫妇共有房屋一套，婚后育有一子一女。杨某病重住院，打算立遗嘱，便召集邻居余某、蔡某到医院见证。杨某在病床上口述，余某负责记录。遗嘱载明，杨某的财产由子女继承，遗嘱一式五份，由杨某、见证人、子女分别保存，具有同等法律效力。杨某、余某、蔡某均在遗嘱上签字并注明了年、月、日。杨某去世后，两子女打算出卖房屋并分割房屋价款，曾某不同意，两子女诉至法院要求分割遗产。曾某认为，遗嘱不是杨某本人写的，没有法律效力。法院认为，杨某所立遗嘱符合代书遗嘱的法律要件，合法有效。房屋是杨某与曾某的夫妻共同财产，50%产权份额属于杨某遗产范围。根据遗嘱内容，房屋的50%产权依法应由两个子女继承，按平均分割原则，两个子女各分得25%产权份额。

法律适用

　　本案涉及的法律问题是代书遗嘱的效力。代书遗嘱是指立遗嘱人口头陈述遗产分配意愿，并委托他人代为书写的一种遗嘱形式。杨某所立遗嘱是代书遗嘱，代书遗嘱合法有效，必须满足法律规定的形式要件和内容要件。根据

1985年《继承法》第17条的规定，代书遗嘱的形式要求是：（1）必须有两个以上见证人；（2）遗嘱上必须有三类人签名，即遗嘱人、代书人以及其他见证人，并注明年、月、日。本案中，杨某因病在床，无法握笔，于是，采取了由自己口述，余某书写的方式记录遗嘱内容。立遗嘱时，有余某、蔡某两位邻居为见证人，且遗嘱上有杨某及两位见证人的签名及日期。因此，杨某的遗嘱符合代书遗嘱的形式要件。1985年《继承法》第22条第2款规定的是代书遗嘱的内容要件，要求遗嘱必须是立遗嘱人的真实意思表示。杨某在遗嘱上的笔迹经鉴定，证实确是杨某的亲笔签名。遗嘱内容是杨某的真实意思表示，且未违反法律和损害社会公共利益，符合法律规定，满足代书遗嘱的内容要件。综上，杨某所立遗嘱为代书遗嘱，合法有效。

1985年《继承法》第17条和第22条已被《民法典》第1135条、第1143条吸收，条文内容没有实质性改动。

法理提示

除自书遗嘱外，代书遗嘱也是人们常用的遗嘱形式。然而，在立遗嘱时，往往忽略了遗嘱的形式要件，导致遗嘱被认定为无效。如果选择代书遗嘱形式，应当满足法律规定的四个条件：一是所有在场的见证人都要在遗嘱上签名，并且注明年、月、日。二是部分人群不能作为遗嘱见证人，如未成年人、患有精神疾病的人，因为他们不具备见证能力。还要特别注意的是，遗产继承人或者是将接受遗赠的人，以及与他们有利害关系的人，都不能作为见证人。三是立遗嘱人口述遗嘱内容后，也应当在遗嘱上签名并注明年、月、日。四是代书人应当亲笔书写，不能以打印形式代书。

实际上，除上文提及的遗嘱形式外，公证遗嘱和口头遗嘱也是法律认可的。但是，应尽量选择公证遗嘱、自书遗嘱、代书遗嘱这三种书面遗嘱形式，完整清晰地记录自己的遗产分割意愿，便于各继承人、受遗赠人按遗嘱分割遗产。此外，《民法典》新增了打印遗嘱和录像遗嘱。打印遗嘱可以有效避免因遗嘱载明的字迹不清造成的理解分歧。选择打印遗嘱时要注意，一方面，立遗嘱时应当有两名以上见证人在场。另一方面，立遗嘱人以及在场的见证人都要在打印遗嘱的每一页上面签字，并注明年、月、日。此外，因手机、电脑等电子产品的普及，《民法典》确认了录音录像遗嘱效力，便于年龄较大无力握笔或无法执笔书写的人订立遗嘱。尽管人们可以随时通过录音录像立遗嘱，但应注意录音录像遗嘱合法有效还需要满足形式要件，即见证人要满足在场人数并记录下具体的日期。人们可以自由选择公证遗嘱、自书遗嘱、打印遗嘱等形式，但要切记，无论选择哪种形式，都要满足遗嘱有效要件，否则面临遗嘱无效的法律风险。

法条索引

1. 《中华人民共和国民法典》

第一千一百三十五条　代书遗嘱应当有两个以上见证人在场见证，由其中一人代书，并由遗嘱人、代书人和其他见证人签名，注明年、月、日。

第一千一百三十六条　打印遗嘱应当有两个以上见证人在场见证。遗嘱人和见证人应当在遗嘱每一页签名，注明年、月、日。

第一千一百三十七条　以录音录像形式立的遗嘱，应当有两个以上见证人在场见证。遗嘱人和见证人应当在录音录像中记录其姓名或者肖像，以及年、月、日。

第一千一百四十三条　无民事行为能力人或者限制民事行为能力人所立的遗嘱无效。

遗嘱必须表示遗嘱人的真实意思，受欺诈、胁迫所立的遗嘱无效。

伪造的遗嘱无效。

遗嘱被篡改的，篡改的内容无效。

2. 1985 年《中华人民共和国继承法》

第十七条　公证遗嘱由遗嘱人经公证机关办理。

自书遗嘱由遗嘱人亲笔书写，签名，注明年、月、日。

代书遗嘱应当有两个以上见证人在场见证，由其中一人代书，注明年、月、日，并由代书人、其他见证人和遗嘱人签名。

以录音形式立的遗嘱，应当有两个以上见证人在场见证。

遗嘱人在危急情况下，可以立口头遗嘱。口头遗嘱应当有两个以上见证人在场见证。危急情况解除后，遗嘱人能够用书面或者录音形式立遗嘱的，所立的口头遗嘱无效。

第十八条　下列人员不能作为遗嘱见证人：

（一）无行为能力人、限制行为能力人；

（二）继承人、受遗赠人；

（三）与继承人、受遗赠人有利害关系的人。

第二十二条 无行为能力人或者限制行为能力人所立的遗嘱无效。

遗嘱必须表示遗嘱人的真实意思，受胁迫、欺骗所立的遗嘱无效。

伪造的遗嘱无效。

遗嘱被篡改的，篡改的内容无效。

79 通过遗嘱设立信托有效吗？

案情简介

　　张某与前妻育有一子张甲。双方离婚后，张某与刘某登记结婚，婚后育有一女张乙。张某在去世前留有一份自书遗嘱，遗嘱内容为："本人现有财产：银行存款约 600 万元，房屋一套价值约 200 万元，投资资金 120 万元，股票账户 100 万元。本人的财产纳入"张某家族基金"，由其兄妹张丙和张丁负责共同管理，每年从基金中领取管理费 1 万元。因本人女儿张乙未成年，可每月从基金中领取 6000 元生活费至独立生活，医疗费和国内教育费全部报销，留学费可以报销一半。本人儿子张甲的医疗费全部报销，留学费可以报销一半。本人妻子刘某可以每月从基金中领取 8000 元生活费。张某的继承人不同意成立家族基金，拒不配合遗嘱执行。法院认为，张某设立家族基金的目的是希望其继承人能有长期稳定的收益，符合遗嘱信托的法律规定。张某的自书遗嘱有效，应依法成立信托。张丙和张丁已承诺管理张某的信托财产，其他继承人应配合办理相关手续。

法律适用

　　本案涉及遗嘱信托的法律问题。遗嘱信托是指委托人通过设立遗嘱的形式，将其财产权委托给受托人，由受托人以自己的名义，按照委托人的意愿管理或处分遗产。[1]这里的委托人是指立遗嘱人，受托人为接受委托管理财产的人。根据《信托法》的规定，公民可以设立遗嘱信托，并应同时满足1985年《继承法》和《信托法》的相关规定。就本案而言，首先，遗嘱经过笔迹鉴定，确为张某亲笔书写。遗嘱上有张某的签名和日期，且不存在遗嘱无效情形，因此，张某所立遗嘱符合1985年《继承法》关于自书遗嘱的法律规定，合法有效。其次，遗嘱中应载明信托目的、信托财产范围、受益人范围以及取得信托利益的方法。从遗嘱内容来看，张某明确表达了设立信托以管理遗产的目的，并明确了信托财产范围为遗嘱中列明的遗产。同时，张某指定了刘某以及子女为受益人，并分别明确了受益形式和方法，符合《信托法》中设立信托的规定。最后，受托人张丙和张丁已通过书面形式承诺接受信托，因此，张某的遗嘱信托已成立。为尊重张某的意愿，依法设立的信托由张丙和张丁管理，张甲、刘某以及张乙应将财产交由受托人管理，配合遗嘱执行。

1985年《继承法》关于自书遗嘱的规定已被编入《民法典》第1134条。

法理提示

随着经济发展，民众持有股票、基金等非现金形式的财产已成为较普遍的现象。为实现财富增长，遗嘱信托逐步进入百姓视野。遗嘱信托涉及《信托法》和《民法典》相关规定，因此，公民设立遗嘱信托应当注意以下四个方面：一是符合《民法典》规定的遗嘱形式与内容要求。例如，自书遗嘱应当由遗嘱人亲笔书写。遗嘱内容合法，不存在伪造、篡改等遗嘱无效情形。二是依据《信托法》设立信托，应具备以下要求：（1）信托财产可确定，并由委托人合法所有；（2）设立信托的书面文件应载明：设立信托的目的、信托财产的范围等内容。三是遗嘱信托的成立需受托人承诺。立遗嘱人单方表达信托意愿的不能成立遗嘱信托。四是应当办理信托登记的信托财产应依法办理登记，否则不发生效力。综上，公民可以通过遗嘱设立信托。遗嘱信托的设立、成立以及生效需符合《民法典》以及《信托法》相关规定，合法有效的，则应按遗嘱执行。

---

[1] 张军建、陈光：《建构我国遗产信托制度的思考》，载《中南大学学报（社会科学版）》2004年第6期。

被继承人设立遗嘱信托，实际上是想将自己的财富交给值得信赖的人或机构管理。现实生活中，各个继承人容易对遗产由谁保管、遗产范围等产生争执。因此，在遗产分配尘埃落定前，需要遗产管理人厘清遗产种类、协调遗产分配方式等，助力遗产分配顺利进行。《民法典》第1133条明确规定自然人可以设立遗嘱信托，并在第1146条新增遗产管理人制度。遗嘱订立人可以在遗嘱中指定遗产执行人，执行人便是遗产管理人。如果各继承人对遗产管理人有争议的，可以向法院申请指定遗产管理人。没有立遗嘱的，各个法定继承人也可以推选遗产管理人，确保遗产分配按法定继承制度有序推进。《民法典》对新增的遗产管理人制度作出了较细致的规定，包括管理人产生方式、管理职责等，力图有效满足人们对个人财富高效有序分配的需求，减少继承人之间的冲突。

法条索引

1.《中华人民共和国民法典》

第一千一百三十三条 自然人可以依照本法规定立遗嘱处分个人财产，并可以指定遗嘱执行人。

自然人可以立遗嘱将个人财产指定由法定继承人中的一人或者数人继承。

自然人可以立遗嘱将个人财产赠与国家、集体或者法定继承人以外的组织、个人。

自然人可以依法设立遗嘱信托。

第一千一百三十四条 自书遗嘱由遗嘱人亲笔书写，签名，注明年、月、日。

第一千一百四十五条 继承开始后，遗嘱执行人为遗产管理人；没有遗嘱执行人的，继承人应当及时推选遗产管理人；继承人未推选的，由继承人共同担任遗产管理人；没有继承人或者继承人均放弃继承的，由被继承人生前住所地的民政部门或者村民委员会担任遗产管理人。

第一千一百四十六条 对遗产管理人的确定有争议的，利害关系人可以向人民法院申请指定遗产管理人。

第一千一百四十七条 遗产管理人应当履行下列职责：

（一）清理遗产并制作遗产清单；

（二）向继承人报告遗产情况；

（三）采取必要措施防止遗产毁损、灭失；

（四）处理被继承人的债权债务；

（五）按照遗嘱或者依照法律规定分割遗产；

（六）实施与管理遗产有关的其他必要行为。

第一千一百四十八条　遗产管理人应当依法履行职责，因故意或者重大过失造成继承人、受遗赠人、债权人损害的，应当承担民事责任。

第一千一百四十九条　遗产管理人可以依照法律规定或者按照约定获得报酬。

2.《中华人民共和国信托法》

第六条　设立信托，必须有合法的信托目的。

第七条　设立信托，必须有确定的信托财产，并且该信托财产必须是委托人合法所有的财产。

本法所称财产包括合法的财产权利。

第八条　设立信托，应当采取书面形式。

书面形式包括信托合同、遗嘱或者法律、行政法规规定的其他书面文件等。

采取信托合同形式设立信托的，信托合同签订时，信托成立。采取其他书面形式设立信托的，受托人承诺信托时，信托成立。

第九条　设立信托，其书面文件应当载明下列事项：

（一）信托目的；

（二）委托人、受托人的姓名或者名称、住所；

（三）受益人或者受益人范围；

（四）信托财产的范围、种类及状况；

（五）受益人取得信托利益的形式、方法。

除前款所列事项外，可以载明信托期限、信托财产的管理方法、受托人的报酬、新受托人的选任方式、信托终止事由等事项。

第十条　设立信托，对于信托财产，有关法律、行政法规规定应当办理登记手续的，应当依法办理信托登记。

未依照前款规定办理信托登记的，应当补办登记手续；不补办的，该信托不产生效力。

第十三条　设立遗嘱信托，应当遵守继承法关于遗嘱的规定。

遗嘱指定的人拒绝或者无能力担任受托人的，由受益人另行选任受托人；受益人为无民事行为能力人或者限制民事行为能力人的，依法由其监护人代行选任。遗嘱对选任受托人另有规定的，从其规定。

3. 1985 年《中华人民共和国继承法》

第十七条第二款　自书遗嘱由遗嘱人亲笔书写，签名，注明年、月、日。

80 立遗嘱后，还可以撤销吗？

案情简介

陈某与王某生前育有长子陈甲，次子陈乙。2005 年，陈某与王某分别订立自书遗嘱，载明："自愿将共同出资购买的上海市×区 1 号房屋留给次子陈乙及其妻子，其他人不得继承。"2006 年，陈某夫妇再次补充遗嘱内容：2005 年所立遗嘱是自愿真实的；再次声明，"上海市×区 1 号房屋由陈乙和他的妻子继承，与其他人无关"。2015 年，陈某与王某立公证遗嘱，内容为：上海市×区 1 号房屋由长子陈甲继承。这份公证遗嘱是附义务的，陈甲照顾陈某和王某的老年生活，负责养老送终，二老去世后，陈甲才能继承房产。二老相继去世后，陈甲和陈乙产生继承纠纷。陈乙认为，陈某与王某亲笔写的遗嘱在先，应当以自书遗嘱继承。法院认为，应以陈某和王某所立公证遗嘱为准。同时，陈甲履行了对父母的生养死葬义务，符合该公证遗嘱的履行条件。因此，法院判决上海市×区 1 号房屋由陈甲继承。

法律适用

本案涉及的法律问题是多份遗嘱的优先效力。根据 1985 年《继承法》第 20 条和 1985 年《继承法司法解释》第 42 条的规定，遗嘱人生前立有多份内容相抵触的遗嘱，有公证遗嘱的，以最后所立公证遗嘱为准。本案中，陈某和王某分别立有两份遗嘱，第一份是自书遗嘱，第二份是附义务的公证遗嘱，且两份遗嘱内容相抵触。虽然自书遗嘱在先，但陈某和王某已经通过公证遗嘱撤销了自书遗嘱，因此，应当以公证遗嘱为准。此外，陈某和王某所立公证遗嘱是附义务的。根据 1985 年《继承法》第 21 条规定，陈甲已经履行了遗嘱所附义务，可以依据公证遗嘱接受遗产。

1985 年《继承法》第 20 条、第 21 条以及 1985 年《继承法司法解释》第 42 条已经被编入《民法典》第 1142 条、第 1144 条。

法理提示

因私密、便捷、高效、低成本的优势，自书遗嘱形式受到遗嘱人青睐。但近年来，随着法律知识普及，法律规定的各种遗嘱形式及其效力特点逐步广为人知。为了避免家庭成员之间发生继承纠纷，越来越多的人选择公证遗嘱，以避免家庭成员发生继承纠纷。公证遗嘱是由遗嘱人申请，经公证机关公证的遗嘱。[1]根据《民法典》第 1142 条的规定，重新立遗嘱等方式，是公民撤回或变更自己已经立了遗嘱的方法。就本案而言，遗嘱人已经通过公证遗嘱撤回了第一份自书遗嘱，因此，应按公证遗嘱处理遗产。

值得注意的是，本案例分析适用的是 1985 年《继承法司法解释》第 42 条规定，相较于自书、代书等遗嘱形式而言，公证遗嘱具有优先效力。换言之，如果立遗嘱人立有多份遗嘱，有公证遗嘱的话，则按公证遗嘱分割其遗产。然而，《民法典》第 1142 条对 1985 年《继承法司法解释》第 42 条进行了重大修改，即删除了公证遗嘱效力优先的规定。也就是说，如果被继承人生前立了多份遗嘱，则以最后所立遗嘱为准，不再直接按公证遗嘱继承。原因在于，办理遗嘱公证的程序较其他遗嘱形式复杂，在某些情况下，被继承人来不及立新的公证遗嘱来分配遗产。因此，《民法典》作出这一修改，目的在于尊重被继承人生前最后的遗产分配愿望。如果被继承人已立有一份公证遗嘱，但最后所立遗嘱是自书、录音录像等非公证遗嘱形式，则表示被继承人已经通过后面所立的遗嘱变更或撤销了原公证遗嘱的遗产分配方式，继承人应以后面所立遗嘱来分配遗产。但是，即便公证遗嘱不具备优先效力，根据《民事诉讼法》第 72 条的规定，公证遗嘱仍然是依法经公证证明的。如果认为公证遗嘱不是被继承人最后所立遗嘱，不是他真实意思表示的，需要提供相反的证据予以证明。否则，空口无凭，其提出的主张面临不被法院采信

---

〔1〕 郭明瑞：《论遗嘱形式瑕疵对遗嘱效力的影响——兼论遗嘱形式的立法完善》，载《求是学刊》2013 年第 2 期。

的风险。

法条索引

1. 《中华人民共和国民法典》

第一千一百四十二条 遗嘱人可以撤回、变更自己所立的遗嘱。

立遗嘱后，遗嘱人实施与遗嘱内容相反的民事法律行为的，视为对遗嘱相关内容的撤回。

立有数份遗嘱，内容相抵触的，以最后的遗嘱为准。

第一千一百四十四条 遗嘱继承或者遗赠附有义务的，继承人或者受遗赠人应当履行义务。没有正当理由不履行义务的，经利害关系人或者有关组织请求，人民法院可以取消其接受附义务部分遗产的权利。

2. 《中华人民共和国民事诉讼法》

第七十二条 经过法定程序公证证明的法律事实和文书，人民法院应当作为认定事实的根据，但有相反证据足以推翻公证证明的除外。

3. 1985年《中华人民共和国继承法》

第五条 继承开始后，按照法定继承办理；有遗嘱的，按照遗嘱继承或者遗赠办理；有遗赠扶养协议的，按照协议办理。

第二十条 遗嘱人可以撤销、变更自己所立的遗嘱。

立有数份遗嘱，内容相抵触的，以最后的遗嘱为准。

自书、代书、录音、口头遗嘱，不得撤销、变更公证遗嘱。

第二十一条 遗嘱继承或者遗赠附有义务的，继承人或者受遗赠人应当履行义务。没有正当理由不履行义务的，经有关单位或者个人请求，人民法院可以取消他接受遗产的权利。

4. 1985年最高人民法院《关于贯彻执行〈中华人民共和国继承法〉若干问题的意见》

42. 遗嘱人以不同形式立有数份内容相抵触的遗嘱，其中有公证遗嘱的，以最后所立公证遗嘱为准；没有公证遗嘱的，以最后所立的遗嘱为准。

81 夫妻一方立遗嘱处理对方财产，遗嘱还有效吗？

案情简介

周甲与刘甲是夫妻关系。周甲先于刘甲去世，去世前立了一份遗嘱，载明："我已经把名下的房屋交给我的弟弟周乙打理，收取租金支付我的医药费。我的病已经难以根治，可能就活几个月。刘甲也有病，希望她晚年过得好。在我去世后，我名下的房屋由我的弟弟周乙继承，但周乙必须在我的妻子去世后再按遗嘱继承。"周甲去世后，刘甲与其侄儿杨乙签订了遗赠扶养协议，明确表示自己的遗产全部由侄儿杨乙继承。周甲夫妇去世后，周乙主张按遗嘱继承房屋，杨乙则认为遗嘱处分了刘甲的财产，因而该遗嘱无效。双方将遗嘱继承纠纷诉至法院。法院经审理认为，房屋是周甲和刘甲夫妻的共有财产，二人各自享有50%产权。周甲在遗嘱中处理了其妻子刘甲对房屋享有的50%产权份额，是一种无权处分，因而遗嘱这部分无效。因此，周乙只能按遗嘱继承房屋的50%产权份额，另外50%产权份额由杨乙因遗赠取得。

法律适用

本案涉及立遗嘱时处理他人财产的法律问题。公民可以采用遗嘱形式分配遗产，但所分配的遗产应当是个人有权处分的合法财产。如果处置了他人财产，则处分他人财产的遗嘱部分无效。周甲去世时，名下有一套房屋，但该房屋是周甲夫妇在婚姻关系存续期间共同购买的，属于周甲夫妇的夫妻共同财产。根据1985年《继承法》第26条的规定，尽管房屋只登记在周甲一人名下，但只有房屋50%产权份额属于周甲的遗产，另外50%产权份额属于刘甲的财产。另外，根据1985年《继承法司法解释》第38条的规定，"遗嘱人以遗嘱处分了属于国家、集体或他人所有的财产，遗嘱的这部分，应认定为无效。"遗嘱中，周甲写到："我名下的房屋由我的弟弟周乙继承"，这就是以遗嘱处分了刘甲对该房屋享有的50%产权份额的情形，这部分遗嘱应当认定为无效。因此，周甲的遗嘱是部分无效。换言之，周甲处理自己对房屋享有的50%产权份额是有效的，周乙可以基于遗嘱继承50%产权份额。但周甲处理刘甲对房屋享有的 50%产权份额是无效的，周乙不能继承。《民法典》第1153 条吸收了 1985 年《继承法》第 26 条的内容，无实质性修改。1985 年《继承法司法解释》第 38 条经修改语言表述后被编入了《民法典继承编司法解释（一）》第 26 条。

法理提示

　　人们可以订立遗嘱，表达对财产处理的意愿，但财产范围应当限于自己合法所有的财产。根据 1985 年《继承法》第 3 条的规定，个人合法财产包括自己的收入、房屋、银行存款、生活用品，还包括林木、牲畜、家禽等财产。对于自己所有的上述合法财产，人们都可以在遗嘱中列明继承人。例如，本案周甲可以在遗嘱中载明"位于××（地址）的房屋，属于我所有的 50%产权份额由我的弟弟周乙继承"。此时，周甲处理的是自己所有的合法财产，因而遗嘱合法有效。

　　1985 年《继承法》第 3 条采用列举式与概括式相结合的模式界定公民个人合法财产的范围，但《民法典》改变了立法模式。《民法典》第 1122 条采用概括式与除外规定相结合的形式，扩大了公民的遗产范围，囊括了除房屋、存款、首饰等传统遗产类型外的新型财产类型，适应了经济社会发展带来的变化。

　　此外，应当注意区分遗嘱部分无效与遗嘱无效两种情形。本案涉及的是遗嘱处分了他人财产导致遗嘱部分无效的情况，适用《民法典继承编司法解释（一）》第 26 条的规定。如果遗嘱人在立遗嘱时受到胁迫、欺诈，或者遇到遗嘱是伪造的等情形，则适用《民法典》第 1143 条规定，遗嘱无效。

法条索引

1.《中华人民共和国民法典》

第一千一百二十二条 遗产是自然人死亡时遗留的个人合法财产。

依照法律规定或者根据其性质不得继承的遗产，不得继承。

第一千一百四十三条 无民事行为能力人或者限制民事行为能力人所立的遗嘱无效。

遗嘱必须表示遗嘱人的真实意思，受欺诈、胁迫所立的遗嘱无效。

伪造的遗嘱无效。

遗嘱被篡改的，篡改的内容无效。

第一千一百五十三条 夫妻共同所有的财产，除有约定的外，遗产分割时，应当先将共同所有的财产的一半分出为配偶所有，其余的为被继承人的遗产。

遗产在家庭共有财产之中的，遗产分割时，应当先分出他人的财产。

2. 最高人民法院《关于适用〈中华人民共和国民法典〉继承编的解释（一）》

第二十六条 遗嘱人以遗嘱处分了国家、集体或者他人财产的，应当认定该部分遗嘱无效。

3. 1985 年《中华人民共和国继承法》

第三条 遗产是公民死亡时遗留的个人合法财产，包括：

（一）公民的收入；

（二）公民的房屋、储蓄和生活用品；

（三）公民的林木、牲畜和家禽；

（四）公民的文物、图书资料；

（五）法律允许公民所有的生产资料；

（六）公民的著作权、专利权中的财产权利；

（七）公民的其他合法财产。

第二十二条 无行为能力人或者限制行为能力人所立的遗嘱无效。

遗嘱必须表示遗嘱人的真实意思，受胁迫、欺骗所立的遗嘱无效。

伪造的遗嘱无效。

遗嘱被篡改的，篡改的内容无效。

第二十六条第一款 夫妻在婚姻关系存续期间所得的共同所有的财产，除有约定的以外，如果分割遗产，应当先将共同所有的财产的一半分出为配偶所有，其余的为被继承人的遗产。

4. 1985 年最高人民法院《关于贯彻执行〈中华人民共和国继承法〉若干问题的意见》

38. 遗嘱人以遗嘱处分了属于国家、集体或他人所有的财产，遗嘱的这部分，应认定无效。

第三部分　遗产分割

82　胎儿享有继承权吗？

案情简介

　　陈某在工作期间因氯化氢中毒抢救无效死亡。陈某生前个人财产有20万余元。陈某去世时，妻子王某已怀孕三月有余，陈某的父母尚在世。陈某的父母认为，王某一直拒绝孕检，实际上是为了骗取遗产而假装怀孕，因而丧失继承权，遗产应由父母二人全部继承。双方因遗产分割未协商一致，陈某的父母起诉至法院，要求继承陈某全部遗产。庭审中，王某提供了孕检报告，证明自己确已怀孕。法院认为，陈某生前未立遗嘱，其遗产应按法定继承予以分割。现王某已怀孕，遗产分割时应当保留胎儿应得的继承份额。因此，陈某个人财产20万余元应分割给陈某的父母、王某及其胎儿，即每人分得5万元，胎儿应继承的5万元由母亲王某保管。

法律适用

　　本案涉及胎儿是否享有继承权的法律问题。继承从被继承人死亡时开始。1985年《继承法》第13条第1款规定，同一顺序继承人继承遗产一般应当均等分割，而被继承人的配偶、父母、子女均为第一顺序继承人。该法第28条规定，遗产分割时，应当保留王某腹中胎儿应当继承的份额。本案中，陈某死亡时，王某已经怀孕，有孕检报告予以证明，不存在陈某父母所称王某假怀孕骗遗产的情况，况且以假怀孕骗遗产并不是继承权丧失的法定事由。因此，王某及其胎儿依法享有继承权，并且陈某的父母、王某及其胎儿均为第一顺位继承人，有权平均分割陈某的20万余元遗产。

　　本案分析涉及的1985年《继承法》第13条、第28条已经被《民法典》吸收，分别对应《民法典》第1130条、第1155条，条文内容没有修改。

法理提示

《民法典》第16条明确规定，涉及遗产继承等胎儿利益保护的，胎儿视为具有民事权利能力。这表明，胎儿也享有继承权，并且这种权利受到法律的保护。因此，应当给胎儿的遗产份额，在分割时，应当予以保留。需要注意的是，具体如何处理保留的份额，要看胎儿出生时候的状态。如果胎儿出生的时候是活体，则保留的遗产份额属于胎儿的财产。如果胎儿出生时不是活体，则民事权利能力自始不存在，保留的遗产份额按法定继承处理，由被继承人的继承人分割。具体到本案，如果王某娩出的胎儿是活体，那么预留的继承份额归胎儿所有，由王某保管。如果娩出时无生命体征，则预留的份额由陈某的父母以及王某继承。综上而言，人们在进行遗产分割时，应当友好和睦地协商遗产分割方式、分割份额等事项。遗产分割虽然是家事，但也不能违反法律规定，随意否定他人享有的继承权。

法条索引

1. 《中华人民共和国民法典》

第十六条　涉及遗产继承、接受赠与等胎儿利益保护的，胎儿视为具有民事权利能力。但是，胎儿娩出时为死体的，其民事权利能力自始不存在。

第一千一百三十条　同一顺序继承人继承遗产的份额，一般应当均等。

对生活有特殊困难又缺乏劳动能力的继承人，分配遗产时，应当予以照顾。

对被继承人尽了主要扶养义务或者与被继承人共同生活的继承人，分配遗产时，可以多分。

有扶养能力和有扶养条件的继承人，不尽扶养义务的，分配遗产时，应当不分或者少分。

继承人协商同意的，也可以不均等。

第一千一百五十五条　遗产分割时，应当保留胎儿的继承份额。胎儿娩出时是死体的，保留的份额按照法定继承办理。

2. 1985年《中华人民共和国继承法》

第十条　遗产按照下列顺序继承：

第一顺序：配偶、子女、父母。

第二顺序：兄弟姐妹、祖父母、外祖父母。

继承开始后，由第一顺序继承人继承，第二顺序继承人不继承。没有第一顺序继承人继承的，由第二顺序继承人继承。

本法所说的子女，包括婚生子女、非婚生子女、养子女和有扶养关系的继子女。

本法所说的父母，包括生父母、养父母和有扶养关系的继父母。

本法所说的兄弟姐妹，包括同父母的兄弟姐妹、同父异母或者同母异父的兄弟姐妹、养兄弟姐妹、有扶养关系的继兄弟姐妹。

第十三条第一款　同一顺序继承人继承遗产的份额，一般应当均等。

第二十八条　遗产分割时，应当保留胎儿的继承份额。胎儿出生时是死体的，保留的份额按照法定继承办理。

83　未尽赡养义务的子女可以继承父母的遗产吗？

案情简介

李老与丁老二人是夫妻关系，育有两子，李甲和李乙。李甲对父母尽了主要赡养义务。李乙成年后有赡养父母的能力以及条件，但未对父母尽赡养义务。父亲李老死亡后，留下一笔遗产。李甲向法院提起诉讼，请求分割父亲留下的遗产，并称其弟李乙没有赡养李老，应当少分遗产。在庭审中，母亲丁老认为，李乙少分部分应当由李甲继承。法院判决，丁老分得遗产的二分之一，李甲分得遗产的三分之一，剩余少部分遗产由李乙继承。

法律适用

本案涉及未依法履行赡养义务的子女能否继承父母遗产的法律问题。李老去世前没有立遗嘱，他的遗产应当按法定继承制度分割。根据 1985 年《继承法》第 10 条的规定，被继承人的配偶和子女是第一顺位继承人。另该法第 13 条规定，遗产以均等分割为原则，但如果子女对父母尽了主要赡养义务的，为体现法律公平原则，可以多分遗产，而子女有赡养父母的能力以及条件却仍然不愿赡养父母的，则可以不分或者少分遗产。本案中，李老的妻子丁老、儿子李甲和李乙都是第一顺位继承人。丁老年迈多病，需要负担医疗费，可以分得一半遗产。儿子李甲对李老尽了主要赡养义务，可以多分遗产。儿子李乙有赡养能力，未尽赡养义务，应当少分遗产。

法理提示

如果被继承人在生前没有立遗嘱表明分配意愿，那么，他的遗产将按照法定继承相关规定进行分割。有多个继承人的，一般平均分割遗产，但各继承人之间可以相互协商遗产分配比例、方式等事项。

我国法律规定了继承人丧失继承权的情形。例如，1985 年《继承法》第 7 条明确规定，继承人为了取得更多遗产而伪造或篡改遗嘱，情节严重的，丧失继承权。就本案而言，子女不尽赡养义务的，并不是丧失继承权的法定情形。但是，子女不赡养父母的，在分配遗产时，则可能少分，甚至不能分得遗产。"百善孝为先"，赡养父母既是法律规定的子女应尽的法定义务，也是中华民族千年来形成的优良传统美德，子女应当尽到自己关爱老人的义务。司法实务中，有的子女以放弃继承权为由，拒绝履行对父母的赡养义务。这种行为违反了法律规定和社会道德。放弃继承权不能成为子女不履行赡养义务的理由。

值得注意的是，本案分析适用的法律条文在《民法典》中发生了变化：《民法典》第 1227 条、第 1130 条、第 1132 条分别吸收了 1985 年《继承法》第 10 条、第 13 条、第 15 条，这三条并未发生实质性变化；《民法典》第 1125 条关于丧失继承权的规定吸收了 1985 年《继承法》第 7 条，并新增"以欺诈、胁迫手段迫使或者妨碍被继承人设立、变更或者撤回遗嘱，情节严重"作为丧失继承权的情形之一。此外，出于对被继承人意思自治的尊重，增加了丧失继承权的宽恕制度。但以上变化对本案的判决结果并无影响。

法条索引

1.《中华人民共和国民法典》

第一千一百二十五条　继承人有下列行为之一的，丧失继承权：

（一）故意杀害被继承人；

（二）为争夺遗产而杀害其他继承人；

（三）遗弃被继承人，或者虐待被继承人，情节严重；

（四）伪造、篡改、隐匿或者销毁遗嘱，情节严重；

（五）以欺诈、胁迫手段迫使或者妨碍被继承人设立、变更或者撤回遗嘱，情节严重。

继承人有前款第三项至第五项行为，确有悔改表现，被继承人表示宽恕或者事后在遗嘱中将其列为继承人的，该继承人不丧失继承权。

受遗赠人有本条第一款规定行为的，丧失受遗赠权。

第一千一百二十七条 遗产按照下列顺序继承：

（一）第一顺序：配偶、子女、父母；

（二）第二顺序：兄弟姐妹、祖父母、外祖父母。

继承开始后，由第一顺序继承人继承，第二顺序继承人不继承；没有第一顺序继承人继承的，由第二顺序继承人继承。

本编所称子女，包括婚生子女、非婚生子女、养子女和有扶养关系的继子女。

本编所称父母，包括生父母、养父母和有扶养关系的继父母。

本编所称兄弟姐妹，包括同父母的兄弟姐妹、同父异母或者同母异父的兄弟姐妹、养兄弟姐妹、有扶养关系的继兄弟姐妹。

第一千一百三十条 同一顺序继承人继承遗产的份额，一般应当均等。

对生活有特殊困难又缺乏劳动能力的继承人，分配遗产时，应当予以照顾。

对被继承人尽了主要扶养义务或者与被继承人共同生活的继承人，分配遗产时，可以多分。

有扶养能力和有扶养条件的继承人，不尽扶养义务的，分配遗产时，应当不分或者少分。

继承人协商同意的，也可以不均等。

第一千一百三十二条 继承人应当本着互谅互让、和睦团结的精神，协商处理继承问题。遗产分割的时间、办法和份额，由继承人协商确定；协商不成的，可以由人民调解委员会调解或者向人民法院提起诉讼。

2. 1985 年《中华人民共和国继承法》

第七条　继承人有下列行为之一的，丧失继承权：

（一）故意杀害被继承人的；

（二）为争夺遗产而杀害其他继承人的；

（三）遗弃被继承人的，或者虐待被继承人情节严重的；

（四）伪造、篡改或者销毁遗嘱，情节严重的。

第十条　遗产按照下列顺序继承：

第一顺序：配偶、子女、父母。

第二顺序：兄弟姐妹、祖父母、外祖父母。

继承开始后，由第一顺序继承人继承，第二顺序继承人不继承。没有第一顺序继承人继承的，由第二顺序继承人继承。

本法所说的子女，包括婚生子女、非婚生子女、养子女和有扶养关系的继子女。

本法所说的父母，包括生父母、养父母和有扶养关系的继父母。

本法所说的兄弟姐妹，包括同父母的兄弟姐妹、同父异母或者同母异父的兄弟姐妹、养兄弟姐妹、有扶养关系的继兄弟姐妹。

第十三条　同一顺序继承人继承遗产的份额，一般应当均等。

对生活有特殊困难的缺乏劳动能力的继承人，分配遗产时，应当予以照顾。

对被继承人尽了主要扶养义务或者与被继承人共同生活的继承人，分配遗产时，可以多分。

有扶养能力和有扶养条件的继承人，不尽扶养义务的，分配遗产时，应当不分或者少分。

继承人协商同意的，也可以不均等。

第十五条　继承人应当本着互谅互让、和睦团结的精神，协商处理继承问题。遗产分割的时间、办法和份额，由继承人协商确定。协商不成的，可以由人民调解委员会调解或者向人民法院提起诉讼。

84 父母先于外祖父母去世，本人可以继承外祖父母的遗产吗？

◆ 案情简介 ◆

　　杨某与马某婚后育有长女杨甲和次子杨乙。杨甲已经去世，生前育有两子邓甲和邓乙。后来，杨某因病先于马某去世，留下一套房屋和银行存款12万余元。马某和杨乙认为，杨甲已经去世了，丧失继承权，因此，杨某的遗产应由其二人继承。邓甲和邓乙表示，自己有权继承母亲杨甲应当继承杨某的相应遗产。双方协商未果，邓甲和邓乙提起诉讼。法院认为，虽然杨甲先于父亲杨某去世，但邓甲和邓乙是杨某的外孙子女，应当享有代位继承权，继承杨某的遗产。最终，法院判决邓甲和邓乙各自代位继承杨某遗产的六分之一。

法律适用

　　本案涉及代位继承的法律问题。代位继承是指享有法定继承权的人因主客观原因不能继承时，由法律规定的继承人按照该继承人的继承地位和顺序，继承被继承人的遗产的制度。继承从被继承人死亡开始。代位继承适用于死者既没有立遗嘱也没有与他人订立遗赠扶养协议的情况，需要根据法定继承制度分配死者的遗产。如果死者的子女先于死者死亡，那么，根据1985年《继承法》第11条的规定，死者的晚辈直系血亲可以继承遗产。这里的死者是指被继承人，晚辈直系血亲是指死者的子女的后代，可以作为代位继承人，继承他的父亲或母亲有权继承的遗产。本案中，杨某生前未立遗嘱，按照法定继承的规定，杨某的配偶和两个子女作为第一顺序继承人，均享有继承权。虽然杨甲先于杨某去世，但邓甲和邓乙是杨某的外孙子女，可以根据代位继承规定，继承杨甲应当继承的遗产份额。此外，马某和杨乙认为，杨甲已经去世便丧失继承权的说法是不准确的。丧失继承权的情形是法律明文规定的。例如，伪造遗嘱。显然，杨甲并没有丧失继承权。根据1985年《继承法》第11条的规定，杨甲有权继承的遗产，由其子女代位继承。综上，杨甲先于杨某去世，邓甲和邓乙作为杨某的外孙子女，可以根据代位继承的规定继承杨某遗产。杨甲可以继承杨某遗产的三分之一，由邓甲和邓乙代位继承，按均等分割原则，邓甲和邓乙各继承遗产的六分之一。

1985 年《继承法》第 11 条被编入《民法典》第 1128 条，该条第 2 款为新增规定。此前，代位继承制度只能适用于被继承人的晚辈直系血亲，《民法典》施行后，被继承人的兄弟姐妹的子女也可以适用。

法理提示

代位继承是法定继承的一项重要制度，是一种间接继承。实务中，适用代位继承需要符合法律规定的条件。第一，被继承人生前没有与他人签订遗赠扶养协议，也没有订立遗嘱，其遗产按照法定继承分配。第二，被继承人的子女先于被继承人死亡，否则不适用代位继承。如果被继承人的子女在被继承人死亡后，遗产分割前死亡，则根据《民法典》第 1152 条适用转继承的规定。转继承是指继承人本人在遗产分割前死亡时，其应得遗产份额转给其继承人继承。也就是说，子女有权继承的遗产份额作为该子女的遗产，再进行一次遗产分割。此时，该子女作为被继承人，其继承人可以分割其遗产。第三，被继承人的子女生前没有丧失继承权。如果该子女本身丧失了继承权，则无权继承遗产，此时不发生代位继承。第四，代位继承的遗产份额，以被继承人的子女有权继承的份额为限。

值得关注的是，《民法典》对于继承权丧失事由作出了新规定。针对1985 年《继承法》第 7 条规定的丧失继承权事由，《民法典》第 1125 条第 1款新增了一项，即第 5 项，"以欺诈、胁迫手段迫使或者妨碍被继承人设立、变更或者撤回遗嘱，情节严重"的，丧失继承权。例如，继承人生前订立了一份遗嘱，但该遗嘱是被继承人采取欺诈或胁迫手段迫使被继承人订立的，并且满足情节严重的条件，那么，该继承人的晚辈直系血亲也不能代位继承。除此以外，还新增了丧失继承权的宽恕制度。也就是说，虽然继承人实施了某些行为，导致其没有权利再去继承遗产，但是，若之后有悔改行为，并且得到被继承人的宽恕，或者又被被继承人列入了继承人的名单，那么，他仍然享有继承权。

法条索引

1.《中华人民共和国民法典》

第一千一百二十五条　继承人有下列行为之一的，丧失继承权：

（一）故意杀害被继承人；

（二）为争夺遗产而杀害其他继承人；

（三）遗弃被继承人，或者虐待被继承人情节严重；

（四）伪造、篡改、隐匿或者销毁遗嘱，情节严重；

（五）以欺诈、胁迫手段迫使或者妨碍被继承人设立、变更或者撤回遗嘱，情节严重。

继承人有前款第三项至第五项行为，确有悔改表现，被继承人表示宽恕或者事后在遗嘱中将其列为继承人的，该继承人不丧失继承权。

受遗赠人有本条第一款规定行为的，丧失受遗赠权。

第一千一百二十八条 被继承人的子女先于被继承人死亡的，由被继承人的子女的直系晚辈血亲代位继承。

被继承人的兄弟姐妹先于被继承人死亡的，由被继承人的兄弟姐妹的子女代位继承。

代位继承人一般只能继承被代位继承人有权继承的遗产份额。

第一千一百五十二条 继承开始后，继承人于遗产分割前死亡，并没有放弃继承的，该继承人应当继承的遗产转给其继承人，但是遗嘱另有安排的除外。

2. 最高人民法院《关于适用〈中华人民共和国民法典〉继承编的解释（一）》

第十七条 继承人丧失继承权的，其晚辈直系血亲不得代位继承。如该代位继承人缺乏劳动能力又没有生活来源，或者对被继承人尽赡养义务较多的，可以适当分给遗产。

3. 1985 年《中华人民共和国继承法》

第七条 继承人有下列行为之一的，丧失继承权：

（一）故意杀害被继承人的；

（二）为争夺遗产而杀害其他继承人的；

（三）遗弃被继承人的，或者虐待被继承人情节严重的；

（四）伪造、篡改或者销毁遗嘱，情节严重的。

第十一条 被继承人的子女先于被继承人死亡的，由被继承人的子女的晚辈直系血亲代位继承。代位继承人一般只能继承他的父亲或者母亲有权继承的遗产份额。

85 女婿可以取得岳父母遗赠的房屋吗？

案情简介

黄某夫妇育有三个子女，即长女黄甲，长子黄乙，次女黄丙。黄某夫妇去世前分别立了一份公证遗嘱，载明："我拥有的位于×市×号×小区2002号房屋中所有产权份额。在我去世后，由我的长女黄甲、女婿蓝甲共同继承，任何人不得干涉。"立遗嘱后，黄某夫妇相继去世。黄甲和蓝甲得知遗嘱后，想将房屋变更登记至双方名下。然而，黄乙和黄丙拒绝配合办理过户手续，蓝甲提起诉讼。诉讼中，黄乙和黄丙辩称，蓝甲是父母的女婿，无权继承房屋。此外，即使可以接受遗赠，但蓝甲半年后才提起诉讼，已经过了两个月接受遗赠期。法院认为，虽然蓝甲不是黄某夫妇的法定继承人，但黄某夫妇通过遗嘱表达了房屋产权份额遗赠给蓝甲的意思表示。蓝甲在两个月内接受了遗赠，可以取得房屋50%产权份额。

法律适用

本案涉及遗赠的法律问题。根据1985年《继承法》第16条的规定，公民可以采用遗嘱方式，把个人财产赠给法定继承人之外的人。因此，虽然女婿不是岳父母的法定继承人，但可以通过遗赠取得岳父母的财产。此外，根据1985年《继承法》第5条的规定，死者去世前订立有遗嘱的，按照遗嘱继承或者遗赠办理。本案中，死者订立的遗嘱经过公证，合法有效。黄某夫妇立遗嘱表示房屋由女婿蓝甲继承，虽然表述不准确，但可以推知黄某夫妇的意愿是将房屋遗赠给女婿蓝甲。另，根据1985年《继承法》第25条的规定，如果蓝甲想接受岳父母的赠与，应当在岳父母去世后两个月内接受赠与。虽然蓝甲在黄某夫妇去世后半年才提起诉讼，超过了两个月，但是，蓝甲提交了与黄乙、黄丙等人的微信聊天记录、邮件等证据，足以证明蓝甲在知道黄某夫妇的遗赠后两个月内作出了明确的接受遗赠的意思表示。因此，蓝甲可以通过接受遗赠的方式取得岳父母的房产。

值得注意的是，1985年《继承法》第5条、第16条、第25条已被《民法典》吸收修改，主要体现在以下三个方面。一是1985年《继承法》第5条对应《民法典》第1123条，条文内容没有改动；二是1985年《继承法》第16条对应《民法典》第1133条，将"组织"新增为被继承人赠与遗产的对象，还明确规定了自然人可以设立遗嘱信托。可参见案例79"通过遗嘱设立信托有效吗?";三是1985年《继承法》第25条对应《民法典》第1124条规定，明确继承人放弃继承的，应当以书面形式作出。

法理提示

被继承人生前可以通过遗嘱将个人合法财产分配给各个继承人或继承人以外的人。如果被继承人没有立遗嘱，则按法定继承处理遗产。法定继承人包括被继承人的配偶、父母、子女、兄弟姐妹、祖父母等。但是，女婿不是岳父母的法定继承人，不能通过继承取得岳父母的遗产。因此，如果岳父母想在去世后将遗产留给女婿，可以选择遗赠。遗赠是指被继承人将遗产赠给国家、集体或法定继承人以外的人。遗赠的意愿可以在生前所立的遗嘱中载明。除本案所涉及的房产外，个人合法所有的财产，如汽车、艺术品、股票、基金、知识产权、生活用品等，都可以遗赠。必须注意的是，《民法典》第1124条规定，受遗赠人必须在应当知道受遗赠后60日内，作出是不是愿意接受遗赠的表示，到期没有表示的，视为放弃受遗赠。因此，在生活中遇到遗赠的情况，应当注意保留证据，尤其是自己知道受遗赠的时间，以及作出接受遗赠表示的相关证据材料，如书面文件、微信聊天记录、电子邮件等。

法条索引

1.《中华人民共和国民法典》

第一千一百二十三条 继承开始后，按照法定继承办理；有遗嘱的，按照遗嘱继承或者遗赠办理；有遗赠扶养协议的，按照协议办理。

第一千一百二十四条 继承开始后，继承人放弃继承的，应当在遗产处理前，以书面形式作出放弃继承的表示；没有表示的，视为接受继承。

受遗赠人应当在知道受遗赠后六十日内，作出接受或者放弃受遗赠的表示；到期没有表示的，视为放弃受遗赠。

第一千一百三十三条 自然人可以依照本法规定立遗嘱处分个人财产，并可以指定遗嘱执行人。

自然人可以立遗嘱将个人财产指定由法定继承人中的一人或者数人继承。

自然人可以立遗嘱将个人财产赠与国家、集体或者法定继承人以外的组织、个人。

自然人可以依法设立遗嘱信托。

2. 1985 年《中华人民共和国继承法》

第五条　继承开始后，按照法定继承办理；有遗嘱的，按照遗嘱继承或者遗赠办理；有遗赠扶养协议的，按照协议办理。

第十六条　公民可以依照本法规定立遗嘱处分个人财产，并可以指定遗嘱执行人。

公民可以立遗嘱将个人财产指定由法定继承人的一人或者数人继承。

公民可以立遗嘱将个人财产赠给国家、集体或者法定继承人以外的人。

第二十五条　继承开始后，继承人放弃继承的，应当在遗产处理前，作出放弃继承的表示。没有表示的，视为接受继承。

受遗赠人应当在知道受遗赠后两个月内，作出接受或者放弃受遗赠的表示。到期没有表示的，视为放弃受遗赠。

86 生父母与继父母离婚后，继子女还能继承继父母的遗产吗？

> ■ **案情简介** ■
>
> 　　小郑 2 岁时，母亲伍某与温某结婚。小郑随母亲伍某和继父温某共同生活，并改名为小温。十余年后，小温的母亲和继父离婚，小温随母亲共同生活。离婚后，继父与陈某再婚。几年后，继父温某去世，小温诉请法院要求分割温某位于 A 市的一套房屋。陈某认为，小温的母亲和温某已经离婚，小温没有继承权。小温认为，自己与温某共同生活了十余年，二人如同亲生父女。法院认为，伍某与温某离婚后，小温与温某的关系并没有发生实质的变化，小温受温某的抚养长大，在身份上等同于温某的亲生子女，有权继承温某的房屋。

你不可不知的家事纠纷解决法与理

法律适用

本案涉及的法律问题是继子女的法定继承权。法定继承是指在没有遗嘱或遗赠扶养协议分配被继承人遗产的情况下，根据法律规定的继承人范围、继承顺序、分配原则来处理遗产。根据 1985 年《继承法》第 10 条、2001 年《婚姻法》第 27 条的规定，子女排在法定继承的第一顺序。这里的子女包括有抚养关系的继子女。继父母抚养了继子女后，便基于抚养关系建立了父母子女关系。当生父母与继父母离婚，已经建立的关系并不自然解除，而是要根据双方具体情况分析。本案中，小温与温某一起生活了十几年，而且还随温某改姓。虽然母亲伍某与继父温某离婚，但是，小温仍然与温某保持往来。温某以外公身份给小温的子女购买保险。且温某去世时，小温主持办理了丧事。综合以上事实可以认定，小温与温某已经建立了有抚养关系的继父母子女关系，而且这一关系并不会因为伍某与温某离婚而解除。因此，小温是温某有抚养关系的继女，可依法继承温某的财产。

《民法典》吸收了 1985 年《继承法》第 10 条规定的遗产继承顺序以及 2001 年《婚姻法》第 27 条关于继父母子女关系的规定，分别对应《民法典》第 1127 条和第 1072 条，条文内容没有修改。

法理提示

父母子女之间的继承一般以双方存在血缘关系为基础。虽然继父母子女之间没有血缘联系，但从法律层面来看，双方被拟定为血缘亲属，也适用父母与子女的相关法律规定，同时享有了相互继承遗产的权利。父母再婚是继父母子女关系建立的根源，但这种关系在正式建立后，就是相对独立的。即使双方离了婚，继父母与继子女之间已经因抚养行为形成的亲属关系，并不会当然解除。正如本案所示，小温的母亲伍某与温某离婚后，小温与温某之间的亲子关系仍然延续，小温仍然是温某的法定继承人。当然，根据《民法典婚姻家庭编司法解释（二）》第 19 条的规定，如果打算解除继父母子女关系，也可以向法院提出请求，明确双方不再适用民法典关于父母子女关系的规定。但是，双方已成立收养关系，或者仍然共同生活的，则依然不能解除。

要提醒大家注意的是，继父母与继子女之间之所以享有相互继承遗产的

权利，是因为双方存在扶养事实。父母履行教养抚育义务，子女履行敬老善
终义务，双方形成了扶养关系。从目前的司法实践来看，如果子女的生父母
再婚时，子女是未成年人，并且受到继父母扶养教育的，一般认为扶养关系
成立。如果父母再婚时，子女已经成年，双方相互之间能否确立第一顺位的
继承关系，则应根据具体情况分析。

法条索引

1.《中华人民共和国民法典》

第一千零七十二条　继父母与继子女间，不得虐待或者歧视。

继父或者继母和受其抚养教育的继子女间的权利义务关系，适用本法关
于父母子女关系的规定。

第一千一百二十七条　遗产按照下列顺序继承：

（一）第一顺序：配偶、子女、父母；

（二）第二顺序：兄弟姐妹、祖父母、外祖父母。

继承开始后，由第一顺序继承人继承，第二顺序继承人不继承；没有第
一顺序继承人继承的，由第二顺序继承人继承。

本编所称子女，包括婚生子女、非婚生子女、养子女和有扶养关系的继
子女。

本编所称父母，包括生父母、养父母和有扶养关系的继父母。

本编所称兄弟姐妹，包括同父母的兄弟姐妹、同父异母或者同母异父的
兄弟姐妹、养兄弟姐妹、有扶养关系的继兄弟姐妹。

2. 1985 年《中华人民共和国继承法》

第五条　继承开始后，按照法定继承办理；有遗嘱的，按照遗嘱继承或
者遗赠办理；有遗赠扶养协议的，按照协议办理。

第十条　遗产按照下列顺序继承：

第一顺序：配偶、子女、父母。

第二顺序：兄弟姐妹、祖父母、外祖父母。

继承开始后，由第一顺序继承人继承，第二顺序继承人不继承。没有第
一顺序继承人继承的，由第二顺序继承人继承。

本法所说的子女，包括婚生子女、非婚生子女、养子女和有扶养关系的

继子女。

本法所说的父母，包括生父母、养父母和有扶养关系的继父母。

本法所说的兄弟姐妹，包括同父母的兄弟姐妹、同父异母或者同母异父的兄弟姐妹、养兄弟姐妹、有扶养关系的继兄弟姐妹。

3. 2001年《中华人民共和国婚姻法》

第二十七条第二款 继父或继母和受其扶养教育的继子女间的权利义务，适用本法对父母子女关系的有关规定。

87 子女被收养后，还能继承生父母的遗产吗？

■ 案情简介

李某与王某婚后育有一子。几年后，王某因车祸不幸去世。李某将孩子送养给了赵某。赵某给孩子改名为小赵，并办理了收养登记。李某去世后，小赵起诉要求分得李某的遗产，并将李某的法定继承人一并列为被告。小赵认为，自己虽然被赵某收养，但自己一直与李某保持着来往，有权继承李某的遗产。法院认为，小赵与赵某之间已经确立了收养关系，跟李某之间的亲子关系已经消灭。因此，小赵无权继承李某的遗产。

法律适用

本案涉及的法律问题是收养的效力。收养关系是法律拟制的亲子关系。根据1998年修正，1999年施行的《收养法》第23条的规定，收养行为可以使收养人与被收养人之间确立起父母与子女关系，两者之间依照有关父母子女的规定调整，同时解除被收养人与生父母的关系。换言之，收养一经成立，法律则仅认可养子女与养父母之间的关系。本案中，小赵虽然是李某的亲生子，但在被赵某收养后，便与赵某之间成立了合法的养父子关系，小赵与李某之间的权利义务关系已不存在，与小赵有父子关系的人只有赵某。虽然小赵与李某有血缘关系，但小赵已经被赵某收养，因此，对于李某的遗产，小赵不再享有继承权。

法理提示

在法律层面上，合法成立的收养关系排斥原来的亲子关系，从而强化收养人与被收养人之间的感情联系，使得幼有所教，老有所养。被送养的子女与生父母之间的纽带被割断，又在养子女与养父母之间系上新的纽带，从此，由养父母教养养子女，养子女供养养父母，因而，继承也成为收养行为双方之间的权利。本案中，虽然小赵已经无法依照法律继承生父李某的遗产，但还能够继承其养父赵某的遗产。

有的子女被收养后，仍然与生父母保持联系。但是，根据 1985 年《继承法》第 10 条的规定，能够依照法定继承遗产的子女，并不包含已经被送养的子女。养子女与生父母之间没有法律上的联系，便无法依法定继承取得生父母的遗产。虽然子女对生父母的遗产不享有法定继承权，但如果生父母仍然想将遗产留给子女的，可以通过遗赠的方式，将遗产赠与子女。

1999 年施行的《收养法》第 23 条已被《民法典》第 1111 条吸收，1985 年《继承法》第 10 条被《民法典》第 1127 条吸收，条文内容没有改动。

法条索引

1.《中华人民共和国民法典》

第一千一百一十一条　自收养关系成立之日起，养父母与养子女间的权利义务关系，适用本法关于父母子女关系的规定；养子女与养父母的近亲属间的权利义务关系，适用本法关于子女与父母的近亲属关系的规定。

养子女与生父母以及其他近亲属间的权利义务关系，因收养关系的成立而消除。

第一千一百二十七条　遗产按照下列顺序继承：

（一）第一顺序：配偶、子女、父母；

（二）第二顺序：兄弟姐妹、祖父母、外祖父母。

继承开始后，由第一顺序继承人继承，第二顺序继承人不继承；没有第一顺序继承人继承的，由第二顺序继承人继承。

本编所称子女，包括婚生子女、非婚生子女、养子女和有扶养关系的继子女。

本编所称父母，包括生父母、养父母和有扶养关系的继父母。

本编所称兄弟姐妹，包括同父母的兄弟姐妹、同父异母或者同母异父的兄弟姐妹、养兄弟姐妹、有扶养关系的继兄弟姐妹。

2. 1999 年《中华人民共和国收养法》

第二十三条　自收养关系成立之日起，养父母与养子女间的权利义务关系，适用法律关于父母子女关系的规定；养子女与养父母的近亲属间的权利义务关系，适用法律关于子女与父母的近亲属关系的规定。

养子女与生父母及其他近亲属间的权利义务关系，因收养关系的成立而消除。

3. 1985 年《中华人民共和国继承法》

第十条　遗产按照下列顺序继承：

第一顺序：配偶、子女、父母。

第二顺序：兄弟姐妹、祖父母、外祖父母。

继承开始后，由第一顺序继承人继承，第二顺序继承人不继承。没有第一顺序继承人继承的，由第二顺序继承人继承。

本法所说的子女，包括婚生子女、非婚生子女、养子女和有扶养关系的继子女。

本法所说的父母，包括生父母、养父母和有扶养关系的继父母。

本法所说的兄弟姐妹，包括同父母的兄弟姐妹、同父异母或者同母异父的兄弟姐妹、养兄弟姐妹、有扶养关系的继兄弟姐妹。

88 养子女死亡后，未办理收养登记的养父母有权继承养子女的遗产吗？

案情简介

　　苏甲与李乙结婚后未生育子女，二人领养了一个女儿，取名李丙。苏甲与李乙因感情不和经法院调解离婚。离婚时双方约定，李丙随养父李乙共同生活。但由于各种因素，李丙实际上是与养母苏甲共同生活，由养母照顾饮食起居。后来，李乙补办了收养登记，登记证载明："养女李丙的收养人仅为李乙一人。"李丙所在学校为李丙投保了国寿学生儿童意外伤害险，保险金额为80 000元，保险单并未指定受益人。在保险期限内，李丙不幸溺水身亡。李丙死亡后，李乙从保险公司处领取死亡保险金80 000元。苏甲认为自己是李丙养母，为李丙第一顺位法定继承人，理应取得李丙一半遗产。苏甲多次要求养父李乙给付40 000元，李乙均不同意。苏甲向法院提起诉讼，要求李乙给付40 000元。法院经过审理后，最终判决李乙向苏甲给付20 000元。

法律适用

本案涉及未办理收养登记的养母能否继承养女遗产的法律问题。本案中，保险单中并未指定受益人，那么，在李丙死亡后，保险金依法作为李丙的遗产，由李丙的法定继承人继承。苏甲夫妇在收养李丙时未依照法定程序办理收养登记，而李乙补办收养登记的时间在与苏甲离婚后，且在收养登记证上载明的收养人只有李乙一人。因此，只有李乙才是李丙法律意义上的养父，享有法定继承权，而苏甲没有法定继承权。但法院认为，苏甲对李丙履行了较多抚养义务，根据1985年《继承法》第14条的规定，苏甲可以适当分得李丙的部分遗产。

值得注意的是，《民法典》第1131条吸收了1985年《继承法》第14条，但删除了"缺乏劳动能力又没有生活来源的"这一限定表述。这表明，继承人以外的、依靠被继承人扶养的人，只要满足"依靠被继承人扶养"这一要件，就可以分得适当遗产。不过，这一改动对本案的判决结果并没有造成实质影响。

法理提示

虽然养父母与养子女之间形成的是法律拟制的父母子女关系，但这种法律拟制关系的法律效果实际上等同于亲生父母子女之间产生的法律效果。因此，养父母与养子女之间的继承法律关系应当依照《民法典》中关于生父母子女之间的继承关系的相关规定处理。在1999年《收养法》实施前，养父母子女之间形成事实收养关系的，虽未办理合法手续，但有亲友、群众公认，或有关组织证明确以养父母与养子女关系长期共同生活的，应当按照收养关系对待。在我国 1999 年《收养法》实施后，养父母与养子女之间拟制法律关系的建立不仅需要满足一定实质要件，也需要满足民政部门登记这一形式要件（现已编入《民法典》第 1105 条）。养父母与养子女之间只有办理完合法手续之后，才会形成法定的父母子女关系。因此，未办理收养登记的养父母无权继承养子女遗产。

法条索引

1.《中华人民共和国民法典》

第一千一百零五条 收养应当向县级以上人民政府民政部门登记。收养关系自登记之日起成立。

收养查找不到生父母的未成年人的，办理登记的民政部门应当在登记前予以公告。

收养关系当事人愿意签订收养协议的，可以签订收养协议。

收养关系当事人各方或者一方要求办理收养公证的，应当办理收养公证。

县级以上人民政府民政部门应当依法进行收养评估。

第一千一百三十一条 对继承人以外的依靠被继承人扶养的人，或者继承人以外的对被继承人扶养较多的人，可以分给适当的遗产。

2.《中华人民共和国保险法》

第四十二条 被保险人死亡后，有下列情形之一的，保险金作为被保险人的遗产，由保险人依照《中华人民共和国继承法》的规定履行给付保险金的义务：

（一）没有指定受益人，或者受益人指定不明无法确定的；

（二）受益人先于被保险人死亡，没有其他受益人的；

（三）受益人依法丧失受益权或者放弃受益权，没有其他受益人的。

受益人与被保险人在同一事件中死亡，且不能确定死亡先后顺序的，推定受益人死亡在先。

3. 1985 年《中华人民共和国继承法》

第五条 继承开始后，按照法定继承办理；有遗嘱的，按照遗嘱继承或者遗赠办理；有遗赠扶养协议的，按照协议办理。

第十条　遗产按照下列顺序继承：

第一顺序：配偶、子女、父母。

第二顺序：兄弟姐妹、祖父母、外祖父母。

继承开始后，由第一顺序继承人继承，第二顺序继承人不继承。没有第一顺序继承人继承的，由第二顺序继承人继承。

本法所说的子女，包括婚生子女、非婚生子女、养子女和有扶养关系的继子女。

本法所说的父母，包括生父母、养父母和有扶养关系的继父母。

本法所说的兄弟姐妹，包括同父母的兄弟姐妹、同父异母或者同母异父的兄弟姐妹、养兄弟姐妹、有扶养关系的继兄弟姐妹。

第十四条　对继承人以外的依靠被继承人扶养的缺乏劳动能力又没有生活来源的人，或者继承人以外的对被继承人扶养较多的人，可以分给他们适当的遗产。

89 堂兄无法定继承人，堂妹的养子有权分得堂兄遗产吗？

■ 案情简介

　　魏丙是魏甲、魏乙两亲姊妹的堂兄。魏丙没有结婚，也没有子女，只是经常与两个堂妹魏甲、魏乙来往。魏丙名下除有一套房外，无其他任何财产，其生活全靠两个堂妹补贴、接济。几年后，魏丙死亡，两个堂妹共同承担了堂兄的丧葬事宜。魏丙去世后未分割遗产。不久，魏甲去世，但生前收养了儿子小刘。魏丙的房屋一直由堂妹魏乙居住。因旧房改造，某房地产公司与魏乙签订房屋补偿协议，约定补偿280平米住宅。小刘得知后，要求分得房屋50%的产权份额。魏乙认为，魏甲不是魏丙法定继承人。况且，小刘不是魏甲的亲生儿子，对魏甲的遗产无继承权。法院经审理认为，在魏丙生前，魏甲对其生活各方面进行照顾，也尽了扶养义务，可以分得遗产。小刘是魏甲的养子，有权继承魏甲的遗产。最终，法院判决魏乙和小刘各分得房屋50%产权份额。

法律适用

本案涉及对被继承人尽了主要扶养义务的人之间分配遗产的法律问题。根据 1985 年《继承法》第 10 条规定，互有继承权的兄弟姐妹仅包含三个层面，即亲兄弟姐妹、养兄弟姐妹以及有扶养关系的继兄弟姐妹。堂兄弟姐妹之间并没有继承权。但是，根据 1985 年《继承法》第 14 条、1985 年《继承法司法解释》第 30 条的规定，即使不是法定继承人，但对被继承人尽了主要扶养义务的，也可以分得遗产。本案中，魏丙无任何法定继承人。堂妹魏甲、魏乙在堂兄生活困顿期间，经常给堂兄提供经济帮助，堂兄去世时，两个堂妹都为堂兄发丧出殡。虽然两个堂妹不是堂兄的法定继承人，但对堂兄尽了主要扶养义务。因此，两个堂妹均可分得堂兄的遗产。堂妹魏甲在分割魏丙遗产之前死亡，小刘作为魏甲养子，是魏甲合法的第一顺位法定继承人。因此，魏甲在遗产分割前去世，未立遗嘱，其应继承的份额可以由小刘依法继承。

《民法典》第 1227 条吸收了 1985 年《继承法》第 10 条，《继承法司法解释》第 30 条被编入《民法典继承编司法解释（一）》第 19 条，并未发生实质性变化。此外，《民法典》第 1131 条吸收了 1985 年《继承法》第 14 条，但进行了删改，详情可见案例 88 "养子女死亡后，未办理收养登记的养父母有权继承养子女的遗产吗？"。

法理提示

根据我国《民法典》规定，发生法定继承关系的双方必须具有特定的身份关系，如夫与妻之间的关系。除此之外，我国法律还规定，失去了配偶的儿媳或女婿，只要对公婆或者对岳父母尽了主要赡养义务的，也有权作为第一顺序继承人继承遗产。另外，与被继承人无任何亲属关系，但只要满足以下条件之一的，也可以适当分得部分遗产：（1）与被继承人相依为命，依靠被继承人扶养；（2）对被继承人尽了较多扶养义务。

值得注意的是，对被继承人扶养较多的继承人范围之外的人，并非只有在被继承人没有法定继承人时才可以分得遗产。即使被继承人有法定继承人存活于世，只要他对被继承人尽了扶养义务，如提供主要经济来源等，就有权分得部分遗产。这一规定体现了中华民族团结友爱、互帮互助的传统美德。

法条索引

1.《中华人民共和国民法典》

第一千一百二十七条　遗产按照下列顺序继承：

（一）第一顺序：配偶、子女、父母；

（二）第二顺序：兄弟姐妹、祖父母、外祖父母。

继承开始后，由第一顺序继承人继承，第二顺序继承人不继承；没有第一顺序继承人继承的，由第二顺序继承人继承。

本编所称子女，包括婚生子女、非婚生子女、养子女和有扶养关系的继子女。

本编所称父母，包括生父母、养父母和有扶养关系的继父母。

本编所称兄弟姐妹，包括同父母的兄弟姐妹、同父异母或者同母异父的兄弟姐妹、养兄弟姐妹、有扶养关系的继兄弟姐妹。

第一千一百三十一条　对继承人以外的依靠被继承人扶养的人，或者继承人以外的对被继承人扶养较多的人，可以分给适当的遗产。

2. 最高人民法院《关于适用〈中华人民共和国民法典〉继承编的解释（一）》

第十九条　对被继承人生活提供了主要经济来源，或者在劳务等方面给予了主要扶助的，应当认定其尽了主要赡养义务或主要扶养义务。

3. 1985 年《中华人民共和国继承法》

第十条　遗产按照下列顺序继承：

第一顺序：配偶、子女、父母。

第二顺序：兄弟姐妹、祖父母、外祖父母。

继承开始后，由第一顺序继承人继承，第二顺序继承人不继承。没有第一顺序继承人继承的，由第二顺序继承人继承。

本法所说的子女，包括婚生子女、非婚生子女、养子女和有扶养关系的继子女。

本法所说的父母，包括生父母、养父母和有扶养关系的继父母。

本法所说的兄弟姐妹，包括同父母的兄弟姐妹、同父异母或者同母异父的兄弟姐妹、养兄弟姐妹、有扶养关系的继兄弟姐妹。

第十四条 对继承人以外的依靠被继承人扶养的缺乏劳动能力又没有生活来源的人，或者继承人以外的对被继承人扶养较多的人，可以分给他们适当的遗产。

4. 1985 年最高人民法院《关于贯彻执行〈中华人民共和国继承法〉若干问题的意见》

30. 对被继承人生活提供了主要经济来源，或在劳务等方面给予了主要扶助的，应当认定其尽了主要赡养义务或主要扶养义务。

90 订立遗嘱时，应当给未成年子女留下必要的遗产吗？

案情简介

　　被继承人唐某与前妻育有一子唐甲（已成年），与第二任妻子杨某育有一子唐乙（6 周岁）。唐某与杨某离婚后，唐乙一直跟随唐某共同生活，杨某不承担抚养费。唐某去世前留有一份自书遗嘱，将所有财产全部留给唐甲，并在遗嘱中对唐乙的生活作出安排。唐某表示，如果唐乙随其大哥唐甲共同生活，则一切生活、学习由唐甲照顾、安排，直至唐乙 24 周岁。如果唐乙随其母亲共同生活，则唐甲每月向其支付 1000 元，直至唐乙 22 周岁。唐乙的母亲杨某认为，唐某没有给唐乙留下遗产，自书遗嘱无效，且唐乙患有轻度自闭症，需大量医疗费，于是，以唐乙的名义提起诉讼。法院认为，唐某应当给唐乙分割必要的遗产，因此，综合考虑唐乙及其母亲生活现状，判决唐乙继承遗产的 22%，唐甲继承 78%。

法律适用

　　本案涉及被继承人是否应当给未成年子女保留必要遗产的法律问题。遗产是指公民死亡时遗留的个人合法财产。根据 1985 年《继承法》第 19 条的规定，公民在订立遗嘱时，如果自己的子女缺乏劳动能力，并且没有生活来源，应当给子女保留必要的遗产。本案中，唐某去世时，唐乙年幼，尚未成年，明显缺乏劳动能力。因此，本案关键在于，判断唐乙是否有生活来源。唐甲答辩称，唐某在遗嘱中已经为唐乙的生活作出安排，保证学习生活受到照顾，况且，唐乙的母亲可以承担抚养费。针对唐甲的答辩，法院认为，虽然唐某为唐乙今后生活作了特殊安排，然而，这种生活安排并不是遗产分割，二者不能等同。此外，评判是否应当保留必要遗产的时间是"遗嘱生效时"，也就是唐某去世时。此时，除唐某抚养外，唐乙并没有其他生活来源。综上，未成年人唐乙既缺乏劳动能力，也没有生活来源，唐某在立遗嘱时，应当为唐乙留下必要遗产。另外，根据 1985 年《继承法司法解释》第 37 条的规定，除留下的必要遗产份额外，剩余的遗产参照遗嘱分配。因此，除唐乙继承 22% 遗产份额外，剩余遗产由唐甲继承。

1985 年《继承法》第 19 条、1985 年《继承法司法解释》第 37 条已分别被《民法典》第 1141 条、《民法典继承编司法解释（一）》第 25 条吸收，条文内容没有改动。

法理提示

立遗嘱时，遗嘱人是否给继承人保留必要的遗产份额，应当注意以下四个方面。第一，这里的继承人不限于自己的子女，还包括配偶、父母等。第二，该继承人必须是缺乏劳动能力，并且没有生活来源的人。如果该继承人因残疾缺乏劳动能力，但是每月可领取伤残津贴，则不属于没有生活来源。第三，评判是否满足前述条件的时间节点是"遗嘱生效时"，也就是被继承人死亡时，并不考虑此后继承人是否有生活来源。生活来源包括工资收入、租金、知识产权收益等。第四，不能以生活安排替代遗产分割。《民法典》第 1141 条明确规定，遗嘱人应当保留必要的遗产份额，生活安排不能等同于遗产分配。

法条索引

1.《中华人民共和国民法典》

第一千一百四十一条　遗嘱应当为缺乏劳动能力又没有生活来源的继承人保留必要的遗产份额。

2. 最高人民法院《关于适用〈中华人民共和国民法典〉继承编的解释（一）》

第二十五条 遗嘱人未保留缺乏劳动能力又没有生活来源的继承人的遗产份额，遗产处理时，应当为该继承人留下必要的遗产，所剩余的部分，才可参照遗嘱确定的分配原则处理。

继承人是否缺乏劳动能力又没有生活来源，应当按遗嘱生效时该继承人的具体情况确定。

3. 1985 年《中华人民共和国继承法》

第十九条 遗嘱应当对缺乏劳动能力又没有生活来源的继承人保留必要的遗产份额。

4. 1985 年最高人民法院《关于贯彻执行〈中华人民共和国继承法〉若干问题的意见》

37. 遗嘱人未保留缺乏劳动能力又没有生活来源的继承人的遗产份额，遗产处理时，应当为该继承人留下必要的遗产，所剩余的部分，才可参照遗嘱确定的分配原则处理。

继承人是否缺乏劳动能力又没有生活来源，应按遗嘱生效时该继承人的具体情况确定。

91 被继承人持有的公司股权可以继承吗？

■ 案情简介 ■

汤某生前和两个朋友投资设立了一家公司，汤某持有90%股权份额，两个朋友各持有5%股权份额。汤某去世后，其配偶赵某和女儿小汤要求继承公司股权。但是，汤某的两个朋友却认为，赵某和小汤不是公司股东，只能转让股权分割价款，因此，拒绝配合办理股东变更登记手续。于是，赵某和小汤起诉至法院，要求继承股权。法院认为，赵某和小汤是汤某的继承人，可以继承汤某的股东资格，成为公司股东。该公司的其他股东应当配合办理股东变更登记手续。

法律适用

本案涉及股权继承的法律问题。股权由股东基于股东资格享有，股权继承是指继承人继承股东资格并行使股东权利的制度，包括财产权和股东身份权。根据《公司法》第90条的规定，股东死亡后，除财产权外，其继承人可以继承股东资格。本案中，汤某的配偶和女儿是汤某的继承人，依法享有继承汤某遗产的权利。汤某作为股东享有的财产权益，由其配偶赵某和女儿小汤继承。此外，虽然该公司是有限责任公司，但公司章程并没有对继承股东资格作出排除或者限制规定。因此，除财产权益外，赵某和小汤可以依法继承股东资格，享有股东身份权。公司应当为她们办理变更登记手续。

法理提示

股权是一种由公司股东享有的综合性权利。股东既可以基于股东身份享有管理公司的权利，也可以基于股权获得经济收益。一般而言，继承人继承股权的，则成为公司股东。继承人既可以获得公司利润分红，也可以参与公司经营管理。但是，根据《公司法》第90条的规定，有限责任公司的公司章程可以对股东资格的继承作出排除或限制规定。如果被继承人持有的是有限责任公司的股权，那么，其继承人并不当然继承股东资格，不一定能成为公司股东。这是因为，有限责任公司的发展讲究人合性，股东之间需要有效地沟通配合，才能促进公司长远发展。因此，能否因继承取得公司股东身份，还需要参酌其他股东的意见。

如果继承人不能成为公司股东，可以选择转让股权的方式取得股权价款，然后在继承人之间分割转让所得价款。继承人既可以将股权转让给公司的现有股东，也可以转让给股东以外的其他人。如果是转让给其他人，则不适用《公司法》第84条关于股东优先购买权的规定，除非公司章程另有规定或股东之间另有约定。

法条索引

1.《中华人民共和国公司法》

第四十二条　有限责任公司由一个以上五十个以下股东出资设立。

第八十四条　有限责任公司的股东之间可以相互转让其全部或者部分股权。

股东向股东以外的人转让股权的，应当将股权转让的数量、价格、支付方式和期限等事项书面通知其他股东，其他股东在同等条件下有优先购买权。股东自接到书面通知之日起三十日内未答复的，视为放弃优先购买权。两个以上股东行使优先购买权的，协商确定各自的购买比例；协商不成的，按照转让时各自的出资比例行使优先购买权。

公司章程对股权转让另有规定的，从其规定。

第九十条　自然人股东死亡后，其合法继承人可以继承股东资格；但是，公司章程另有规定的除外。

2. 2021年最高人民法院《关于适用〈中华人民共和国公司法〉若干问题的规定（四）》

第十六条　有限责任公司的自然人股东因继承发生变化时，其他股东主张依据公司法第七十一条第三款规定行使优先购买权的，人民法院不予支持，但公司章程另有规定或者全体股东另有约定的除外。

92 父母将房屋赠与孙子女，子女作为继承人可以撤销赠与吗？

▸ 案情简介 ◂

　　周某有周甲和周乙两个儿子。周甲和周乙成年后便外出打工，长年不回老家。小周是周甲的儿子，自幼便被周甲送回老家，随周某共同生活。多年后，周某年老体弱多病，小周承担起了家里的农活。后来，周某的房屋因拆迁获得安置房一套。装修完成后，周某和小周搬入新房共同生活。周某手写了一份《赠与合同》，表示拆迁安置房赠与孙子小周。然而，由于周某生病住院，没有去办理房屋产权变更登记手续。周某去世后，周甲和周乙回老家提起诉讼，要求撤销赠与合同。法院认为，赠与合同合法有效，继承人周甲和周乙没有任意撤销权，不可以撤销赠与。

法律适用

本案涉及继承人能不能撤销被继承人订立的赠与合同的法律问题。赠与合同是赠与人和接受赠与的人订立的合同。合同约定赠与人将财产无偿赠送给受赠人。周某与其孙子小周订立了《赠与合同》，约定周某将其名下所有的拆迁安置房赠与小周。根据 1999 年《合同法》第 186 条第 1 款的规定，赠与财产会发生所有权转移，但在这种权利转移之前，赠与人可以撤销赠与。这一条是关于任意撤销权的规定。任意撤销权只能由赠与人享有。本案中，《赠与合同》双方并没有办理所有权变更登记，周某可以撤销赠与。但是，周某并没有行使任意撤销权，这表示，将拆迁安置房赠与小周是周某生前的真实意思表示。此外，周某在生前也没有授权周甲或周乙行使撤销权。因此，在周某没有撤销赠与意愿的情况下，即使周甲和周乙是周某的继承人，也不享有任意撤销权，不能撤销赠与。

法理提示

赠与是一种无偿行为，因而即使赠与合同已经成立，赠与人也可以出于自身事由撤销赠与。如果赠与人没有撤销意愿，那么，即使赠与人已经去世，其生前作出的意思表示仍然受法律保护。如果赠与人想撤销赠与，可以选择行使一种撤销权，一是任意撤销权；二是法定撤销权。任意撤销权必须在赠与财产的权利转移之前。例如，如果赠与人想撤销赠与他人的房产，则可以在办理产权变更登记之前提出。但是，任意撤销权不得随意行使。如果赠与合同已经过公证，或是具有社会公益、道德义务的赠与合同，那么，赠与人不得行使任意撤销权。并且受赠人还可以根据 1999 年《合同法》第 188 条的规定要求赠与人交付财产。法定撤销权规定在 1999 年《合同法》第 192 条，是指受赠人不履行对赠与人的扶养义务等法定情形。应当注意的是，赠与人行使法定撤销权的，必须在知道或应当知道 1999 年《合同法》第 192 条规定的撤销事由之日起一年内提出，否则，将不能行使法定撤销权。

1999 年《合同法》第 186 条、第 188 条和第 192 条已被《民法典》吸收修改，分别对应《民法典》第 658 条、第 660 条和第 663 条。其中，《民法典》第 658 条新增规定具有助残等公益性质的赠与合同是不可撤销的。不仅不可撤销，受赠人在赠与人不交付财产的情况下，还有权请求赠与人交付。关于赠与人撤销权的具体分析，可参考案例 11 "一方婚前赠与对方的房屋，离婚时可以撤销赠与吗?"。

法条索引

1.《中华人民共和国民法典》

第六百五十八条 赠与人在赠与财产的权利转移之前可以撤销赠与。

经过公证的赠与合同或者依法不得撤销的具有救灾、扶贫、助残等公益、道德义务性质的赠与合同，不适用前款规定。

第六百六十条 经过公证的赠与合同或者依法不得撤销的具有救灾、扶贫、助残等公益、道德义务性质的赠与合同，赠与人不交付赠与财产的，受赠人可以请求交付。

依据前款规定应当交付的赠与财产因赠与人故意或者重大过失致使毁损、灭失的，赠与人应当承担赔偿责任。

第六百六十三条 受赠人有下列情形之一的，赠与人可以撤销赠与:

（一）严重侵害赠与人或者赠与人近亲属的合法权益;

（二）对赠与人有扶养义务而不履行;

（三）不履行赠与合同约定的义务。

赠与人的撤销权，自知道或者应当知道撤销事由之日起一年内行使。

2. 1999 年《中华人民共和国合同法》

第一百八十五条 赠与合同是赠与人将自己的财产无偿给予受赠人，受赠人表示接受赠与的合同。

第一百八十六条 赠与人在赠与财产的权利转移之前可以撤销赠与。

具有救灾、扶贫等社会公益、道德义务性质的赠与合同或者经过公证的赠与合同，不适用前款规定。

第一百八十八条 具有救灾、扶贫等社会公益、道德义务性质的赠与合同或者经过公证的赠与合同，赠与人不交付赠与的财产的，受赠人可以要求交付。

第一百九十二条 受赠人有下列情形之一的，赠与人可以撤销赠与:

（一）严重侵害赠与人或者赠与人的近亲属;

（二）对赠与人有扶养义务而不履行；

（三）不履行赠与合同约定的义务。

赠与人的撤销权，自知道或者应当知道撤销原因之日起一年内行使。

93 被继承人去世，继承人继承遗产后还要偿还他的债务吗？

案情简介

蔡某去世后留下价值约 30 万元遗产，由其妻子杨某和儿子小蔡继承。然而，遗产分割后，杨某和小蔡得知，蔡某去世前还有 15 万元债务没有偿还。债权人朱某联系杨某和小蔡，要求他们偿还债务。但他们表示，15 万元是蔡某的个人债务，现在蔡某已经去世，不应当由他们偿还。朱某向法院起诉，要求杨某和小蔡偿还蔡某的 15 万元债务。法院认为，杨某和小蔡是蔡某的法定继承人，继承遗产后，依法应当向债权人朱某清偿蔡某的债务。最终，法院判决支持了朱某的诉讼请求。

法律适用

本案涉及被继承人债务清偿的法律问题。被继承人债务是指被继承人去世前没有偿还，但依法应由被继承人偿还的债务。根据 1985 年《继承法》第 33 条第 1 款的规定，"继承遗产应当清偿被继承人依法应当缴纳的税款和债务，缴纳税款和清偿债务以他的遗产实际价值为限……"。本案中，虽然蔡某已经去世，但债务并不随着蔡某的死亡而消灭。蔡某去世前未立遗嘱，其法定继承人杨某和小蔡依法继承了蔡某的遗产，尽管遗产已经分割，但他们仍然对蔡某的 15 万元债务负有偿还责任。因此，杨某和小蔡认为蔡某已经去世，则不必偿还债务的想法违反了法律规定。

1985 年《继承法》第 33 条调整表述后，被编入了《民法典》第 1159 条和第 1161 条。

法理提示

个人生前所欠的债务，不会因为其死亡而消灭。俗话说，"欠债还钱，天经地义"，这既是个人的朴素认知，也是法律所倡导的理念。公民应当积极承担债务偿还义务，避免给亲戚朋友留下"老赖"印象。此外，被继承人去世后，债务偿还责任由取得遗产的继承人承担，但偿还的债务以遗产实际价值为限。如果遗产还不足以偿还债务的话，则继承人不再对超额部分债务承担偿还责任。当然，继承人也可以自愿偿还超出遗产部分的债务。应当注意的是，公民负有依法纳税义务。根据《民法典》第 1159 条的规定，被继承人生前所欠税款也应当偿还。因此，取得遗产的继承人还应当依法偿还被继承人所欠税款。另，根据《民法典》第 1161 条的规定，虽然被继承人生前负有应当偿还的税款和债务，但如果继承人表示不继承遗产，那么，继承人不负偿还责任。本案属于法定继承，则由法定继承人负偿还责任。但是，在实践中，还出现法定继承、遗嘱继承、遗赠并存的复杂情况。对此，《民法典》第 1163 条明确规定，首先由法定继承人用其所得遗产清偿债务，仍然不足以偿还时，则由遗嘱继承人和受遗赠人按比例用取得的遗产清偿债务。

法条索引

1.《中华人民共和国民法典》

第一千一百五十九条 分割遗产，应当清偿被继承人依法应当缴纳的税款和债务；但是，应当为缺乏劳动能力又没有生活来源的继承人保留必要的遗产。

第一千一百六十一条 继承人以所得遗产实际价值为限清偿被继承人依法应当缴纳的税款和债务。超过遗产实际价值部分，继承人自愿偿还的不在此限。

继承人放弃继承的，对被继承人依法应当缴纳的税款和债务可以不负清偿责任。

第一千一百六十三条 既有法定继承又有遗嘱继承、遗赠的，由法定继承人清偿被继承人依法应当缴纳的税款和债务；超过法定继承遗产实际价值部分，由遗嘱继承人和受遗赠人按比例以所得遗产清偿。

2. 1985 年《中华人民共和国继承法》

第三十三条 继承遗产应当清偿被继承人依法应当缴纳的税款和债务，

缴纳税款和清偿债务以他的遗产实际价值为限。超过遗产实际价值部分，继承人自愿偿还的不在此限。

继承人放弃继承的，对被继承人依法应当缴纳的税款和债务可以不负偿还责任。

94 父母生前出卖了遗嘱中的房产，子女能否要求买受人返还?

◆————• 案情简介 •————◆

薛某订立了一份公证遗嘱，载明："在我去世后，我所有的存款和一套房产等全部遗产归我的儿子小薛所有，由小薛一人继承。"薛某去世后，小薛拿着遗嘱去办理房屋过户等手续，却发现薛某已经将房屋出卖给贾某。小薛认为，根据遗嘱内容，贾某应当将房屋返还给小薛。然而，贾某认为其已经取得房屋所有权，表示拒绝返还房屋。小薛起诉至法院。法院认为，薛某生前已经将房屋出卖给贾某，并且办理了产权变更登记。因此，公证遗嘱中涉及的房屋由小薛继承的部分已经被撤销，小薛不得基于公证遗嘱要求贾某返还房屋。

◢ 法律适用 ◤

本案涉及遗嘱人的生前行为部分撤销遗嘱的法律问题。根据 1985 年《继承法司法解释》第 39 条的规定，如果遗嘱人已经订立了一份遗嘱，但订立遗嘱后，又对遗嘱中的财产进行了处分，导致遗产还没有开始继承，所有权已经发生转移，那么，他订立的遗嘱视为被撤销或部分被撤销。本案中，薛某曾经订立了一份公证遗嘱，表明所有遗产由小薛继承。虽然公证遗嘱合法有效，但是，薛某订立遗嘱之后又将房屋出卖给贾某，即遗嘱中的房屋所有权已经转移给贾某。薛某出卖房屋的这一行为直接撤销了该遗嘱中涉及的房产由小薛继承的部分。遗嘱中涉及的房产已经属于贾某所有，不再是薛某的遗产，小薛不得基于遗嘱要求贾某返还。

1985 年《继承法司法解释》第 39 条是关于遗嘱被视为撤回的规定，已被编入《民法典》第 1142 条。

法理提示

公民可以通过遗嘱对自己个人合法所有的财产进行分配。值得注意的是，公民订立遗嘱并不意味着继承开始，更不等于遗产已经归各个继承人或受遗赠人所有。根据《民法典》第1121条第1款的规定，继承是从被继承人死亡时开始。只有当被继承人死亡时，遗嘱合法有效的时候，继承人或受遗赠人才可以根据遗嘱，依法取得遗产。

但是，实务中存在多种情况导致遗嘱无效或被撤销，无法完全按遗嘱执行。如果遗嘱根据《民法典》第1143条被认定为无效，则遗嘱中无效部分所涉及的遗产按照《民法典》第1154条规定的法定继承进行分割。如果遗嘱人生前已经将遗产出卖或者赠与他人，导致遗嘱被撤回或变更，则继承人无法取得相应遗产。值得注意的是，遗嘱被撤回或变更并不等于遗嘱无效。以本案为例，薛某所立遗嘱的意思是所有遗产都由小薛一人继承。尽管涉及房屋的部分被撤销，但涉及房屋以外其他遗产仍然可以按遗嘱由小薛一人继承。换言之，根据薛某的遗嘱，小薛仍然可以继承薛某除房屋之外的所有遗产。

法条索引

1.《中华人民共和国民法典》

第一千一百二十一条第一款 继承从被继承人死亡时开始。

第一千一百四十二条 遗嘱人可以撤回、变更自己所立的遗嘱。

立遗嘱后，遗嘱人实施与遗嘱内容相反的民事法律行为的，视为对遗嘱相关内容的撤回。

立有数份遗嘱，内容相抵触的，以最后的遗嘱为准。

第一千一百四十三条第一款 无民事行为能力人或者限制民事行为能力人所立的遗嘱无效。

第一千一百五十四条 有下列情形之一的，遗产中的有关部分按照法定继承办理：

（一）遗嘱继承人放弃继承或者受遗赠人放弃受遗赠；

（二）遗嘱继承人丧失继承权或者受遗赠人丧失受遗赠权；

（三）遗嘱继承人、受遗赠人先于遗嘱人死亡或者终止；

（四）遗嘱无效部分所涉及的遗产；

（五）遗嘱未处分的遗产。

2. 1985 年《中华人民共和国继承法》

第二条　继承从被继承人死亡时开始。

第二十二条　无行为能力人或者限制行为能力人所立的遗嘱无效。

遗嘱必须表示遗嘱人的真实意思，受胁迫、欺骗所立的遗嘱无效。

伪造的遗嘱无效。

遗嘱被篡改的，篡改的内容无效。

第二十七条　有下列情形之一的，遗产中的有关部分按照法定继承办理：

（一）遗嘱继承人放弃继承或者受遗赠人放弃受遗赠的；

（二）遗嘱继承人丧失继承权的；

（三）遗嘱继承人、受遗赠人先于遗嘱人死亡的；

（四）遗嘱无效部分所涉及的遗产；

（五）遗嘱未处分的遗产。

3. 1985 年最高人民法院《关于贯彻执行〈中华人民共和国继承法〉若干问题的意见》

39. 遗嘱人生前的行为与遗嘱的意思表示相反，而使遗嘱处分的财产在继承开始前灭失，部分灭失或所有权转移、部分转移的，遗嘱视为被撤销或部分被撤销。

95 夫妻一方意外去世，另一方有权要求医院返还冷冻胚胎吗？

案情简介

绍某与妻子文某因不孕症在医院实施体外受精—胚胎移植的助孕手术，冷冻了两枚胚胎。夫妻双方与医院签订《知情同意书》，约定该医院冷冻胚胎保存期限为一年，首次费用保存期为三个月，超过保存期，同意将胚胎丢弃。施行胚胎移植手术前，文某因交通事故意外身亡，绍某诉至法院，要求医院返还两枚冷冻胚胎。医院辩称，文某已去世，绍某无权利用胚胎实施代孕，文某通过人类辅助生殖技术生育子女的目的已无法实现，因此，拒绝返还冷冻胚胎。法院认为，根据 2017 年《民法总则》第 3 条的规定，绍某对冷冻胚胎享有的合法权益受到法律保护，任何组织和个人不得侵犯。因此，法院判决医院履行冷冻胚胎返还义务。

法律适用

本案涉及冷冻胚胎的监管处置权归属问题。绍某、文某与医院之间成立体外受精—胚胎移植医疗服务合同关系，但是，由于文某去世，医院无法继续实施胚胎移植手术，也无权单方处置冷冻胚胎。关于绍某是否有权要求医院返还冷冻胚胎的问题，法院认为，虽然《知情同意书》未明确约定医院返还冷冻胚胎的义务，但法律也没有禁止绍某要求医院返还。此外，根据《人类辅助生殖技术管理办法》第 3 条的规定，胚胎不能买卖、赠送，并且禁止实施代孕。但这项规定适用对象是从事人类辅助生殖技术的医疗机构和工作人员，并没有禁止普通公民行使冷冻胚胎监管、处置权。[1]因此，医院不能依据该规定主观臆断绍某利用胚胎代孕的行为，进而否定绍某对冷冻胚胎享有的合法的监管处置权。根据 2017 年《民法总则》第 3 条的规定，绍某对冷冻胚胎享有的合法权益受法律保护。因此，法院支持了绍某要求医院返还冷冻胚胎的诉讼请求。与此同时，法院特别指出，绍某利用胚胎时应当遵纪守法，不能违背公序良俗，也不能损害他人的合法权益。

2017 年《民法总则》第 3 条已被《民法典》收编，对应《民法典》第 3 条，条文内容没有改动。

法理提示

体外受精—胚胎移植是人类辅助生殖技术，俗称试管婴儿。目前，我国仅允许符合计划生育的不孕夫妇施行人类辅助生殖技术，单身妇女以及不符合计划生育的夫妇不得施行。这种技术是将母体内取出的卵子加入经过技术处理的精子，形成胚胎后再移植入母体子宫内发育，达到怀孕目的。未移植胚胎将在液氮环境中冷冻保存，即冷冻胚胎。对于不孕夫妇未移植的冷冻胚胎，通常采

---

〔1〕 张圣斌、范莉、庄绪龙：《人体冷冻胚胎监管、处置权归属的认识》，载《法律适用》2014 年第 11 期。

取继续存储、毁弃、捐赠科研机构等方式处置。[1]本案中，法院没有对绍某取得冷冻胚胎后的处置行为是否将违反法律规定进行预先判断，而是支持了绍某的诉讼请求，体现了一种依法裁判和人性关怀的态度。随着社会发展和科技进步，人类辅助生殖技术日新月异，给患有不孕症的夫妻带来更多生育希望和可能。未来，本案中的绍某可能依法利用胚胎，实现自己的生育目的。绍某虽然可基于监护处置权要求医院返还冷冻胚胎，但不得利用胚胎进行违反法律的活动。

法条索引

1.《中华人民共和国民法典》

第三条　民事主体的人身权利、财产权利以及其他合法权益受法律保护，任何组织或者个人不得侵犯。

2.《人类辅助生殖技术管理办法》

第三条　人类辅助生殖技术的应用应当在医疗机构中进行，以医疗为目的，并符合国家计划生育政策、伦理原则和有关法律规定。禁止以任何形式买卖配子、合子、胚胎。医疗机构和医务人员不得实施任何形式的代孕技术。

3.2017 年《中华人民共和国民法总则》

第三条　民事主体的人身权利、财产权利以及其他合法权益受法律保护，任何组织或者个人不得侵犯。

第八条　民事主体从事民事活动，不得违反法律，不得违背公序良俗。

96 继子女擅自取走生父母的骨灰，继父母可以要求返还吗？

案情简介

赵某与前妻离婚后，带着尚年幼的儿子小赵与倪某再婚，再婚后没有生育子女。此后，赵某因病先于倪某去世。赵某去世前曾立有遗嘱，表示自己去世后将骨灰安葬在已经选定的某公墓，并在老伴儿倪某百年后

---

〔1〕李昊：《冷冻胚胎的法律性质及其处置模式——以美国法为中心》，载《华东政法大学学报》2015 年第 5 期。

合葬。赵某去世后，倪某与其继子小赵商定，在清明节安葬赵某的骨灰。然而，小赵擅自将寄存在殡仪馆的骨灰取走，声称，如果倪某把遗产多分给他30万元就返还骨灰。原来，小赵是不满遗产分割才出此下策。经协商未果，倪某向法院提起诉讼，要求小赵返还骨灰。法院认为，小赵没有经倪某同意擅自取走骨灰，且未进行安葬，违背了赵某遗愿。最终，法院判决小赵将赵某的骨灰返还给倪某。

法律适用

本案涉及骨灰保管处置法律问题。根据2017年《民法总则》第3条的规定，公民的民事合法权益受法律保护。骨灰是死者遗体火化后形成的，亲属对骨灰享有的保管处置权受到法律保护，但该权利的行使还受到习俗和公序良俗原则的限制，应当尊重死者的生前意愿。本案中，赵某在遗嘱中表达了骨灰处置的意愿。作为赵某的配偶和儿子，倪某与小赵对骨灰享有同等的保管处置权。然而，小赵因遗产分割问题，在未经倪某同意的情况下擅自取走骨灰拒绝安葬，并以此提出多分遗产的要求，不仅违背了尊重死者的传统美德，而且不符合将死者入土为安的安葬习俗，违背了赵某意愿。小赵的行为侵犯了倪某对骨灰享有的保管处置权。因此，根据2017年《民法总则》第179条第1款第5项的规定，小赵应当将赵某骨灰交予倪某，由倪某按照赵某生前意愿安葬。

2017年《民法总则》第3条和第179条已被《民法典》收编，对应《民法典》第3条、第179条，条文内容没有改动。

法理提示

逝者已矣，但对于亲属来说，骨灰可寄托哀思，具有特殊意义。基于某种身份关系，死者的配偶、父母等亲属对骨灰享有处置权。如果死者在生前表达了骨灰处置意愿的，应当在符合法律规定的情况下，尊重死者意愿。现实生活中，亲属间因处置骨灰易发生争议，甚至走上诉讼途径，但实际上往往是因为遗产分割未协商一致，也有可能是因为亲属间债权债务没有妥善解决。入土为安是中华民族的传统习俗，亲属间应当搁置争议，各方和谐协商具体的处置时间、安葬地点等细节，及时、妥当安葬骨灰，以死者为大，尊重死者。至于遗产分割、债权债务等争议，可以待骨灰安葬后再协商，尽量避免对簿公堂。此外，人们应当强化法律意识，对于遗产分割和债权债务纠纷等法律问题，应当寻求合法途径解决，不得固执己见，采取极端方式。

法条索引

1.《中华人民共和国民法典》

第三条　民事主体的人身权利、财产权利以及其他合法权益受法律保护，任何组织或者个人不得侵犯。

第八条　民事主体从事民事活动，不得违反法律，不得违背公序良俗。

第一百七十九条　承担民事责任的方式主要有：

（一）停止侵害；

（二）排除妨碍；

（三）消除危险；

（四）返还财产；

（五）恢复原状；

（六）修理、重作、更换；

（七）继续履行；

（八）赔偿损失；

（九）支付违约金；

（十）消除影响、恢复名誉；

（十一）赔礼道歉。

法律规定惩罚性赔偿的，依照其规定。

本条规定的承担民事责任的方式，可以单独适用，也可以合并适用。

2. 2017 年《中华人民共和国民法总则》

第三条　民事主体的人身权利、财产权利以及其他合法权益受法律保护，任何组织或者个人不得侵犯。

第八条　民事主体从事民事活动，不得违反法律，不得违背公序良俗。

第一百七十九条　承担民事责任的方式主要有：

（一）停止侵害；

（二）排除妨碍；

（三）消除危险；

（四）返还财产；

（五）恢复原状；

（六）修理、重作、更换；

（七）继续履行；

（八）赔偿损失；

（九）支付违约金；

（十）消除影响、恢复名誉；

（十一）赔礼道歉。

法律规定惩罚性赔偿的，依照其规定。

本条规定的承担民事责任的方式，可以单独适用，也可以合并适用。

97 用人单位发放的死亡一次性抚恤金如何分配？

■ 案情简介 ■

赵某与前妻育有儿子小赵。赵某去世后，小赵去社保局办理抚恤金领取手续时得知，赵某的配偶刘某从社保部领取了 15 万元抚恤金。小赵联系刘某，要求分割 15 万元。然而，刘某拒绝分割，声称抚恤金是自己的财产，小赵无权分割。双方协商未果，小赵诉至法院。法院认为，死亡抚恤金是赵某的用人单位发放给他的遗属的补偿费用，虽不属于赵某的遗产，但原则上应当由赵某法定继承人平均分配。刘某和小赵都是赵某的第一顺位法定继承人，应当平均分割。最终，法院判决刘某向小赵支付 7.5 万元抚恤金。

法律适用

本案涉及用人单位发放的死亡一次性抚恤金分配问题。死亡一次性抚恤金是国家机关、事业单位、企业等用人单位给死者遗属的补偿费用，具有精神抚慰作用。根据《社会保险法》第 17 条的规定，参加基本养老保险的个人死亡的，其遗属可以领取抚恤金。就抚恤金的性质而言，抚恤金是死者用人单位发放给死者遗属的补偿费用，因此，抚恤金不是死者的遗产，而是死者遗属的共同财产。实务中，原则上按照 1985 年《继承法》关于继承人顺序进行平均分配。本案中，小赵是赵某的儿子，刘某是赵某的配偶，两人都是第一顺位继承人，均有权取得死亡一次性抚恤金，因此，刘某与小赵应当平均分割 15 万元。

1985 年《继承法》第 10 条已被编入《民法典》第 1127 条，没有进行实质性修改。

法理提示

死亡一次性抚恤金不属于死者遗产，而是发放给死者遗属的共同财产。遗属是指死者的近亲属，即死者的配偶、父母、子女等人。抚恤金由死者的遗属领取，由参保单位向社保机构提出申请，提供的材料包括死者的社会保障卡、死亡证明材料、关系证明等。但是，具体申领条件由省级社保机构规定。各地存在差异，人们在办理相关手续时，应向当地社保机构详细咨询。此外，死亡抚恤金由死者遗属一次性领取，并且只能领取一次，不能跨区域重复领取。

目前，事业单位、企业的离休干部死亡一次性抚恤金与国家机关采用相同的执行标准。但是，由于支付标准、范围等规定不统一，退休干部和在职员工的死亡一次性抚恤金，与国家机关的待遇存在一定差距。就此而言，我国应当加强制度建设，进一步完善遗属待遇相关政策。

法条索引

1.《中华人民共和国民法典》

第一千一百二十七条 遗产按照下列顺序继承：

（一）第一顺序：配偶、子女、父母；

（二）第二顺序：兄弟姐妹、祖父母、外祖父母。

继承开始后，由第一顺序继承人继承，第二顺序继承人不继承；没有第一顺序继承人继承的，由第二顺序继承人继承。

本编所称子女，包括婚生子女、非婚生子女、养子女和有扶养关系的继子女。

本编所称父母，包括生父母、养父母和有扶养关系的继父母。

本编所称兄弟姐妹，包括同父母的兄弟姐妹、同父异母或者同母异父的兄弟姐妹、养兄弟姐妹、有扶养关系的继兄弟姐妹。

2.《中华人民共和国社会保险法》

第十七条 参加基本养老保险的个人，因病或者非因工死亡的，其遗属可以领取丧葬补助金和抚恤金；在未达到法定退休年龄时因病或者非因工致残完全丧失劳动能力的，可以领取病残津贴。所需资金从基本养老保险基金中支付。

3.《机关事业单位工作人员基本养老保险经办规程》

第四十条 参保人员因病或非因工死亡后，参保单位向社保经办机构申请办理领取丧葬补助金、抚恤金手续，填报《机关事业单位基本养老保险参保人员一次性支付申报表》，并提供以下证件和资料：

（一）参保人员社会保障卡、居民死亡医学证明书或其他死亡证明材料；

（二）指定受益人或法定继承人有效身份证件、与参保人员关系证明；

（三）省级社保经办机构规定的其他证件、资料。

社保经办机构应及时对申报资料进行审核，对符合条件的，计算丧葬补助金、抚恤金，核定金额，打印《机关事业单位基本养老保险参保人员丧抚费核定表》，交参保单位。对资料不全或不符合规定的，应一次性告知参保单位需要补充和更正的资料或不予受理的理由。

4.《关于企业和事业单位离休干部病故一次性抚恤金有关问题的通知》

一、企业和事业单位离休干部病故一次性抚恤金计发标准，按照上一年度全国城镇居民人均可支配收入的 2 倍加本人生前 40 个月基本离休费确定。

98 遗嘱中涉及的房屋被拆迁，所获安置房如何继承？

▪ 案情简介 ▪

吴乙和张某是同母异父的兄弟。他们的母亲陈某去世前留有一份公证遗嘱，载明："位于×市区 2002 号房屋是我与长子吴乙的共同财产。在我去世后，我所有的 50% 产权份额由我的次子张某一人继承。"立遗嘱后，该房屋因动迁被拆除。拆迁单位提供了一套安置房，由陈某和吴乙共同共有。办理产权登记后，陈某去世，但去世时没有表明自己对安置房享有的份额如何分割。张某主张按遗嘱继承，吴乙则认为，遗嘱中的房屋因拆迁而灭失，现在的安置房不属于遗嘱中的遗产，因此，应当按法定继承分割。

法律适用

本案涉及拆迁安置房的遗产分割法律问题。安置房是分配给被拆迁户的房屋。根据 1985 年《继承法》第 5 条的规定，继承开始后，有遗嘱的按遗嘱继承。本案中，陈某在 2002 号房屋被拆迁前留有遗嘱，表示 2002 号房屋的 50%产权份额由张某继承。2002 号房屋被拆迁后，陈某和吴乙获得安置房一套。虽然遗嘱中的 2002 号房屋已经被拆迁，但转化为安置房的形式存在。尽管陈某没有再次立遗嘱处分自己对安置房享有的产权份额，但是，从陈某所立遗嘱可以得知，陈某希望将自己所有的房屋产权份额分给张某。此外，陈某从取得安置房直到去世，没有订立遗嘱处分自己的产权份额。由此得知，陈某处分自己房屋的意愿从始至终没有改变。从尊重被继承人生前意愿的原则出发，陈某对安置房享有的 50%产权份额应当由张某一人继承。

1985 年《继承法》第 5 条已被《民法典》第 1123 条收编，条文内容没有改动。

法理提示

遗嘱中涉及的被拆迁的房屋只是最终转化为安置房的形式存在，不能认为房屋被拆迁的客观情况能够导致遗嘱被撤销。此外，房屋面临拆迁，遗嘱人作为被拆迁人与拆迁单位订立《拆迁安置协议》是必然发生的，表示遗嘱人同意拆迁房屋，但不能因此认定遗嘱人订立《拆迁安置协议》是撤销遗嘱的行为。换言之，遗嘱人订立房屋拆迁安置协议并不意味着直接撤销涉及该房屋分割的遗嘱。因此，尽管房屋被拆迁，但遗嘱仍然是合法有效的。即使遗嘱中涉及的房屋转变为安置房，但遗嘱人在取得安置房后没有另立遗嘱，那么，在分割安置房时，应当尊重遗嘱人的意愿，按遗嘱进行分割。

需要注意的是，公民可以撤销自己订立的遗嘱，但应当采用一种积极主

你不可不知的家事纠纷解决法与理

动的方式。根据《民法典》第 1142 条的规定，如果公民生前行为与自己所订立的遗嘱意思相反的，例如，公民在立遗嘱后又出卖或赠与自己所有的财产，则可能导致遗嘱中涉及的财产被撤回或变更。关于这一法律问题的详尽分析，可以参见案例 94 "父母生前出卖了遗嘱中的房产，子女能否要求买受人返还？"。

法条索引

1.《中华人民共和国民法典》

第一千一百二十三条　继承开始后，按照法定继承办理；有遗嘱的，按照遗嘱继承或者遗赠办理；有遗赠扶养协议的，按照协议办理。

第一千一百四十二条　遗嘱人可以撤回、变更自己所立的遗嘱。

立遗嘱后，遗嘱人实施与遗嘱内容相反的民事法律行为的，视为对遗嘱相关内容的撤回。

立有数份遗嘱，内容相抵触的，以最后的遗嘱为准。

2. 1985 年《中华人民共和国继承法》

第五条　继承开始后，按照法定继承办理；有遗嘱的，按照遗嘱继承或者遗赠办理；有遗赠扶养协议的，按照协议办理。

99 放弃继承后什么情况下才能反悔？

案情简介

周某与李某生前共育有四个子女，李某已经先于周某去世。周某去世前与四个子女商量，根据父母生前愿望和四个子女的家庭情况，达成了《分配协议》，载明：周某将其对市中心 1 号房屋、郊区 2 号房屋享有的全部份额分别赠与长女周甲、长子周乙；1 号房屋过户到长女周甲名下，周甲向周丙、周丁分别补偿 5 万元；2 号房屋过户到长子周乙名下，周乙向周丙、周丁分别补偿 3 万元；次子周丙和次女周丁自愿放弃对 1 号、2 号房屋的分配权。周丙和周丁亲笔书写了《放弃继承声明书》，并

280

签字捺印。同日，周某及其子女在希望公证处办理了继承公证和赠与公证。公证后，周丙和周丁拒绝配合办理过户手续，周甲和周乙向法院起诉。诉讼中，周丙和周丁主张在签订协议时受到了欺诈，没有看清协议内容，并且至今都没有收到协议约定的补偿款。法院认为，继承公证和赠与公证合法有效。对于周丙和周丁以签订协议时受到欺诈为由，放弃继承后反悔的行为，不予承认。法院判决周丙和周丁配合办理过户手续。

法律适用

本案涉及的主要法律问题是放弃继承后反悔的效力。根据 1985 年《继承法司法解释》第 50 条的规定，虽然继承人放弃继承，但之后他又反悔。这种反悔是否有效，应当由法院根据他的理由来决定。如果继承人在遗产处理后才反悔的，则法院不予认可。本案中，周丙和周丁曾手写《放弃继承声明书》，同时，在继承公证笔录中，明确表示放弃继承遗产。因此，周丙和周丁放弃继承的意思表示已发生法律效力。按照法律规定，当事人对自己提出的主张，有责任提供证据。周丙和周丁提出自己受到了欺诈，但未提供证据证明是因欺诈签订《分配协议》并书写《放弃继承声明书》。因此，依据 2017 年《民法总则》第 143 条的规定，周丙和周丁作出放弃继承的民事法律行为有效，法院对二人放弃继承后又反悔的行为不予承认。

值得注意的是，1985 年《继承法司法解释》第 50 条、2017 年《民法总则》第 143 条分别被《民法典继承编司法解释（一）》第 36 条、《民法典》第 143 条吸收，条文内容没有实质性变化。1985 年《继承法》第 25 条也被《民法典》第 1124 条吸收，进一步明确了继承人放弃继承的，应当以书面形式作出。

法理提示

放弃继承权在性质上是一种单方法律行为。继承人作出放弃继承权的意思表示后，不需要获得他人认可，即可发生法律效力。[1]因此，周丙和周丁

---

〔1〕　郭明瑞：《继承放弃行为辨析》，载《东方法学》2018 年第 4 期。

在写下《放弃继承声明书》表示放弃继承时，已经发生放弃继承权的法律效力。放弃继承后反悔的，应当遵守法律规定的相关条件。根据《民法典继承编司法解释（一）》第36条的规定，继承人放弃继承反悔的，应当在遗产分割前，或者在遗产纠纷的诉讼中作出表示。人民法院根据继承人提出的放弃继承反悔的具体理由，决定是否承认。本案中，周丙和周丁在诉讼中表示对放弃继承反悔，并提出了自己在签订协议时受到了欺诈的反悔理由，但是二者没有对此提供证据证明，因而没有得到法院承认。综上，继承人可以在放弃继承后反悔，但反悔需要在遗产处理前提出，并且有充分的理由，不得违背诚实信用原则任意反悔。同时，根据"谁主张，谁举证"的举证原则，继承人对其主张的事实应提供充分证据予以证明。例如，继承人因受到欺诈、胁迫等强制手段放弃继承的，应提供受到了欺诈、胁迫等相关证据。否则，法院不承认继承人放弃继承反悔。

还应当注意的是，根据《民法典继承编司法解释（一）》第32条的规定，因继承权放弃阻碍继承者履行应尽法定义务的，放弃行为无效。赡养父母是法定义务，子女不能以放弃继承为由不履行赡养义务。

法条索引

1.《中华人民共和国民法典》

第一百四十三条　具备下列条件的民事法律行为有效：

（一）行为人具有相应的民事行为能力；

（二）意思表示真实；

（三）不违反法律、行政法规的强制性规定，不违背公序良俗。

第一千一百二十四条　继承开始后，继承人放弃继承的，应当在遗产处理前，以书面形式作出放弃继承的表示；没有表示的，视为接受继承。

受遗赠人应当在知道受遗赠后六十日内，作出接受或者放弃受遗赠的表示；到期没有表示的，视为放弃受遗赠。

2. 最高人民法院《关于适用〈中华人民共和国民法典〉继承编的解释（一）》

第三十二条　继承人因放弃继承权，致其不能履行法定义务的，放弃继承权的行为无效。

第三十六条 遗产处理前或者在诉讼进行中，继承人对放弃继承反悔的，由人民法院根据其提出的具体理由，决定是否承认。遗产处理后，继承人对放弃继承反悔的，不予承认。

3. 1985 年《中华人民共和国继承法》

第二十五条第一款 继承开始后，继承人放弃继承的，应当在遗产处理前，作出放弃继承的表示。没有表示的，视为接受继承。

4. 1985 年最高人民法院《关于贯彻执行〈中华人民共和国继承法〉若干问题的意见》

46. 继承人因放弃继承权，致其不能履行法定义务的，放弃继承权的行为无效。

49. 继承人放弃继承的意思表示，应当在继承开始后、遗产分割前作出……

50. 遗产处理前或在诉讼进行中，继承人对放弃继承反悔的，由人民法院根据其提出的具体理由，决定是否承认。遗产处理后，继承人对放弃继承反悔的，不予承认。

5. 2017 年《中华人民共和国民法总则》

第一百四十三条 具备下列条件的民事法律行为有效：
（一）行为人具有相应的民事行为能力；
（二）意思表示真实；
（三）不违反法律、行政法规的强制性规定，不违背公序良俗。

100 无人继承的遗产归谁所有？

案情简介

周甲与路甲夫妇年事已高，行动不便。为了便于照顾，周乙（周甲的侄子）与路乙（路甲的侄女）随二人共同生活。某日，周甲因冠心病去世。周甲去世前立有公证遗嘱，表示 1 号房屋属于其所有的份额遗赠给其侄子周乙。不久后，路甲也因病去世，但未立遗嘱。周乙与路乙因房屋分割一事发生争执。周乙认为，1号房屋应归其所有，路乙则认为她也有权取得房屋产权份额。法院认为，1号房屋是周甲与路甲的夫妻共同财产，属于周甲的50%产权份额按公证遗嘱遗赠给周乙。属于路甲所有的50%产权份额无人继承。但路乙对路甲尽了赡养义务，根据1985年《继承法》第14条的规定，可以分配适当遗产。最终，法院裁判1号房屋由周乙和路乙各自分得50%产权份额。

法律适用

　　本案涉及无人继承的遗产如何处理的法律问题。继承有遗嘱继承和法定继承两种方式。如果被继承人留有遗嘱，则按遗嘱分割遗产。在遗嘱中，被继承人既可以将遗产分割给继承人，也可以遗赠给继承人范围以外的人。如果被继承人没有立遗嘱，则按法定继承分割遗产。可以继承遗产的人，根据他们与被继承人的关系，可以分为两个顺位。第一顺位是他的配偶、父母、子女。第二顺位是他的兄弟姐妹、祖父母、外祖父母。无人继承是指被继承人去世时没有立遗嘱处理遗产，也没有法定继承人。

　　本案中，周甲通过公证遗嘱将1号房屋的50%产权份额遗赠给其侄子周乙，剩余50%产权份额是路甲的遗产。然而，路甲既没有立遗嘱，也没有法定继承人，其遗产无人继承，根据1985年《继承法》第32条的规定，遗产应收归国家或集体组织所有。但是，路甲的侄女路乙提出取得遗产。法院经审理认为，路乙长期照顾年迈的路甲，根据1985年《继承法》第14条和1985年《继承法司法解释》第57条的规定，虽然路乙不是法定继承人，但在路甲生前尽了主要赡养义务，可以分配遗产。因此，法院判决属于路甲的50%产权份额由路乙取得。

　　1985年《继承法》第32条已被编入《民法典》第1160条，并且《民法典》进一步明确，遗产收归国有后只能用于公益事业，做到取之于民、用之于民，杜绝将收归国有的遗产挪作他用。为此，立法层面还应进一步明确遗产收归国有后的管理、使用等主体与程序问题。此外，1985年《继承法》第14条也被修改后编入《民法典》第1131条，详情可见案例88"养子女死亡后，未办理收养登记的养父母有权继承养子女的遗产吗？"。1985年《继承法司法解释》第 57 条被编入《民法典继承编司法解释（一）》第 41 条，但有实质性变化。修订前，遗产因无人继承而收归国有或集体所有制组织，继承人以外的人可以要求取得该遗产。但修订后，继承人以外的人取得遗产必须同时满足该除遗产无人继承和无受遗赠人这两个条件。

法理提示

公民在生前可以通过代书遗嘱、公证遗嘱等形式表达遗产分割意愿（详情可参考案例 78 "本人口述，他人执笔代写的遗嘱有效吗？"）。如果公民既没有立遗嘱，去世后也没有法定继承人、受遗赠人，其遗产将收归国家或集体所有制组织所有。此时，如果某人不是继承人，但在被继承人生前对其扶养较多的，只能根据《民法典》第 1131 条要求分得适当遗产。鉴于此，为实现遗产充分分配，鼓励公民生前采用遗嘱形式确定遗产处理方法、份额等内容。在遗嘱中，公民可以将遗产遗赠给照顾自己较多的侄子、侄女等继承人以外的人，以表达感谢之情。

法条索引

1.《中华人民共和国民法典》

第一千一百三十一条　对继承人以外的依靠被继承人扶养的人，或者继承人以外的对被继承人扶养较多的人，可以分给适当的遗产。

第一千一百六十条　无人继承又无人受遗赠的遗产，归国家所有，用于公益事业；死者生前是集体所有制组织成员的，归所在集体所有制组织所有。

2. 最高人民法院《关于适用〈中华人民共和国民法典〉继承编的解释（一）》

第四十一条　遗产因无人继承又无人受遗赠归国家或者集体所有制组织所有时，按照民法典第一千一百三十一条规定可以分给适当遗产的人提出取得遗产的诉讼请求，人民法院应当视情况适当分给遗产。

3. 1985 年《中华人民共和国继承法》

第五条　继承开始后，按照法定继承办理；有遗嘱的，按照遗嘱继承或者遗赠办理；有遗赠扶养协议的，按照协议办理。

第十条 遗产按照下列顺序继承：

第一顺序：配偶、子女、父母。

第二顺序：兄弟姐妹、祖父母、外祖父母。

继承开始后，由第一顺序继承人继承，第二顺序继承人不继承。没有第一顺序继承人继承的，由第二顺序继承人继承。

本法所说的子女，包括婚生子女、非婚生子女、养子女和有扶养关系的继子女。

本法所说的父母，包括生父母、养父母和有扶养关系的继父母。

本法所说的兄弟姐妹，包括同父母的兄弟姐妹、同父异母或者同母异父的兄弟姐妹、养兄弟姐妹、有扶养关系的继兄弟姐妹。

第十四条 对继承人以外的依靠被继承人扶养的缺乏劳动能力又没有生活来源的人，或者继承人以外的对被继承人扶养较多的人，可以分配给他们适当的遗产。

第三十二条 无人继承又无人受遗赠的遗产，归国家所有；死者生前是集体所有制组织成员的，归所在集体所有制组织所有。

4. 1985 年最高人民法院《关于贯彻执行〈中华人民共和国继承法〉若干问题的意见》

57. 遗产因无人继承收归国家或集体组织所有时，按继承法第十四条规定可以分给遗产的人提出取得遗产的要求，人民法院应视情况适当分给遗产。